南京师范大学教育社会学研究中心
新 教 育 公 平 研 究 丛 书

江苏高校哲学社会科学优秀创新团队

"新教育公平的理论建构与实践探索"项目（2015ZSTD007）研究成果

受江苏高校优势学科建设工程（PAPD）资助

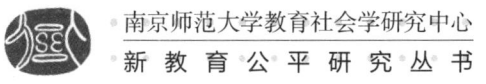

南京师范大学教育社会学研究中心
新教育公平研究丛书

丛书主编　程天君

新教育公平引论

程天君　等　著

南京师范大学出版社
NANJING NORMAL UNIVERSITY PRESS

图书在版编目(CIP)数据

新教育公平引论 / 程天君等著. —南京：南京师范大学出版社，2019.1
(新教育公平研究丛书 / 程天君主编)
ISBN 978-7-5651-4057-0

Ⅰ. ①新… Ⅱ. ①程… Ⅲ. ①教育—公平原则—研究—中国 Ⅳ. ①G52

中国版本图书馆 CIP 数据核字(2019)第 001111 号

丛 书 名	新教育公平研究丛书
丛书主编	程天君
书　　名	新教育公平引论
著　　者	程天君　等
策划编辑	王　艳
责任编辑	徐文娟
出版发行	南京师范大学出版社
地　　址	江苏省南京市玄武区后宰门西村 9 号(邮编：210016)
电　　话	(025)83598919(总编办)　83598412(营销部)　83598297(邮购部)
网　　址	http://www.njnup.com
电子信箱	nspzbb@163.com
照　　排	南京理工大学印刷照排中心
印　　刷	南京工大印务有限公司
开　　本	787 毫米×960 毫米　1/16
印　　张	21.25
字　　数	321 千
版　　次	2019 年 1 月第 1 版　2019 年 1 月第 1 次印刷
书　　号	ISBN 978-7-5651-4057-0
定　　价	56.00 元
出 版 人	彭志斌

南京师大版图书若有印装问题请与销售商调换
版权所有　侵犯必究

总　序

追求公平和平等是一种"抗议性理想",不平等可归因于天意,而平等只能是人类行为的结果。因此,如果说存在着一个使人踏上无尽历程的理想,那就是平等。① 教育公平是人类社会孜孜以求的价值理念,教育公平问题既是古老话题,也是世界性难题,更是中国教育改革和发展进程中的关键问题。② 新世纪以来,教育公平作为我国教育改革和发展中一个不容忽视的难题逐渐成为社会各界关注的重心,也日益成为国家大政方针明确保障的目标。

保障人民群众接受良好教育的机会,是党的十六大确立的全面建设小康社会的重要目标,也是建设社会主义和谐社会的重要内容。由此,学界开始广泛探讨教育公平与社会公平的关系以及教育公平对社会和谐发展的重大价值。党的十七大报告提出了"教育是民族振兴的基石,教育公平是社会公平的重要基础"的重要论断,这为教育公平研究提供了更为明确的政策指引,也明确了教育公平的应然定位和意义。党的十八大报告则提出"大力促进教育公平,合理配置教育资源",在促进教育公平方面做出了方向性的制度安排,这对教育公平研究提出了更高要求,需要我们向纵深挖掘。党的十九大基于新的历史方位明确提出,中国特色社会主义进入了新时代,我国社会主要矛盾已经转化为人民日益增长的美好生活需要和不平衡不充分的发展之间的矛盾,强调要"推进教育公平""办好人民满意的教育"。新时代中国社会主要矛盾的变化深刻揭示出我国经济社会发展的阶段性特征,也为政府由"提出教育公平"到"促进教育公平"再到"推进教育公平"这一系列重大决策

---

① 乔万尼·萨托利.民主新论:古典问题[M].上海:上海人民出版社,2015:510-511.
② 贺晓星,等.家长、社区与新教育公平[M].南京:南京师范大学出版社,2018:前言.

提供了时代依据。

教育公平既是一个由实践引发的理论问题,也是一个由理论建构的实践问题。教育公平与"和谐社会""社会公平""政府责任""教育政策"以及"社会主义新时代"等关键词的紧密关联,反映出建构本土性教育公平理论以及探索我国教育公平实践的现实需要与可能。

正是基于这一境脉,江苏高校哲学社会科学优秀创新团队——"新教育公平的理论建构与实践探索"团队①,立足于"中国教育问题"和"中国教育经验",在借鉴与对话既有教育公平理论的基础上,尝试提出了"新教育公平"理念,以呈现我们对新时期中国教育公平问题的诊断与应答。

教育公平不是新课题,新教育公平也不是为了"标"新。② 但是,在这篇序言里,笔者不得不面对"新教育公平到底'新'在哪里"这一问题。

简单来说,一种思想、一种理论之所以被认为"新",要么是其自身具有独特性、创新性和不可替代性等基本特征,要么是其深化、拓展了先前的理论,或者转换了研究的视角,提出另一种(alternative)观点。这里所说的"新"大抵是指后一种。这就必然需要以某种已有的参照系为前提来进行讨论。也就是说,对"新教育公平"之"新"在哪里的认识,需要放在既有国内外教育公平研究的框架中去思考。

纵观既有特别是近年来的教育公平研究不难发现,教育公平理论众说纷纭却难有突破,教育公平实践如火如荼却成效不彰。何以如此? 我们觉得,其中主要存在三方面的问题:一是多为宏观研究,二是多为教育外部研究,三是多为理论研究。基于此,"新教育公平"研究尝试另辟蹊径,旨在实现以下三方面的转换:一是从注重教育公平宏观政策的研究下沉到同时注重微观教育过程与质量公平研究,二是从注重教育公平的外部社会支持研究深入到同时注重学校教育内涵式公平研究,三是从注重教育公平的理论研究延伸到同时注重推进教育公平的学校变革实践研究。通过这些转换,建构以"人"为核心评估域的新教育公平理念,并探讨其社会支持策略及相应的学校变革实践。

---

① 该团队以南京师范大学教育社会学研究中心为平台而组建,并于 2015 年 6 月被确立为江苏高校哲学社会科学优秀创新团队。

② 王建华.新教育公平的旨趣[J].教育发展研究,2017(2):12-17.

总 序

以"人"为核心评估域的新教育公平理念，可以从三个层面进行理解。

首先，教育公平的核心评估域要发生质的转向，即由侧重考量经济、政治等"社会"的片面指标，转为关注"人"的全面发展，关注"具体的人"在教育过程中是得到如何"具体的对待"的。这是教育经历以政治为本的阶级内公平和以经济为本的功利主义公平之后，对人的直接观照的复归和超越，亦是对此前教育政治化、经济化的反思与拨乱反正。

其次，受益者将出现横向扩展，即教育公平的受惠者是每一个人，而不是部分人。以经济发展为本建构的教育公平实质上是部分人（所谓"学而优者"或"家庭资本优者"）受益的公平。惯常的择优录取是以学生分数的高低为依据的，在这种标准下，由各种非智力因素导致的"成绩差"的学生往往不能得到和成绩好的学生同等的对待而成为边缘人甚至是局外人。

最后，教育公平将指向过程和内涵。以"人"为核心评估域的教育公平理念不仅关涉显性、物质等公共资源配置方面的起点平等、均衡，更涵盖诸如尊严、幸福、精神等隐性的"教育系统内部"和"教育教学过程之中"的教育公平，目的在于解决教育系统内部相当程度上存在的不平等、不公平或者贬抑、歧视、排斥等问题。

我们这套"新教育公平研究丛书"，正是基于以上设想而辑集问世的。这套丛书，或可看作破解乃至推进当前教育公平研究难题的一种努力和尝试，并有望在一定程度上回应和回答新时代"推进教育公平"战略和"以人民为中心"思想的时代课题。

"新教育公平研究丛书"是江苏高校哲学社会科学优秀创新团队"新教育公平的理论建构与实践探索"项目研究的最终成果。这套丛书涉及"教育公平理论的反思与重构""新教育公平的社会支持策略"和"新教育公平视野下的学校变革"等三个项目子课题。应当说，与以往的研究相比，这些论著在理论和实践上都有一定的深化和推进。在理论方面，针对已有教育公平理论的重心多在教育公平的外部资源配置和物质支持上这一问题，通过梳理和反思既有教育公平理论，并依据我国社会改革的深入、教育公平的不断推进、新时代社会主要矛盾的变化等现实情况，《新教育公平引论》一书提出了契合新时期社会发展需要的"新教育公平"理念。在实践方面，针对既有研究中关于教育公平的社会支持研究以及关于学校教育过程中教育公平研究不足这两个突出问题,本丛书的其余几部专著着重探讨了新教育公平的社会支持策略和新教育公平视野下学校变革的路径,分别聚焦了"家长、社区与新教育公平""新教育公平视野下的教师教育变革""新教育公平视野下教与学的变革""新教育公平视野下的学校再生产"的主题,并尝试建构了旨在关注教育教学过程公平的"课堂教学公平指标体系"。

"新教育公平研究丛书"的编撰初衷和期望是既葆有国际视野,又凝聚本土经验;既关注理论建构,又着眼实践变革;既注重教育本身和过程,又不忘教育之外和社会支持。借此,在理论上推进和深化教育公平研究,在实践上落实"推进教育公平"战略和促进学校变革。

理想往往很丰满,现实常常很骨感。

"新教育公平的理论建构与实践探索"团队成员虽已努力和尽力,但限于人力和财力,忝为团队带头人的我,在丛书付梓之际,心里除了友谊和感念,更多的则是忐忑和不安。这也是为什么我迟迟提交不了《总序》给出版社的原因。如今,只能硬着头皮请读者批评指正。

"新教育公平的理论建构与实践探索"团队能够成立并确立为江苏高校哲学社会科学优秀创新团队,离不开南京师范大学和江苏省教育厅的扶持,离不开团队成员,特别是吴康宁、贺晓星、高水红、张义兵、杨跃、王建华、周勇、邵泽斌、柏宏权等诸位师友同事的贡献和襄助;"新教育公平研究丛书"能够面世,离不开南京师范大学出版社,特别是王艳、张文等编者的设计和编辑;"新教育公平的理论建构与实践探索"项目阶段性成果的发表,离不开《教育研究与实验》《教育发展研究》《全球教育展望》等刊物的厚爱和支持,并得到《新华文摘》、人大复印报刊资料《教育学》等刊物的转载和中国社会科学网的关注。在此一并致谢!

草成上文,权作总序,以履行我忝为丛书主编不可回避的职责。

程天君

2018 年 5 月 4 日于金陵随园

前　言

《新教育公平引论》是一部集体之作。收录其中的篇什,是江苏高校哲学社会科学优秀创新团队"新教育公平的理论建构与实践探索"成员及有志于此课题研究的同人的作品,其中绝大部分已在有关报刊上发表。

遵循团队项目研究的思路与学理逻辑,全书由五部分构成,名曰五辑:辑一,社会学、群体差异与教育公平;辑二,新教育公平的理论探讨;辑三,新教育公平的经验研究;辑四,新教育公平研究的历史借鉴与域外比较;辑五,新教育公平研究的反思。

辑一肩负"引论"职责,旨在阐明社会学的学科之眼乃"群体差异",社会学视野中的教育问题实乃"教育公平"问题。其中,第一章探讨何谓学科之眼、社会学学科之眼是何以及社会学视野中的"人群差异"问题;第二章辨析了教育公平的两种概念——作为教育问题的教育公平与作为社会问题的教育公平,指出教育公平应从教育本身出发,实现一种实质性的教育公平,即为了教育的教育公平;第三章则着重对教育公平的分析路径进行考查,阐明个人属性、群体排斥与国家支配是已有的教育公平分析的三种主要路径。

辑二不啻为本书的"难点",尝试从理论上回答何谓"新教育公平"。第四、第五章从"基本评估域"转换的角度描绘了我国教育公平评估域历经政治权利、经济效益和人的发展三个阶段,并尝试阐发了新教育公平的理论基础;第六章阐述了追求高质量、着重教育性、惠及每个人是新教育公平的三重意涵;第七章则提出了教育机会公平的三个层次:就学、就读优质学校与教育过程参与;第八章从聋教育改革入手,强调只有敏感于个体的生命体验、生活感受以及意义赋予,学会平等换位思考,新教育公平的理论建构才有可能。

辑三或可视为辑二的"接续",乃新教育公平的经验研究,力图从多角度展现新教育公平的研究路径。第九章在把脉中国社会和教育现实的基础上,提出了"从县域均衡到省域均衡"这一义务教育发展的国家战略;第十章通过量化的实证研究,探讨了父母教育卷入对教育期望的影响及其中的"新性别差异"问题;第十一、第十二章基于新教育公平的视野提出了"走向过程公平"的教师教育转型及强调"制度正义"的教师交流问题;第十三章则对移动学习中的"同伴互评"这一具体而微的教育公平问题进行了经验研究。

辑四是新教育公平研究的历史借鉴与域外比较。第十四、第十五章基于历史社会学的视角,分别研究了北宋寒门学子的教育奋斗与社会上升、南宋初年科举制度的拔擢寒俊与登科进士的社会流动;第十六章梳理了改革开放以来教育改革的历程,阐明了教育改革的公平维度与价值取向;第十七章则提炼了弗莱雷"从代言到行动"的对话教学思想,阐发了其于教育底层研究的方法论意涵。

辑五以"反思社会学"的精神,针对"新教育公平研究"本身进行反思与自省。第十八章启灵于涂尔干社会团结思想,阐发了从"一元"走向"多元"的教育公平观;第十九章则对"谁的教育公平""追求何种教育公平""教育公平的限度"等问题展开追问与反思,阐述了教育公平的立场、内涵及其限度问题;作为结语的第二十章则阐明,作为一种"想象的秩序",公平有其合理性亦有局限性,教育公平的政策选择要警惕"平等主义"的误区,在追求教育公平的同时,也要为其他价值选择留有合理空间,以确保教育改革和发展的开放性与包容性。

上述各章涉及的作者有:吴康宁、王建华、高水红、贺晓星、周菲、石艳、崔宇、杨跃、柏宏权、周勇、费红辉、陈南、汤美娟、李金刚、陈栋、程天君。感谢他们为本研究做出的贡献,并惠允自作品收录本书及必要的改编。感谢刊发上述各章内容的报刊,本书将在各章末尾注明出处。感谢刘倩楠为汇集各章内容所做的工作。南京师范大学出版社编辑王艳、徐文娟专业而敬业的工作,使得本书增色不少并得以顺利出版,在此特别鸣谢。

程天君

2018 年 12 月 23 日于南京仙林

目 录

总　序　　　　　　　　　　　　　　　　　　　　　　　　001
前　言　　　　　　　　　　　　　　　　　　　　　　　　001

辑一　社会学、群体差异与教育公平

第一章　学科之眼、群体差异与教育公平：社会学视野中的
　　　　教育　　　　　　　　　　　　　　　　　　　　003
第二章　作为教育问题的教育公平与作为社会问题的教育
　　　　公平：教育公平的两种概念　　　　　　　　　　013
第三章　个人属性、群体排斥与国家支配：教育公平分析的
　　　　三种路径　　　　　　　　　　　　　　　　　　023

辑二　新教育公平的理论探讨

第四章　政治权利、经济效益与人的发展：教育公平评估域的
　　　　转换　　　　　　　　　　　　　　　　　　　　041
第五章　以人为核心评估域：新教育公平理论的基石　　　064
第六章　质量、实质与适合：新教育公平的三重意涵　　　081
第七章　就学、就读优质学校与教育过程参与：教育机会公平
　　　　的三个层次　　　　　　　　　　　　　　　　　092

第八章　聋教育改革与新教育公平的理论建构　　097

辑三　新教育公平的经验研究

第九章　从县域均衡到省域均衡:义务教育发展的国家战略　　113
第十章　新性别差异:父母教育卷入对教育期望的影响　　126
第十一章　过程公平:新教育公平视野下的教师教育转型　　148
第十二章　制度正义:教师交流中的教育公平　　163
第十三章　同伴互评:移动学习中的教育公平　　181

辑四　新教育公平研究的历史借鉴与域外比较

第十四章　教育奋斗:北宋寒门学子的社会上升　　199
第十五章　拔擢寒俊:南宋初年登科进士的社会流动　　209
第十六章　公平之维:改革开放以来教育改革的历程与取向　　250
第十七章　从代言到行动:弗莱雷对话教学思想之于教育底层
　　　　　研究的方法论意涵　　266

辑五　新教育公平研究的反思

第十八章　多元教育公平观:新教育公平的题中之义　　287
第十九章　底线与上限:教育公平的立场、内涵及其限度　　301
第二十章　教育公平或许是无用的:一种不合时宜的沉思　　321

辑一

社会学、群体差异与教育公平

第一章　学科之眼、群体差异与教育公平：
社会学视野中的教育

一、学科之眼与学科视野

"视野"是一个日常用语，人们通常在对"眼睛看到的空间范围"①的"大小"加以比较的基础上使用这个词。比如，对于"全局视野""世界视野""开阔的视野"的强调或呼吁，总是同对于"局部视野""民族视野""狭窄的视野"的反思与批评联系在一起。在这里，涵包更"大"的视野通常被视为要优于涵包相对较"小"的视野，视野的大小往往被视同于目光的长短，甚至被视同于心胸的宽窄，带有明显的褒贬色彩。

这样一种日常用法并不完全适用于学术研究，尤其是很难适用于对学科特性的分析。其原因在于，不同的学科都有其自己的"眼睛"，即所谓的"学科之眼"。这些学科之眼本身是自足的，是不依附于其他的学科之眼的，它们相互之间具有不可比性。用这些不同的学科之眼所"看到的空间范围"——所形成的"学科视野"也就具有了不可比性，无所谓哪个学科的视野宽，哪个学科的视野窄。

比如，在笔者看来，政治学使用的是"权力"之眼，经济学使用的是"利润"之眼，这便是两种不同的学科之眼。权力之眼看到的是与权力的形成及运作有关的一切现象，如此而构成政治学的学科视野，或曰政治学的空间范围。利润之眼看到的则是与利润的产生及分配有关的一切现象，如此便形成经济学的学科视野，或曰经济学的空间范围。在这两种学科视野——学科的空间

---

① 现代汉语词典(第5版)[Z].北京：商务印书馆，2005：1248.

范围中,一个单位、一个地区、一个国家或者整个国际社会都可成为审视对象。在这个意义上,政治学视野与经济学视野便没有宽窄之分。

进一步来看,当政治学与经济学把目光投向同一个单位、同一个地区、同一个国家或者整个国际社会时,各自搜寻的目标是不同的。政治学搜寻的是上述单位、地区、国家乃至国际社会中的"权力"现象,或者说所关注的是这些"空间范围"的政治学层面;经济学搜寻的则是这些单位、地区、国家乃至国际社会中的"利润"现象,或者说所关注的是这些"空间范围"的经济学层面。这样,在不同的学科之眼的审视下,表面上相同的空间范围(群体、地区、国家、国际社会等)实际上便具有了不同的内涵。确切地说,在各自的学科之眼的审视下,不同学科所看到的其实是区别于其他学科的本学科自身的空间范围,或者说形成的是本学科自己的视野。

因此,学科之眼乃是学科赖以相对独立的一个首要条件。这就与人们迄今关于学科相对独立之基本条件的一般观点有了不同。① 这种一般观点认为,作为一门相对独立的学科,有两个基本条件,即"独特的研究对象"与"独特的研究方法"。② 将独特的研究对象作为学科相对独立的一个基本条件似乎也没有什么不可,但有必要指出的是,独特的研究对象并不是凭空产生或任意指定的,而恰恰是用"独特的学科之眼"看出来的结果。也就是说,先于独特的研究对象而存在、比独特的研究对象更基本更重要的条件,乃是独特的学科之眼。至于独特的研究方法,就很难说是学科相对独立的一个基本条件了,因为在学科发展的当今时代,可以说已经没有任何一种

---

① 这里所说的"学科相对独立"是从学科的"专业性内涵"的意义上讲的,区别于学科的"形式上建立"。 一般来说,一门学科在形式上建立起来的标志主要有:在有关大学普遍设置了本学科课程,成立了本学科的全国性学术团体,出版了本学科的全国性专业刊物(包括非正式出版)等。

② 瞿葆奎与唐莹曾专门论述了学科的根本特征与成熟标志问题,认为"不管人们从各自角度提出了多少标准,只要是一门学科,其最根本的特征主要体现在两个方面:对象与方法。 如果说有第三个方面,则是在此基础上形成的理论体系。 学科的命名也概略地出现这样的分布:或以对象命名,或以方法命名";并认为"评判一门教育科学分支学科是否成熟,其指标可从两方面看:一是属于'理论'方面的——对象、方法(即理论体系),二是属于'实践'方面的——是否有代表人物、著作、学术组织、学术刊物等"。 (分别见瞿葆奎、唐莹所著的《教育科学分类:问题与框架》,瞿葆奎主编的《教育科学分支学科丛书》代序)。

研究方法是哪个学科的专利了。现在当我们说"某某学科的研究方法"时，其含义并不是指这些研究方法就是该学科所特有的，而是说该学科可以运用这些研究方法。

用学科之眼这一首要条件来衡量，如今被列入我国学科制度框架中的许多学科——譬如"××教育学"之类就很难称之为相对独立的学科了，因为这些学科并没有自己的学科之眼，其学科名称所标示的其实只是一个问题域，是对该问题域基于任何学科（如哲学、心理学、社会学、政治学、经济学、人类学，等等）的研究的总称。这些学科之所以被列入所谓的"学科目录"，被视为独立学科，主要不是根据学科之眼这一学科相对独立的首要条件，而是基于国家对整个学术研究队伍进行制度管理的需要，基于向在这种制度管理的作用下被激发、被放大的专职研究人员配置研究资源的需要。对于这一现象，就需要从科学社会学或知识社会学角度另文分析了。

与此同时，有必要指出的是，尽管学科之眼是学科相对独立的首要条件，但就某一特定的人文社会学科而言，在其学科之眼的问题上，研究者们未必能形成共识。至少从迄今为止的人文社会学科发展史来看，我们尚未见有任何一个学科的研究者们在该学科的学科之眼问题上形成了真正的共识。这是因为，不同研究者在其生活经历、价值取向、利益寻求、知识积累及能力特征等因素的综合作用下，对于特定学科确立了自己的学科观，从而形成了自己的学科之眼。前面提到的"权力"与"利润"，便是笔者认为的政治学与经济学分别应具有的学科之眼，换为其他研究者，也许会将"秩序"与"生产"或者其他核心范畴分别视为政治学与经济学的学科之眼。对于学科之眼的不同观点，当然无法通过投票表决或权威认定的方式来强求思想上的统一，而只能通过交流与论辩，求得认识上的沟通与相互理解。倘若硬要学科的所有研究者均使用完全相同的学科之眼，采用完全相同的研究方式，则这种学科之眼与研究方式也就在实际上被意识形态化了，也就离其终结之时不远了。

二、社会学的学科之眼与学科视野

那么,什么是社会学的学科之眼？沿用上面的逻辑,确切地讲:什么是笔者所认为的社会学的学科之眼？

没有比较就没有鉴别。学科之眼既然是将一个学科同其他学科相区别的首要条件,那么,认识与确定一个学科的学科之眼的合理方式,是把它同其他学科的学科之眼相比较。这里,我们不妨将社会学的学科之眼同哲学的学科之眼稍加比较。①

哲学的学科之眼是"人类幸福"。用这种学科之眼来审视,哲学所看到的便既不是特定的有名有姓的具体个人,诸如张三、李四、王五等,也不是具有相同的社会或文化特征的各种具体的人群,诸如政治精英、高级白领、下岗工人、农民工等,而是整个人类意义上的、"大写的人",是这种意义上的人的生活幸福问题。如此而形成的哲学视野中,自然也就包括了以人类幸福为核心的一系列范畴,诸如人的天性、人的意义、人的理想、人的潜能、人的价值,等等。哲学家们殚精竭虑,力图为人类寻觅精神家园,建立理想世界。至于他们想要寻觅的究竟是什么样的精神家园、所欲建立的究竟是什么样的理想世界,则因哲学家个人而异。

与之不同,社会学的学科之眼是"社会平等"。用这种学科之眼来审视,社会学所看到的就既不是特定的有名有姓的具体个人,也不是整个人类意义上的人、"大写的人",而是具有相同的社会或文化特征的各种人群——这些人群在社会的阶层结构与文化场域中处于一定位置,是这些人群之间的平等问题。如此而形成的社会学视野中,便包括了以社会平等为核心的一系列范畴,诸如社会结构、社会分层、社会流动、社会建构、社会变迁,等等。

社会学并不否认对于整个人类幸福的追求,不否认对于每一个人的幸福

① 吴康宁.通向根基与转向背后:哲学视角与社会学视角的比较[J].教育参考,2004(5):3-4.

辑一
社会学、群体差异与教育公平

生活的追求,但社会学更关注社会中那些被忽视、被轻视、被歧视的人群——"社会处境不利人群""弱势人群"的价值、尊严及机会问题,因为倘若这些弱势人群的价值、尊严及机会问题得不到保障,那么,所谓每一个人的幸福生活便是一句空话,所谓的整个人类的幸福更是无从谈起。

这样,对于不同人群的"比较"也就成了社会学研究所惯常使用的一种基本方式。由于社会学往往希望通过研究来揭示不同人群之间的差异,尤其是可能会导致社会不公的等级差异,因而作为社会学之比较对象的人群——包括作为人群之制度化形式的"组织"、作为人群之集聚地的"区域"便常常是处于"两极"位置的,如"政治精英"与"普通大众","富人"与"穷人","男性"与"女性"等;或者是处于不同层级的人群,如"高收入人群""中等收入人群"与"低收入人群","发达地区""一般地区"与"贫困地区","优等生""中等生"与"差等生"等。

于是,完整的学理意义上的社会学研究一般应涵盖三个层面。

一是揭示人群之间的等级差异。从某种意义上讲,在社会学研究中,作为比较之对象的不同人群的确定本身,乃是研究者进行假设的一种结果。这个假设便是:存在着根据某种标准而区分的不同人群,这些人群之间可能存在着某些社会不平等。譬如,研究者可以根据经济收入的水平,设想如今社会成员已分化为富人、非富非穷者及穷人这三大经济阶层,然后通过量化与质性两种研究方式,弄清这三大经济阶层的比例、贫富差异程度以及同其生活状况、教育机会、社会参与等因素之间的关联。

二是查询社会产品的人群属性。在揭示了人群之间的等级差异之后,可以跟进查询相关社会产品的人群属性。这里所说的"社会产品"包括制度、政策、知识、活动等。社会学经常要问:某一特定的社会产品对谁有利?或对谁更有利?其真实的人群属性是什么?之所以要问这样的问题,是因为在任何一个社会中,真正造福于"所有社会成员"的社会产品(不论是制度、政策,还是知识、活动)都微乎其微,许多社会产品往往都只是有利于"部分社会成员",或更有利于部分社会成员。当然,这里所说的部分社会成员有时指的是"大部分社会成员"。但即便如此,也意味着这些社会产品对小部分社会成员不利或相对不利,从而在实际上不属于这部分社会成员。可是,在社会舆论中,在人们的日常生活中,这样的社会产品通常仍然会被说成是全社会的,人们通常也就不假思索地接受了下来。其结果是,这些社会产品也就在具有了合法性的同时,仿佛也具有了合理性,成了一种不言自明的前提性社会事实。社会学则对此发出疑问:这些社会产品果真是全社会的吗?它们是否只是某个或某些特定人群的谋利品呢?由此,一系列发问也就随之产生。譬如,"医疗制度:谁的制度?""税收政策:谁的政策?""市政建设:谁的建设?"等等。这种"谁的"式发问,也可以说是社会学的一种基本发问。

三是探询人群属性的社会建构。在查明特定社会产品的人群属性之后,社会学要进一步探询具有特定人群属性的社会产品——也可理解为某种特定的社会状况究竟是怎样形成的。准确地说,这些社会产品究竟是怎样被社会地建构出来的?[①] 社会学要摸清其来龙去脉,理清其中各种关系的关联纠葛。更重要的是,在此基础上尽可能发现、提示或明确指出在这一社会建构过程中起主要作用的角色、力量或因素,以便为社会产品的改造提供社会学依据。

三、社会学视野中的教育

以"社会平等"这一学科之眼来审视教育,所看到的便是影响着教育、发生在教育及受制于教育的各种各样的平等问题。[②]

所谓"影响着教育的社会平等",指的是"教育前的社会平等",亦即狭义的教育机会均等问题。诸如义务教育阶段辍学率的地区差异、性别不平等对

[①] 高水红. "谁的?"与"何以可能?"——教育社会学研究的两种知识学设问[J]. 南阳师范学院学报(社会科学版),2004(10):14-17.

[②] 这一观点由托尔斯顿·胡森(Torsten Husen)对教育机会平等之含义的归类衍生、拓展而来。胡森认为,"就个体而言,'平等'可以有下述三种含义:第一,'平等'首先可以指个体的起点(平等);第二,'平等'也可以指中介性的阶段(平等);第三,'平等'还可以指最后目标(平等),或者是这三个方面的综合"。(见托尔斯顿·胡森的《平等——学校和社会政策的目标》,载于张人杰主编的《国外教育社会学基本文选 修订版》第194至195页)即所谓教育机会的起点平等、过程平等、结果平等。

农村女童入学机会的影响、家庭经济状况与考生高考志愿选择之间的关系等,即属此类。有些问题表面上看似乎与社会平等并无多少关联,而是更多地关系到惠及或损及所有社会成员的问题,但在"社会平等"这一学科之眼的审视下,结论可能会恰恰相反,或者至少会揭示出同时也关涉社会平等等问题。比如,近十年来,尤其是 20 世纪末以来,我国高等教育的规模取得了巨大发展,按照美国教育社会学家马丁·特罗(Martin Trow)提出的标准,①从精英化阶段(高等教育毛入学率在 15% 以下)迅速跨进了大众化阶段(高等教育毛入学率在 15%—50%)。② 按照通常的审视方式,这无疑是社会进步、教育兴旺的极大成果,是教育方面的社会平等之重要标志。但若是社会学来研究这一过程,则会在承认其发展成果的同时,至少再审视两个基本问题:一是大众化阶段中未能享受高等教育机会的人群的社会处境,二是大众化阶段中享受到高等教育机会的人群的社会处境。

审视"大众化阶段中未能享受高等教育机会的人群的社会处境"这一问题,便可能会询问:既然大众化阶段中未能享受高等教育机会者的比例远远低于精英化阶段,且随着教育的发展,适龄青年中这部分人的比例逐步减少而享受到高等教育机会者的比例逐步增加,那么,与精英化阶段中的同类人群相比,大众化阶段中未能享受高等教育机会的人群的失落感、不满感乃至相对被剥夺感是否会更强?

与之相关联,社会学便可研究一系列问题,诸如大众化阶段高等教育机会的地区差异、性别差异、阶层差异等。譬如,以地区差异问题为例。尽管我国高等教育毛入学率在 2002 年便已达到 15%,从所谓的精英化阶段跨进了大众化阶段,但这只是一种"平均水平"。在当年,上海的高等教育毛入学率已达 51%,而云南却只有 8.64%,只略高于全国平均水平的一半,仅为上海的六分之一。2004 年,全国高等教育毛入学率为 19%,但上海已达 55%,几

---

① Martin Trow. Problems in the Transition from Elite to Mass Higher Education [J]. Educational Problems, 1973(57).
② 1996 年我国高等教育毛入学率仅为 6%;1999 年便增至 10.5%;2002 年则增至 15%,进入大众化阶段;2004 年为 19%;2005 年则达到 21%,为 1996 年的 3.5 倍。此速度在世界高等教育发展史上迄今未有。

近全国平均水平的三倍,进入所谓的"普及化阶段"(50%以上),而云南却还只有11.20%,仍只略高于全国平均水平的一半,仅为上海的五分之一。这种地区差异在"社会平等"的层面上究竟导致了什么?除了经济因素之外,这种地区差异的形成是否还有"社会"方面的原因?诸如此类的问题便成为社会学审视"高等教育规模迅速发展"这一"总体平均现象"时的关注重心。

审视"大众化阶段中享受到高等教育机会的人群的社会处境"这一问题,则可能会发现,随着有机会享受高等教育者的比例不断增加,来自贫困家庭乃至极度贫困家庭的大学生人数也不断增加。这些学生的父母为了改变家庭的贫困境遇,通常都不得不高筑债台甚至倾家荡产来供子女上大学,这就至少会导致产生两个困境。一是家庭的困境:家庭因供子女上大学而变得更加贫穷,且子女大学毕业后是否就一定能改变家庭贫困境遇,尚不得而知。二是学生的困境:贫困学生因家庭无法为自己提供经济支援而不得不放弃需要支付经费的诸多享用资源、参加活动、参与竞争的机会,甚至不得不将日常生活费用降低到几乎难以维持正常营养标准所要求的水平。他们同家庭经济条件宽裕的学生相比,生活上有如天壤之别,以至于构成了校园中的"穷人"与"富人"两个阶层。这种状况很容易导致贫困学生产生自卑、封闭、焦虑、不满乃至愤恨的心理。这意味着,对于贫困学生及其家庭而言,上大学往往会使原先的"一个贫困"(家庭生活贫困)分解并扩展成"两个贫困"(家庭生活贫困与子女在校生活贫困),由原先的"一种贫困"(经济贫困)变成"两种贫困"(经济贫困与心理贫困)。于是,上大学的代价问题、大学生及其家庭的社会分层问题等,便成为社会学审视"享受到高等教育机会者日益增多"这一"社会进步现象"时的关注重心。

所谓"发生在教育的社会平等",指的是"教育中的社会平等"。教育是整个社会场域中的一种成分、一种力量,同时其自身也是一个复杂的社会场域。这个场域中同样存在着利益诉求、角色期待及文化特性各异的种种人群。譬如,在学校中就有管理者与教师、主科教师与副科教师、优秀教师与普通教师、教师与学生、成绩优生与成绩差生、干部学生与群众学生等各种各样的人群。在社会学看来,这些不同人群虽然在同一个学校里工作着、学习着、生活着,但学校"给予"他们的资源与奖惩是不一样的,他们从学校所"获得"的物

质资源与文化体验也是极不相同的。这样来看,譬如说同一所学校、同一个课堂对于成绩优生与成绩差生、干部学生与群众学生来说,便具有了不同的文化意涵与社会标识。所谓"同一所学校""同一个课堂",其实只是从表面上、制度上、形式上来说的,确切地讲,不同的学生人群实际上是在对他们而言文化及社会价值各不相同的学校与课堂中学习着、生活着。成绩差生及群众学生在学校中的失落感、不满感及被剥夺感总体上通常会强于富裕学生、成绩优生及干部学生。事实上,在社会学视野中,教育过程中实际运作的几乎所有范畴,包括教育目标、教育制度、教育政策、教育组织、教育内容、教育方法等,都有一个人群属性问题以及与之相伴的社会平等问题,都有必要首先审察这些范畴的人群属性,包括单一的人群属性与复杂的人群属性,并继而查询导致形成这种属性的原因。

所谓"受制于教育的社会平等",指的是"教育后的社会平等"。这是用社会学的学科之眼对于教育之社会功能的审视。过去我们在论述教育的社会功能时,通常会列举出教育有促进(或阻碍)社会的政治、经济与文化发展的功能、促进(或阻碍)个体社会化的功能等,这些论述也许并没有错,但仅此尚难称之为到位的社会学认识。社会学对于教育之社会功能的认识,最终要揭示出教育对于受教育者接受教育之后所获社会地位的影响,以及对于与之相伴的社会结构及社会平等状况的影响。由于在社会结构中处于不同层次的人群在参与活动(包括各种决策活动)、占有资源、获得机会及谋取利益等方面往往会存有诸多差异乃至相当的不平等,而教育可能是导致形成这种状况的重要原因,因而,教育便既可能是减少或消除社会不平等的途径,也可能反而会成为增加或放大社会不平等的因素,或者可能是在减少与消除某些社会不平等的同时,又造成新的社会不平等。这些因教育的作用而导致产生的社会不平等可称之为"教源性社会不平等"。

与此同时,在我国,由于高等教育发展与行业需要之间的严重的结构性失衡,大众化阶段中大学毕业生的就业问题日趋明显、日趋普遍,从而逐步形成了一个高文化层次的新失业群体。这样,这个群体便不仅没有能够如其本人及家长所期待的那样改变家庭命运,或增进家庭幸福,反而导致家庭雪上加霜,或使家庭生活蒙上阴影。这就很容易导致这部分人产生失落感、不满感乃至被剥夺感,并因此而成为新的社会不稳定因素。

可以这么说,在整个教育领域,社会平等问题几乎无处不在。从宏观的教育制度、教育政策,中观的教育管理、教育组织,直到微观的教育内容、教育方法等,都与社会平等问题有密切关联,或者说,都可以通向社会平等问题。当然,这并不意味着研究者在对教育进行社会学审视时,其言说与论著张口闭口都应该是"社会平等"这个词,而是说,其研究之出发点与归宿点、其所论述的问题之要害,都可归结到影响着教育、发生在教育或受制于教育的社会平等问题上来。

本章所述只是笔者的教育学观、社会学观及教育社会学观(因比较的缘故也连带涉及了政治学、经济学、哲学的学科观)。妥当与否,有待读者批评。事实上,即便是笔者自己,对于教育学、社会学及教育社会学的认识也经历了一个过程,这种认识过程也还会再延续下去。

(本章作者为吴康宁,原文《社会学视野中的教育》,载于《教育研究与实验》2006年第4期。收录本书时略有改编)

第二章　作为教育问题的教育公平与作为社会问题的教育公平:教育公平的两种概念

教育公平不是一种自然状态或自发状态,而是人类教育发展到一定阶段之后的理性选择。确切地说,对教育公平的追求是教育现代性的一种典型特征,是人类理性思考的结果。对于教育公平的追求,既反映了现代社会追求民主的一般政治理念,也表征了民族国家普及国民教育的特殊诉求,它是人类思想或人类事业的成果而非教育的自然本性。古典时代"教育的使命是使天才得到养育和支持"。① 现代社会随着学校的崛起,教育被工具化,成为实现社会公平的重要途径。一般认为,教育发达的社会比教育落后的社会要更加公平,而在一个更加公平的社会里,教育本身也更加公平。现代以降,无论哪个领域,公平都是人类值得追求也需要追求的理想。教育当然也不例外。无论如何,公平都是教育的理想,但教育的理想并不等于理想的教育。教育需要公平,但公平本身绝非追求教育公平的全部理由。正确地理解教育公平这一概念需要我们对教育(性)与公平(性)之间的张力保持必要的敏感。

一、为了公平的教育公平与为了教育的教育公平

现代社会之所以追求教育公平,一个是为了践行公平的理念,另一个则是为了人的完善。但实践中,对于公平的强调远多于对于人的卓越的关注。因为,普及学校教育而非造就完人更加符合民主社会关于公平的理念。以科尔曼关于"教育机会均等观念"的梳理作为起点,公平就一直是各种教育公平

---

① 弗里德里希·尼采.论我们教育机构的未来[M].周国平,译.南京:译林出版社,2012:48.

理论的关键词。比如,麦克马洪关于教育公平的三类型说(即水平公平、垂直公平与代际公平)、胡森关于教育公平的三阶段说(即起点公平、过程公平与结果公平)以及罗尔斯的公平三原则(即平等原则、差别原则和补偿原则)都关注"公平本身"的实现。教育公平当然要关注公平的实现,没有公平作为基础,绝对无法谈论教育公平。但在人类的价值链条上,公平既不是作为目的的人的目的也绝不是教育本身的最终目的,甚至也不是教育公平的终极目的。"在教育领域当中,教育公平作为一种政策理念以及有关政策安排和政策工具,应该指向'好的教育'或'真正的教育',并由此而指向每个人美好的生活。从这个意义上说,教育公平本身尽管对于教育事业很重要,但却不是教育事业发展追求的根本目的。"①无论在理论上还是实践中,通过公平的教育从而实现人的卓越或德性的圆满才是最终的目的。虽然现实中尚没有哪个国家可以普及这种为了人的卓越的优质教育,但这并不表明这一理念的阐述只能是乌托邦,相反,它表明为了所有人的卓越或德性的圆满,教育本身任重道远,全社会都需要为之不懈地努力。

基于教育公平这一概念本身所蕴含的教育(性)与公平(性)之间的对立与统一关系,对教育公平可以有两个基本的价值判断或思考维度。一种是为了公平的教育公平,认为教育公平是社会公平的组成部分,教育公平就是要在教育领域实现社会公平的理念,公平本身就是目的。另一种是为了教育的教育公平,认为教育公平具有独立的价值,其不只是社会公平的组成部分,公平本身不是最终目的,教育公平是为了人能够拥有更好的教育。为了公平的教育公平在价值选择上侧重公平性或社会的整体性,为了教育的教育公平在价值选择上则强调教育性或人的卓越性。为了教育的教育公平和为了公平的教育公平不是两种不同的教育公平,而是教育公平本身两个不可分割的方面。本质上,教育公平的实现既要为了公平更要为了人的教育。为了教育的教育公平必须以为了公平的教育公平为基础;为了公平的教育公平必须以为了教育的教育公平为目的。教育公平作为一个完整的概念,为了公平的教育公平和为了教育的教育公平二者缺一不可。

---

① 石中英.教育公平政策终极价值指向反思[J].探索与争鸣,2015(5):4-6.

社会实践中由于受民主化思潮的影响,公平作为一种价值观在现代社会占有显著地位,无论在哲学的视野中还是在社会学的框架下,公平理论往往具有优先性,教育理论的重要性被遮蔽,教育公平多侧重于为了公平的教育公平而忽视了为了教育的教育公平。如胡森所言:"教育面前机会均等始终没有被视为自身的目的,而被看成走向社会平等的漫长道路上的一个阶段。"[①]在教育领域内追求公平或尝试通过教育实现社会的公平没有错,但教育的发展与社会的公平并非总是一致,教育的公平与社会的公平之间也绝非简单的线性关系。实践中,教育的发展或教育的公平可以促进社会的公平,但作用往往是有限的。长期来看,教育系统对社会阶层的复制是教育本身难以摆脱的梦魇。此外,即便在教育内部教育性与公平性也并非总是能够和谐共存。教育过程中过于强调品质有时会有碍于公平的实现,而过于强调公平有时也会伤害到教育本身,尤其是当公平上升为一种政治意识形态时,为了政治的正确性,还会使教育沦为"宣传"(伪教育)。由于在公平(性)与教育(性)之间必然存在内在的紧张或张力,教育公平问题就显得特别复杂,甚至难以把握。

二、作为社会问题的教育公平与作为教育问题的教育公平

教育是永恒的,但教育公平却是历史的。作为一种价值期待,教育公平是公平这一理念在教育领域的延伸。在原始状态下,教育与生活是一体的,由于教育尚未从生活世界中独立出去,也就无所谓教育的公平与不公平。在后来的农业社会里,教育是家庭生活的一部分,在生存的巨大压力下,教育的公平也还不能被称为社会问题。"现代学校教育的模式,其来源基本上是西方的。虽然经过了这么多年的演化,本质并没有变,依然是工业社会的产物。西方的所谓学校制度或者全民的教育制度一般追溯到 19 世纪中期,有些人

---

① 张人杰.国外教育社会学基本文选[M].上海:华东师范大学出版社,1989:191.

认为是 1870 年英国首先有了《教育法》才开始的。"①现代以降,在工业革命和资产阶级革命的双重冲击下,传统等级制的社会结构逐渐瓦解,以自由和民主为轴心的现代社会诞生。为了给所有的公民提供均等的教育机会,民族国家的政府发明了公立学校这一伟大的机构,从而导致了教育制度的根本变革,教育的公平随之成为社会问题。人类历史上,精英教育与传统社会相互依存,现代社会则与大众教育相伴而生。前工业社会中,由于经济社会发展水平所限,传统教育多是精英取向。在精英主义价值观主导下,公平的重要性被人的卓越性所遮蔽。工业化的胜利为学校教育的普及提供了条件,也创造了契机。在工业社会中,现代教育是大众取向的。对于大众教育而言,公平而非优秀成了更为重要的价值准则。现代社会,基于社会公平的政治理念,无论自由主义者还是社会主义者都主张要无差别地为儿童提供受教育的机会,致力于实现为了公平的教育公平。

表面上看,现代社会中教育公平问题反映了教育自身在规模上的不足以及质量上的不高。但实质上,教育公平问题折射的是教育领域价值观的变迁,即从精英教育到大众教育的转型。随着现代社会中经济和技术的快速发展,逻辑上学校教育完全可能实现高度普及且全部优质。这样一来,在技术层面上教育公平作为一个社会问题似乎会自然终结。但是实际情况远非如此。"真正的社会问题可能不是'公平'这个抽象问题,而是引起反感的社会特征和产生它的社会条件。"②人们曾经认为,教育公平是教育发展中的问题,随着经济社会发展水平以及教育自身发展水平的提高,教育公平的问题可以解决,但事实却与此相反。当前在很多经济社会高度发达的西方民主国家里,教育也高度发达。随着社会领域不公平现象的减少,公平本身似乎已经成为教育的常态,但教育公平的问题并未自然终结,因为随着社会公平的提升,人们对于教育公平的期望也在增强,对教育不公平或反教育现象也更加敏感。其结果是,教育实践中公平无论作为一个社会问题还是教育问题,都依然突出。

---

① 程介明.教育是在缩小还是扩大社会不公[J].探索与争鸣,2015(5):6-8.
② 张人杰.国外教育社会学基本文选[M].上海:华东师范大学出版社,1989:270.

辑一
社会学、群体差异与教育公平

受到"为了公平的教育公平"观的影响,教育公平作为教育问题的重要性被忽视。莫里斯·迪韦尔热在其名著《政治社会学:政治学要素》一书里曾指出,"社会结构的第一要素是不平等。不平等有两种不同的表现形式:领袖与集团成员之间的个人不平等,阶级或阶层之间的社会不平等"。① 参照此种分类方法,如果作为社会问题的教育公平关注的是"阶级或阶层之间的社会不平等",那么作为教育问题的教育公平则需要直面人的差异,关注个体间的不平等。现代社会由于学校是一个社会化的机构,而教育本质上则更多是一种精神性活动,因此在学校与教育间始终存在某种紧张的关系。按赫钦斯的说法,现代社会"学校的目的是教育之外的其他事"。② 虽然理论上学校和教育存在着内在关联,有时甚至二者就是一回事,但实践中学校教育和教育的确会有所不同。以学校教育作为教育的替代品,那些"可知"而"不可感"的要素就会被排斥在教育公平的视野外,比如价值观或生活意义。以学校教育作为教育的替代品,人们论述教育公平时自觉不自觉地总是从工具主义或功利主义出发,倾向将教育当作从属于社会的一部分而没有意识到社会本身也是教育的一部分。诚然,教育公平的实现有赖于社会的公平,但社会公平的实现同样离不开教育本身的公平。诚如布鲁姆所言:"我从未想过大学只是属于社会的一个部门。相反,我始终认为社会是从属于大学的一个部门,我祈求这样一个社会,它能多少宽容并供养一个永远长不大的孩子,这个孩子的玩耍反过来又能造福于社会。"③ 大学是如此,教育也不例外。理想状态下,也许社会应从属于教育,而不是教育从属于社会。因为没有教育就没有社会。教育需要为社会服务,但社会同样需要为教育服务。教育的目的绝非要造就一种为了社会的教育,相反,为了教育的公平我们必须有一种为了教育的社会。

基于教育的整体性,教育公平也具有整体性。作为社会问题的教育公平与作为教育问题的教育公平二者密不可分。实践中既不能把社会问题当成

---

① 吴稼祥.公天下:多中心治理与双主体法权[M].桂林:广西师范大学出版社,2013:187.
② 董成龙.大学与博雅教育[M].北京:华夏出版社,2015:34.
③ 布鲁姆.美国精神的封闭[M].战旭英,译.南京:译林出版社,2011:201.

教育问题,也不宜把原本属于教育的问题社会化。就像教育改革不能取代社会改革,①社会改革也不能取代教育改革。一方面,教育公平无法通过教育自身的发展和改革来单独解决,由于社会制度的原因有时教育的大发展还会加剧教育的不公平。另一方面,我们也不能将教育公平的希望完全寄托在社会改革身上,那些原本属于教育自身的问题当然需要教育自身的改革来解决。"学生能力不逮、家庭环境不佳、资源不足,以及社会对考试成绩的偏好等,都是教育水平不高的最好借口。但是,克服这些困难恰好正是教育最重要的社会使命。"②值得注意的是,当前在现代性的制度框架下,教育作为一个子系统被嵌入社会大系统之中。很多学校教育的问题若追根溯源都可以归结为社会问题。教育问题的社会化一方面有助于我们理解教育的复杂性,但也很容易导致教育本体的失落。如果完全将教育公平问题当作一个社会问题,那么教育公平本身将失去作为教育问题的独立性。对教育而言,由社会所引发的问题比由其解决的问题要多得多。教育公平问题同样如此。社会可以解决由社会所引发的教育公平问题,但同时也会引发更多的其他问题。有鉴于公平问题的复杂性,将教育公平区分为作为教育问题的教育公平与作为社会问题的教育公平十分必要。教育公平的实现既离不开社会支持系统的支持与配合,也需要教育自身的不断改革与发展。教育机会与教育条件的公平需要社会(政府)的支持,而教育过程中因材施教则需要深化教育自身的改革。当然,无论作为社会问题还是教育问题,教育公平都是一种"积极公平"而非"消极公平"。所谓"积极公平"就意味着,教育公平绝不是一种自然的或自发的状态。就像权利本身不会自己从天而降,教育的公平也不可能自动实现。教育公平的实现需要教育内部和外部共同积极治理而非无为而治。

① 张人杰.国外教育社会学基本文选[M].上海:华东师范大学出版社,1989:217.
② 程介明.教育公平与社会公平[J].世界教育信息,2001(7):13-14.

三、程序性教育公平与实质性教育公平

现代社会中公平既具有理念上的绝对性又具有实践中的相对性。从理念出发,我们可以将教育公平作为一种普世价值,但实践中我们绝不能以这种价值的普遍性判断来阉割事实。无论何时,教育公平都不是一个有或无的问题,而是一个实现程度的问题。不同国家,不同时期,不同国家的不同时期,教育公平会呈现出不同的状态。不但不同国家教育公平的实现程度不同,同一国家不同地区教育公平的状况也会不同,同一地区不同学校教育公平的表现各异,即便在同一学校,不同班级,不同学生在微观层面上仍然会面临着教育公平的实质性差异。只要是有人参与的活动,实践中的公平永远是相对的。但教育实践中公平的相对性并不意味着理论上的相对主义,更不意味着在理念上关于教育公平没有共识或底线。

由于公平本身总是和人的主观感受有关,因此公平也经常被看作一个难以捉摸的概念。就像价值总是与价值观联系在一起,公平也总是受公平观的支配。不同人持有不同的公平观,对于教育公平的立场自然也就会各不相同。"不公平的感觉经常来自一个人的期望和被剥夺的程度。"[①]站在不同的立场,有时很难界定什么是公平、什么是不公平,有时候表面的公平还会掩盖实质的不公平。比如,给予精英以平庸的教育或给予庸才以精英的教育都是不公平的,但后者往往不会被提及。就像经济学在对于价值的讨论中,劳动价值论认为,价值由生产某种商品所要付出的劳动量决定,劳动成本决定价值;而主观价值论则认为,价值与劳动成本无关,而是主观满足的排列顺序。价值不存在于人类的意识之外。教育公平也兼有主观性与客观性。基于主观与客观的不同维度,教育公平也可以区分为两种:一种为程序性教育公平,比如进入教育系统的机会均等,参与教育的机会均等,强调制度的透明性与

---

① 张人杰.国外教育社会学基本文选[M].上海:华东师范大学出版社,1989:267.

公平的可度量性;另一种为实质性教育公平,比如教育结果的均等,教育对生活前景机会的影响均等,侧重教育运行的实然状态和个体的主观感觉。教育实践中影响公平的不仅是社会阶层的经济地位及其文化背景,微观的(学校)教育环境同样重要,甚至更为重要。对于教育公平而言,不同社会阶层的经济地位和文化背景的差异客观存在,我们不可能为了教育公平而将这些差异人为地抹平。相比之下,学校教育制度的改进更有助于个体间的教育公平的实现。如科尔曼所言:"当前教育机会均等的观念已经从学校资源投入的均等转变为追求学校教学效果的均等。学校的责任已从公平地增加与分配它的'均等',变为增加学生学业成就的均等。这是一个令人注目的转变,一个必然会对今后教育实践产生深刻影响的转变。"①当然,就像消极自由与积极自由不是两种自由而是自由的两个不同方面一样,程序性教育公平与实质性教育公平也并非两种不同的教育公平,而是教育公平的两个不同方面。二者虽然有不同的理论旨趣,但相互依存。程序性教育公平是实质性教育公平的基础。实质性教育公平是程序性教育公平的理想。实践中如果没有程序性教育公平绝对谈不上实质性教育公平,但有了程序性教育公平并不能确保实现实质性教育公平。有时程序性教育公平的增加还会遮蔽实质性教育公平的缺失。

对于实质性教育公平的实现,理论界有两种对立的观点。"个体差异说"认为,每个人都是不同的,不同的人接受不同的教育才是真正的公平。格林(T. F. Green)就认为,由于人的能力分布是不平等的,教育制度如果对教育的利益进行不平等的分配也不能说是不正义的或不公平的。根据"平等"的原理,所有的人享有在最低限度上与提供给其他人同等程度的优质(平等)教育的权利;根据"最善"的原理,所有的人都享有对他自己来说是最好的教育的权利。最终,在科尔曼相关研究的基础上,格林主张,教育机会的公平分配需要将"符合必要的教育"与"符合能力的教育"相结合。②"共同人性说"则认为,个性(individuality)的差异虽然存在,但人性却是相通的,只有通过同一

---

① 张人杰.国外教育社会学基本文选[M].上海:华东师范大学出版社,1989:192.
② 王锐英.教育公平理论及其在战后美国高等教育领域的实践[D].西安:陕西师范大学,2006:17.

的教育(an education)方能展现共同的人性(common humanity),公平的教育就是为所有人提供最优的教育(the best for all)。按照赫钦斯的说法,"如果因为'没有'学问就不能理解'伟大的作品',就只授权专家接触它们,如果说没有'学问'却想着理解它们是一种无可救药的浅薄,那么我们会被迫将大多数人排除在人类思想的杰作之外。这是变本加厉的贵族制"。[①] 真正的公平就是要普及博雅教育(universal liberal education),让所有人都能获得这种好的教育。"个体差异说"和"共同人性说"看似对立,却并非不可调和。实践中,在程序性教育公平的基础上,实质性教育公平需要兼顾个体的差异和共同的人性。教育中否认个体差异的存在等于公然说谎,但过度执着于个体差异的教条而否认共同的人性则无异于否认教育的本质,推卸教育者的责任。对于教育而言,展现共同的人性是终极目标,而在通往终极目标的过程中,在运用教育方法时则必须注重个体的差异,否则将事与愿违。在践行教育公平的过程中,没有差异无所谓公平,但若没有共同的目标亦无所谓公平。教育是"成人"的事业。"成人"是每一个接受教育的人的共同目标,但由于个体差异的客观存在,每个人的"成人"之路不尽相同。因此要实现实质性教育公平,除需要程序性教育公平作为基础和保障外,"符合个体差异的教育"与"符合共同人性的教育"也需要结合起来。当然,无论何时我们都必须清楚,绝对的实质性教育公平只能是一种理论上的假设。实践中必须保持程序性教育公平与实质性教育公平之间的张力,极端地追求实质性教育公平不但会伤害程序性教育公平,最终也将不利于教育公平本身的实现。

综上所述,以目的论,教育公平可以区分为为了教育的教育公平和为了公平的教育公平;以实现路径论,教育公平可以区分为作为教育问题的教育公平和作为社会问题的教育公平;以结果论,教育公平可以区分为实质性教育公平和程序性教育公平。三种区分切入点不同,但内在逻辑一脉相承。不同的目的决定了不同的路径,而不同的路径自然导致不同的结果。将目的—路径—结果贯穿起来,教育公平呈现为两种不同的概念,一种是作为社会问题追求程序性公平的为了公平的教育公平,另一种则是作为教育问题追求实

---

① 董成龙.大学与博雅教育[M].北京:华夏出版社,2015:49.

质性公平的为了教育的教育公平。长期以来,对于教育公平的研究多侧重于公平本身,期待为了公平的教育公平。以公平本身为目的,教育公平被视作社会公平的一部分。其结果是,当我们坚持把教育的公平视为社会公平问题加以解决时,社会阶层的经济地位与文化背景被凸现,个体的差异和人性的培养被忽视。教育公平的实现多停留在权利平等或机会均等的层面,满足于一种形式的或技术性的公平。相比之下,实质性的教育公平乃是一种为了教育的教育公平。为了教育的教育公平将公平本身理解为实现教育理想的一种必要条件而非目的,强调教育本身在公平方面存在的问题以及可能的改进,其终极目的服从于通过教育让人成为人。

(本章作者为王建华,原文《教育公平的两种概念》,载于《教育研究与实验》2016年第6期。收录本书时略有改编)

第三章　个人属性、群体排斥与国家支配：教育公平分析的三种路径

当前社会,不同地域、不同阶层、不同群体间的分化已然显见,社会差别不仅体现为个人生活境遇的不同,而且已经延伸到下一代。教育作为代与代之间传承和流动的中间环节和主要手段,因其特殊的作用和地位引起学界的广泛关注,教育公平问题更是成为多个学科共同关注的核心问题,成为教育改革的重心所在,也成为当下社会大众最关心和最敏感的话题。如何把脉历史,审视现实,探究影响教育公平的因素、机制和模式,对于不同地域、不同群体、不同阶层间和谐关系的构建,对于促进教育公正、公平地发展无疑有着重大的理论和现实意义。

迈入 21 世纪,尤其是 2010 年中共中央、国务院颁布实施《国家中长期教育改革和发展规划纲要(2010—2020 年)》,将推进义务教育均衡发展作为教育的战略性任务提了出来:"推进义务教育学校标准化建设,均衡配置教师、设备、图书、校舍等资源。""率先在县(区)域内实现城乡均衡发展,逐步在更大范围内推进。"[1]伴随着义务教育均衡化改革的行动,教育公平的改革实践可谓如火如荼地开展了,但与热闹的教育公平实践相反,关于教育公平的理论探讨却并未出现令人满意的深入和拓展。影响教育公平的核心机制究竟是什么?教育公平的解释模型到底有哪些?隐藏在教育公平背后的社会文化、制度条件、结构特征又是什么?本章试图在梳理教育公平已有解释路径的基础上,提出教育公平分析的三种路径,并分析这三种路径分别如何影响我们对教育公平的判断、立场和改革实践,希望对中国教育公平的理论分析与实践探索有所启发。

---

[1] 国家中长期教育改革和发展规划纲要(2010—2020 年)[M].北京:人民出版社,2010:22.

一、教育公平分析的已有研究

关于教育公平的分析路径最耳熟能详的概括来自于胡森(T. Husen)的三阶段说,即起点公平、过程公平和结果公平。起点公平重在机会层面的公平,是让每个个体都有不受任何歧视地开始学习生涯的机会;过程公平重在对待层面的公平,是指在连续不断的过程中以各种不同的但都以平等为基础的方式来对待每一个人——不论其人种和社会出身情况;结果公平重在目标层面的公平,通过制定和施行一些措施,使得学业成就的机会更加平等。①胡森对教育公平不同阶段的划分,开启了后续围绕起点公平、过程公平、结果公平的阐释和讨论,人们认为这三种公平分别代表三种不同性质的平等观。起点公平重在普及教育,使得人人有学上,至于上的是不是同质的学校则根据天赋能力不同而定,被视为一种效率优先的平等观;过程公平要求平等对待儿童的整个教育历程,让其接受同质的教育,被视为一种形式平等观;结果公平则需要通过教育弥补学生的先赋差异,实现学业成就的真正平等,被视为一种实质平等观。上述针对教育公平的起点、过程、结果的阶段划分,看似清晰实则相互纠缠、模棱两可:如果说起点意味着教育机会的话,那么机会本身也决定着过程中的教育获得和结果上的教育公平,这是一个连续体,而不是一个可以断裂开各行其道的教育公平路径;如果说起点公平意味着静态的机会平等,过程公平意味着动态的对待平等,那么结果公平所谓的目标公平,将实然的结果与应然的目标硬捏在一块儿,实在有些语焉不详,不好把握其要意了。

在国内外教育社会学领域,自 20 世纪 70 年代以来,有大批学者围绕教育不平等的影响因素、形成机制及变化趋势进行了大量的理论探讨和经验研

---

① 托尔斯顿·胡森.平等——学校和社会政策的目标[A]//张人杰.国外教育社会学基本文选.上海:华东师范大学出版社,2009:159-179.

究,比如产生了大家熟知的再生产理论,为解释教育公平提供了具有解释力的分析路径。也有从制度变迁、市场转型角度探讨与教育公平的关系,认为制度变迁导致教育不平等结构出现变化,从而影响了教育公平。可以说具体而精致的理论探讨和经验研究较多,但较为分散,缺乏对教育公平分析路径有意识的概括与区分。国内两位社会学者在其最近的实证研究中对教育不平等的分析路径进行了简单的梳理。

李春玲整理了三种解释教育不平等的理论假设:工业化理论假设、再生产理论假设、文凭主义理论假设。工业化理论假设认为:工业化社会对劳动分工的细化和专业化,会导致越来越多拥有专业知识和技能的人去从事相应的职业,而教育是培养专业知识和技能的重要手段,因此职业的获得直接取决于个人的教育水平。在工业化假设中,教育获得的差异将越来越不受家庭背景、性别、种族、年龄等先赋因素的影响,而直接取决于勤奋努力和聪明才智。与工业化理论假设相反,再生产理论假设认为教育提供工作技能只是其表面功能,其最重要的功能是再生产原有的阶级地位和分层系统。上层阶级通过向子女提供各种资源,帮助子女在教育中胜出,从而保持其较高的阶层地位。相反,较低阶层的子女因为缺乏来自家庭资源的支持,往往在教育竞争中处于劣势或被淘汰出局,从而维持其较低的阶层地位。文凭主义理论假设试图抛开教育的社会化功能和再生产功能的矛盾,直接从人力资本的角度探讨学历文凭对教育不平等形成所产生的影响,将教育不平等的关注视野推向高等教育领域,发现家庭因素对基础教育领域不平等的影响在减弱,而在高等教育领域则在加强,其结论可以说维持了再生产理论的判断。① 上述路径对教育不平等的变化趋势判断清晰,但对教育不平等的影响因素和机制的分析较少。

刘精明基于布劳—邓肯的"先赋"与"自致"的社会分层机制的研究框架以及布东的"首属效应"和"次属效应"的教育不平等形成机制,提出了一个教育不平等的分析模型,强调了产生教育不平等的三个既相互交织又截然不同

---

① 李春玲.教育不平等的年代变化趋势(1940—2010): 对城乡教育机会不平等的再考察[J].社会学研究,2014(2):65-89,243.

的路径:一是因儿童个人禀赋、主观努力程度以及可资利用的家庭资源的不同而产生的能力差异或分化;二是因所处结构位置不同而产生的教育选择差异;三是因儿童处于不同结构位置,在"结构授予"机制下而产生的机会不平等。第一个路径所产生的机会差异因儿童能力分化所致,它与儿童的主观努力程度密切相关,当然也与家庭资源条件相联系,但这里的家庭影响最终形成的是固化在儿童个体特性中的才能或能力;第二个路径是基于客观的阶层位置的"理性"选择,是结构约束条件下的选择不平等;第三个路径产生的不平等结果则是儿童所不能控制的,是成人社会的不平等格局强加于儿童群体的,如户籍、城乡等结构性差异。① 上述路径试图区分出身与能力在教育不平等形成中产生的不同影响,在不损害学校教育应有的竞争精神和效率机制的前提下,对真正伤害教育公平的因素有的放矢。

对教育公平有关的理论模式进行有意识建构的学者当属李煜,他从代际流动的角度区分了三种流动模式的理想型。一是绩效原则下的竞争流动模式,在这一理想模型中,流动机会将完全按照自致因素来分配,不同家庭出身的子女均享有公正、平等的机会参与向上流动的竞争,家庭出身等先赋因素在社会流动中不起作用。二是社会不平等结构下的家庭地位继承模式,在这一理想模型中,社会不平等结构下的社会流动机会的分配,取决于家庭拥有社会经济资源的多少,在子代竞争流动机会的表象下,是其家庭资源禀赋的竞争,这一模式的极端状况就是完全的社会不流动,所有社会成员均子承父业。三是社会主义意识形态下的国家庇护流动模式。在这一理想模型中,国家的政策改变了社会流动的社会条件,进而影响社会流动,社会主义意识形态下的庇护模式,使得家庭背景对教育获得的影响变小,教育与职业地位的关联会因为意识形态的偏好而被削弱。② 李煜所概括的三种代际流动的理论理想型分别看到了经济发展、社会结构、国家政策对社会流动的影响,笔者受此启发,尝试提出教育公平的三种分析路径,分别从个人、社会和国家三个角度展开,并将其概括为教育公平分析的个人属性路径、群体排斥路径和国

① 刘精明.能力与出身:高等教育入学机会分配的机制分析[J].中国社会科学,2014(8):109-128.

② 李煜.代际流动的模式:理论理想型与中国现实[J].社会,2009(6):60-84.

家支配路径。自由主义及后期的新自由主义学派主要与第一种路径有关,韦伯主义及后期的新韦伯主义学派与第二种路径相联系,而马克思主义及后期的新马克思主义学派与第三种路径相联系。这三种路径对于解释教育公平的影响机制各不相同,因此依照不同的理论路径所倡导的改革对策与实践也不尽相同,它们分别具有不同的理论与现实意义,也分别存在相应的陷阱和问题。

二、教育公平分析的三种路径

(一) 个人属性路径

在个人属性路径下,教育获得的差异被看作个人能力差异、努力程度差异或选择差异所导致的结果。在这里,并不是刻意否定或忽略所有的社会影响因素,而是认为社会决定因素的相关性总是通过其塑造个人特征的方式得以体现。因此,这一解释路径的核心不是首先区分先天的能力还是后天的家庭背景、区域条件等因素影响了教育获得的差异,而是假设某些人在教育上的成功与其他人的失败之间没有因果关系,换句话说,一个人在教育上的处境不利主要是其个人在相关属性上存在缺陷,哪怕这些相关属性大部分都是由社会因素决定。由此,将教育公平的立足点被拉回原子化的个人和家庭,并在实践层面形成了两种截然相反但内在逻辑一致的教育公平立场:落实在个人层面的绩效主义教育成就观和落实在家庭层面的家庭主义教育消费观。

1. 绩效主义教育成就观

绩效主义被认为是现代工业社会的一个重要特征,按照"绩效原则",将工业化所需要的掌握专业技术的个人分配到合适的位置上,是工业社会经济理性的必然要求。最早提出绩效(meritocracy)一词的迈克尔·扬在他的经典论著 *The Rise of the Meritocracy* 中指出,成就是由个人先天的才智和后天的努力共同构成的。① 理想的绩效主义假设个人先天才智的高低与种族、性别和阶级出身无关,认为学校教育系统是根据个人能力来分配教育机会的,学生之间的教育机会不平等只是个人努力程度不同所造成的能力分化,以及根据自身能力条件而做出选择的后果。遵循绩效原则的教育筛选意味着先赋因素让位于自致因素,不同家庭出身的孩子均享有公正、平等的机会参与到教育中,学校被视为平等化社会差异的角色。在此路径下,对教育公平的诉求是人人有学上,并且教育筛选执行严格的绩效原则。

2. 家庭主义教育消费观

以个人为基础的家庭资源——通过在教育市场中对子女的投资,原子化的消费者(父母)实现了效用最大化。孩子的教育机会乃至教育成就的获得,全部指向家长的资源投入与行动,对此,英国学者 Phillip Brown 将之称为家长主义(parentocracy),以解释那些基于家庭资本与家长偏好的教育选择行为。② 布瑞恩和戈德索普(Breen & Goldthorpe)则进一步指出,教育投入取决于家长对教育成本和收益的理性计算,并提出了相对风险回避理论(Relative Risk Aversion,简称 RRA 假说)。该理论认为,父母倾向于选择让子女具有与父辈地位相当或更高的教育,以规避子女地位的下降。地位下降对处于不同位置的家庭意义并不一样:处于低阶层的家庭,不继续上学所损失的是向上流动的机会,而地位下降的可能会比较小;对中上阶层的家庭来说,子女不继续求学而导致的地位下降感受会比较强烈,因此需要较多的教育以避免其向下流动的风险。③ 在此路径下,对教育公平的诉求是提供可供选择的多样化教育市场,以满足不同家庭不同的教育需求。

虽然绩效主义和家庭主义看似矛盾,前者强调能力,后者强调出身,但其内在逻辑却颇为一致,都认为教育选择和成败的原因是个体自身或家庭条件,其潜台词是"如果你在教育处境中不利,那是你个人能力不足或家庭选择

---

① Michael Young. The Rise of the Meritocracy: An Essay on Education and Equality [M]. Harmondsworth: Penguin Books, 1958.

② Phillip Brown. The 'Third Wave': Education and the Ideology of Parentocracy [J] // Education: Culture, Economy, and Society. Oxford: Oxford University Press, 1990: 393-408.

③ Richard Breen, J. H. Goldthorpe. Explaining Educational Differentials: Towards a Formal Rational Action Theory [J]. Rationality and Society, 1997(3): 275-305.

辑一
社会学、群体差异与教育公平

有问题",将体系失败的根源放在个人的缺点里。换句话说,不管成功与失败,只能归咎于个体自身及其拥有的条件,而不是教育制度或社会结构。这一内在逻辑与讲求绩效、竞争、市场化、私有化的自由主义思想一脉相承。事实上,自由主义便是强者的伦理学,因为自由主义要求你自主选择人生,并且有勇气承担自主选择带来的责任,甚至是负面的后果。但自由主义忽略了作为自由竞争和自主选择前提的社会既有差别,社会广泛存在的各种差别,包括不同文化、民族、宗教、性别以及其他各种阶层化体系,人们并不是站在同一起跑线上,这些差别都可能影响人们的自由竞争和自主选择。但是自20世纪70年代后,随着1979年撒切尔夫人成为英国首相、1980年里根当选美国总统,作为自由主义思想的衍生——新自由主义取得了政治、经济以及教育改革的主导权,形成了一股难以抗拒的全球化风潮,教育领域随处可见松绑、产业化、择校等等,吸引了每个将自己为自己做决定视若圭臬的人。①

自由主义尤其是新自由主义认为教育不平等的改善取决于两个关键因素:一是想办法改善处境不利者的个人属性,二是相信越发展才越平等。用自由主义政治哲学家罗尔斯的话说:"社会和经济的不平等在下列条件下是可以允许的。一,如果这些社会和经济的不平等可望最有利于那些最不利者;二,如果各种职业和职位在机会远行的条件下对所有人开放。"②延伸到教育中,便是如下两个办法:扩大教育规模和进行教育补偿。扩大教育规模容易理解,何为教育补偿呢?打个简单的比方:如果两个种地的人,一个懂得耕作,一个什么也不懂,结果一个收获很多,一个收获很少,这时候增加那个啥也不懂的人的相关耕作知识,就能增加他的收获,从而提高他的生活水平。当然首先得保证两个人都有地种,地的大小与肥沃程度相当。但问题的复杂恰恰在于:一旦将所获粮食拿到市场出售,增加什么也不懂的人的相关知识,增加其收获,就一定会影响粮食的价格,换言之,会影响那个懂得耕作、收获很多的人的利益。学校教育所产生的人力资本最核心的价值便是稀缺性,当越来越多的人容易获得,也一定会稀释其价值。由此,个人属性路径下的改

---

① 大卫·哈唯.新自由主义简史[M].上海:上海译文出版社,2010:5.
② 约翰·罗尔斯.正义论[M].何怀宏,等译.北京:中国社会科学出版社,1998:60-61.

革策略遭遇了现实的沉重打击:大量的实证研究证实,教育不公并未因教育机会增加而减弱,[1]教育补偿也并未有效改善不利人群的教育处境,拉夫特里和豪特(Raftery & Hout)"最大限度维持的不平等"理论(MMI)[2]和卢卡斯(Lucas)"有效维持不平等"理论(EMI)[3],提醒人们必须正视群体间排斥的自主性和顽强性。

(二) 群体排斥路径

通过对于群体间排斥现象的关注,人们意识到:某些人的成功与其他人的失败之间不再毫无关联,而是直接相关。穷人之所以穷不再仅仅因为穷人的个人条件所限,还可能与富人的致富方式有关,当把穷人与富人的关系拉入思考的视野,便形成了一条立足点与个人属性路径完全不同的群体排斥路径:某些群体之所以在教育中处境不利,是因为各种各样的排斥关系和机制发挥了作用。个人属性路径立足于原子化的个体,而群体排斥路径立足于关系性存在的利益群体,在具有因果关系的优势群体与劣势群体中,对后者的改善将是对前者的威胁。因此,单独讲个人属性上的不平等还不足以解释不平等,不平等主要是由排斥机制的有效性决定的。

这一路径与韦伯及后期的新韦伯学派相关联,韦伯强调各种地位团体具有高度的内在连带,成员密切互动并产生相似的生活风格,但这种连带也形成各个团体之间的区隔和界限。地位团体对内而言是一种参考团体,强化成员的一致性与顺从,对外则产生排他性的边界。边界的目的是独占资源,巩固优势地位,并且限制外人进入团体。经济的秩序、社会的秩序、政治的秩序

---

① 郝大海.中国城市教育分层研究(1949—2003)[J].中国社会科学,2007(6):94-107;李春玲.高等教育扩张与教育机会不平等——高校扩招的平等化效应的考查[J].社会学研究,2010(3):82-113;吴愈晓.中国城乡居民的教育机会不平等及其演变(1978—2008)[J].中国社会科学,2013(3):58-75;唐俊超.输在起跑线——再议中国社会的教育不平等(1978—2008)[J].社会学研究,2015(3):123-145.

② Raftery, A. E., M. Hout. Maximally Maintained Inequality: Expansion, Reform, and Opportunity in Irish Education: 1921—1975 [J]. Sociology of Education, 1993, 66 (1).

③ Lucas, S. R. Effectively Maintained Inequality: Education Transitions, Track Mobility, and Social Background Effects [J]. The American Journal of Sociology, 2001, 106 (6).

等都具有社会封闭的物质。韦伯把这种独占现象视为一种"垄断性排斥",其目的是限制外部人员分享资源的机会,因此也被称为"机会阻隔",可以说,垄断性排斥构成了韦伯,尤其是新韦伯主义学派理论探讨的核心。新韦伯主义的代表人物柯林斯认为,教育文凭自身具有阶层屏蔽的作用:人们所受的教育被用来垄断社会和经济领域中报酬优厚的职位,即存在一种"文凭主义",文凭成为排斥性封闭机制,如同资本主义社会中财产权利的排斥性封闭一样。① 在此,我们需要进一步阐明群体排斥路径所内含的三个问题:谁排斥谁?为何排斥?如何排斥?

其一,谁排斥谁?在结构化的分层实体中,主要有三种不同的分析模式,分别是阶级模式、分层模式和利益群体模式。阶级模式与分层模式有着重要的差别。首先,阶级表明的是一种以资源占有关系为基础的结构位置。如资产阶级可以理解为对经济资本的占有,中产阶级可以理解为对人力资本的占有,分层模式依据的是结果而不是结构性位置。同样的 50 元,是工人得到的工资还是资本家的经营利润,在分层模式那里是没有区别的,而在阶级模式那里,区别是根本性的。其次,阶级是一种关系性概念,即在相互之间的关系中体现各自的特征。不同阶级之间的某种实质性关系,比如剥削关系,只有在不同阶级的关系中才能发现和得到解释。最后,阶级是某种程度的共同利益的承载者,阶级内部相对同质,存在一定程度的整合和自我认同。② 而利益群体模式与上述两种模式的根本差别在于:① 利益群体是更为现实的行动主体,在现实生活中,人们很少直接看到阶级或阶层在行动,人们看到的现实行动者主要是利益群体;② 利益群体包含范围更广,除了阶级、阶层外,还包括族群、性别、地域、单位等;③ 在关系性的整合或排斥中,大多与利益有直接或间接的关联。因此在谁排斥谁的问题上,群体排斥路径认为:教育的既得利益群体排斥其他群体,以防止其已有利益被其他群体占有或稀释。

其二,为何排斥?历史上,人类社会经历了四种基本的社会排斥形式:血

---

① 柯林斯.文凭社会——教育与阶层化的历史社会学[M].台北:桂冠图书股份有限公司,1998.
② 孙立平.重建社会——转型社会的秩序再造[M].北京:社会科学文献出版社,2009:251-254.

缘排斥、地位排斥、财产排斥和教育排斥。韦伯敏锐地意识到：以往"出身名门"的证书是生而平等的先决条件，是接近高薪和捐助的通路，是无论在什么地方，贵族保持其社会权力和取得国家公职资格的必要条件。如今，这种"出身名门"的证书所扮演的角色，却被教育的专利证书所取代。当然并非人们突然地渴求教育，而是渴望对这些职位候选人予以限制，以及由教育专利证书持有者垄断这些职位。① 在柯林斯眼中，教育成为文化阶层化制度的一部分，教育发挥的是符号化作用而非实用性功能，在校成绩与职业成功的关系，似乎主要是源于教育程度的证明价值，而不是这种教育程度本身可能表现的技能。② 人们通过获得文凭和学历，得以进入相应的职业群体、身份团体和社会位置。因此，刘精明区分了"生存教育"与"地位教育"，并认为在那些具有地位意义的优质或精英教育领域，即那些能够获得较高回报，象征较高价值的教育符号，才会充满竞争和排斥。③ 而在时间的意义上，这一排斥可能贯穿教育序列的始终，罗森鲍姆在特纳的竞争性流动和赞助性流动基础上提出了一个折中形态——淘汰赛流动，形象地说明了这种教育排斥的长期性。如果在某一教育阶段被成功地筛选出来，比如进入重点学校，那么在下一阶段的成功概率就会很高，否则即使再努力，下一阶段的失败概率也会很高，因此，教育分层在时间的维度上实则是一场淘汰赛。④ 总之，通过排斥实现地位分等。

其三，如何排斥？一般来说存在两种排斥：直接排斥与间接排斥。利益群体的直接排斥诉诸经济、财产或政治权力，比如通过昂贵的学费来吸纳或排斥学生，就是直接通过经济状况决定教育机会的获得；又比如"文化大革命"时期的工农兵学员推荐机制，基于政治分层进行教育排斥。这些直接排

---

① 柯林斯.文凭社会——教育与阶层化的历史社会学[M].台北：桂冠图书股份有限公司，1998：1.

② 柯林斯.文凭社会——教育与阶层化的历史社会学[M].台北：桂冠图书股份有限公司，1998：26.

③ 刘精明.国家、社会阶层与教育——教育获得的社会学研究[M].北京：中国人民大学出版社，2005：101.

④ Rosenbaum, J. Making Inequality: The Hidden Curriculum of High School Tracking[M]. New York: Wiley, 1976.

斥常常导致非常激烈的群体冲突,为了避免这种冲突危及社会的基本秩序,现代国家教育制度所设计的教育选择,越来越普遍地采用以考试制度为中介的间接排斥,或者是将直接的排斥寓于形式上公正的考试制度中。间接排斥意味着出现了某些秘而不宣的标准或不易察觉的规则来挑选未来精英。可以说,优势群体一方面制造一种公平选择的考试方式,以应付不断高涨的教育民主化浪潮;另一方面,又通过支配主导考试规则、考试内容、考试形式等,完成排斥性垄断,布迪厄针对教育的集中研究,都意在揭示不同阶层的这种间接排斥。① 但是他并没有跳出阶层排斥的范畴,事实上利益群体不止于阶层,比如考试命题中的城市化倾向、高校资源丰富省市的单独命题和标准分设计等等,都预示着地域(优势省份)、身份(城市户籍)等都具备了利益群体的特性,②同时值得关注的还有族群、性别群体。

在群体排斥的路径下,教育公平的改革实践便是阻断群体排斥的机制,以降低排斥的有效性。目前正在开展的教育均衡化改革,其部分措施便是阻断优势群体在教育优质资源上的垄断与排斥,比如禁止建立在赤裸裸的权力与经济关系上的择校,取消优质教育机会享有中的单位保护等等,③让教育机会向所有人开放。但是直接的排斥容易破除,间接的排斥却很难改变,甚至难以被发现。就当前中国教育改革的现状看,与其说直接的排斥被打破,不如说直接的排斥转变成了间接的排斥,比如从直接体现权钱交易的择校转变成了间接的学区房比拼,从公立优质资源的争夺转变成市场化教育资源的占领。改革非但没能改变教育不公平的已有秩序,反而又衍生了新的不公平,人们陷入了阻断与再造教育不公平的博弈游戏中。

---

① P.布迪厄.国家精英——名牌大学与群体精神[M].杨亚平,译.北京:商务印书馆,2004;P.布迪厄,J.C.帕斯隆.再生产——一种教育系统理论的要点[M].邢克超,译.北京:商务印书馆,2002;P.布迪厄,J.C.帕斯隆.继承人——大学生与文化[M].邢克超,译.北京:商务印书馆,2002.
② 刘云杉,等.精英的选拔:身份、地域与资本的视角——跨入北京大学的农家子弟(1978—2005)[J].清华大学教育研究,2009(5):42-59.
③ 高水红.被围困的教育:当前中国教育改革的社会阶层生态[J].湖南师范大学教育科学学报,2012(2):21-26.

(三)国家支配路径

韦伯主义不同于自由主义的地方在于:从排斥关系的角度重新认识了教育公平体系,马克思主义及后期的新马克思主义流派与韦伯主义一样,都意识到了从关系视野出发认识社会不平等体系的重要性,但是马克思主义流派不满足于揭示上述简单的排斥关系,而是试图将一种互相依赖的支配关系揭示出来。打个比方:有人圈了块地,采取各种方式禁止他人入内,这是韦伯主义所要揭示的排斥关系;如果有人圈了块地,也禁止他人入内,但是同意他人以劳动者的身份进去从事各种劳动,这样他不仅拥有了这块地,也通过这块地支配了进去劳动的人,这便是马克思主义流派想要揭示的更具相互依存性的结构化支配关系。针对教育公平体系而言,这种结构化的支配关系的主体显然已经无法用群体来概括,在这里尝试提出第三种路径——国家支配路径,即教育公平体系与国家支配直接相关。

国家支配路径强调教育获得的差异不仅是个体出身与群体排斥的结果,更受国家分配教育资源、调整教育政策的宏观结构关系与权力关系的影响,尤其是在被称为社会主义国家的国家中。泽林尼曾指出,在国家社会主义社会中,社会不平等主要是由再分配机制产生和构造的,宏观的政治进程和国家政策对创造和分配教育机会起着决定性的作用。① 家庭资源和利益群体对教育公平的影响只是国家支配的延伸,只能在国家政策支配的范围内起作用,换言之,家庭资本、群体排斥之所以有效,是因为教育制度中存有能实现资源转化的制度空间。国家的支配方式不同,家庭资源和利益群体对教育公平的影响力和影响方式都会发生改变。具体而言,这样的国家支配分为三大类。

1. 意识形态

在不同意识形态的国家,个人、家庭、群体对教育公平的作用力不同。社

---

① 周雪光.国家与生活机遇:中国城市中的再分配与分层 1949—1994[M].北京:中国人民大学出版社,2015:1.

会主义意识形态往往通过计划模式实现国家保护,比如中华人民共和国在成立之初,对各级各类学校入学设立工农子弟的配额(现在对少数民族地区也用类似方法),增加工农子弟的入学机会,降低了家庭背景对教育获得的影响。① 而资本主义意识形态通过市场模式凸显个人和家庭在教育获得上的影响力。意识形态决定了国家在教育公平体系中的角色是强干预还是弱干预。存有变数的是这种干预是站在优势群体一侧还是劣势群体一侧,取决于国家作为主体的价值立场。如果国家站在优势群体一边,则完成国家庇护和双重排斥;如果国家站在劣势群体一边,则完成弱势保护与反向排斥。②

2. 制度设计

国家关于教育的政策和制度设计,界定并构造了教育资源的分配规则和权力模式,是连接国家与个人教育机遇之间的重要桥梁。首先,教育制度的不同设计影响个体或家庭的微观教育决策,根据教育决策的理性行动模型,个体或家庭选择继续读书和中断学业取决于三个要素:教育成本、成功升学的可能性、升学和弃学的价值效用比。③ 有研究证实,义务教育免费制度和大学教育扩招及收费制度的实施,改变了教育不平等的格局:前者导致了初中入学阶段的城乡不平等下降,而后者使得大学教育阶段入学机会的城乡不平等上升。④ 其次,教育制度的不同设计使得不同家庭资本在教育获得中的权重发生变化,个体的教育机遇也由此改变。家庭的文化资本、经济资本、社会资本,究竟哪一个起决定作用,取决于教育选拔制度。⑤ 再次,教育制度的

---

① 李煜. 代际流动的模式:理论理想型与中国现实 [J]. 社会,2009(6):60-84.

② 刘精明. 国家、社会阶层与教育——教育获得的社会学研究 [M]. 北京:中国人民大学出版社,2005:74.

③ Richard Breen, J. H. Goldthorpe. Explaining Educational Differentials: Towards a Formal Rational Action Theory [J]. Rationality and Society, 1997(3):275-305.

④ 李春玲. 高等教育扩张与教育机会不平等 [J]. 社会学研究,2010(3):82-113;吴愈晓. 中国城乡居民的教育机会不平等及其演变(1978—2008) [J]. 中国社会科学,2013(3):58-75;侯利明. 地位下降回避还是学历下降回避——教育不平等生成机制再探讨(1978—2006) [J]. 社会学研究,2015(2):192-213.

⑤ 李煜. 制度变迁与教育不平等的产生机制——中国城市子女的教育获得(1966—2006) [J]. 中国社会科学,2006(4):97-109;李春玲. 社会政治变迁与教育机会不平等——家庭背景及制度因素对教育获得的影响(1940—2001) [J]. 中国社会科学,2003(3):86-98;周雪光. 国家与生活机遇:中国城市中的再分配与分层 1949—1994 [M]. 北京:中国人民大学出版社,2015.

不同设计使得群体排斥的边界和方式发生变化。比如,贫富地区之间、城乡之间的教育差距既有历史的根源,也是分级办学等教育资源分配制度直接导致的后果。①

3. 科层体系

社会的经济结构、权力结构以及教育结构本身都存在着鲍尔斯和金蒂斯(Bowles & Gintis)所强调的"层级性分工",这种分工的特征是权力与控制透过一个分等巧妙的科层秩序由上而下散发出来,其既不是民主的也不是技术的。② 鲍尔斯和金蒂斯的研究表明,学校教育直接符应这种层级性的经济结构,这也是为什么学校奖赏温顺、被动、勤奋和服从的学生而不是那些具有认知弹性、思想复杂性、原创性、判断独立性、自发性的学生,由此,学校教育一方面传输资本主义经济生产所需要的知识技能,同时也透过潜在课程训练学生温驯顺从的态度,使得学校教育所培育的人力资本不仅符合资本家的利益,为资本主义效力,也能接受这种经济体系的支配而不抗拒。③"要解释工人阶级子弟为何从事工人阶级工作,难点是解释他们为什么自甘如此。"④威利斯(Willis)的研究指出了学生是如何在主观意识层面认同并领会自身的出身与地位的,虽然在学校中表现为反抗,但是这种反抗却加速了他们的被支配。没人可以逃离这一层级化的体系,它与布若威所考察的劳动市场中的"制造同意"相得益彰,⑤显示出一种更深层次的教育公平意涵:支配结构不仅可以实现对教育资源的有效控制,而且可以利用这些资源培养出符合支配结构要求的人。

---

① 张玉林.分级办学制度下的教育资源分配与城乡教育差距——关于教育机会均等问题的政治经济学探讨[J].中国农村观察,2003(1):10-22;周飞舟.谁为农村教育买单——税费改革和"以县为主"的教育体制改革[J].北京大学教育评论,2004(3):46-52.
② 鲍尔斯,金蒂斯.资本主义美国的学校教育——教育改革与经济生活的矛盾[M].台北:桂冠图书股份有限公司,1989:59.
③ 鲍尔斯,金蒂斯.资本主义美国的学校教育——教育改革与经济生活的矛盾[M].台北:桂冠图书股份有限公司,1989:53-54.
④ 保罗·威利斯.学做工:工人阶级子弟为何继承父业[M].南京:译林出版社,2013:1.
⑤ 迈克尔·布若威.制造同意——垄断资本主义劳动过程的变迁[M].李容容,译.北京:商务印书馆,2008.

三、教育公平分析的中国现实

对教育公平的分析路径做出澄清与概括,便于我们明晰影响教育公平的不同作用机制(如图3-1所示):因个体的家庭选择、群体的利益排斥、国家的制度条件所导致的教育不公问题具有并不相同的意义,社会大众对于由这三种作用机制所导致的教育不公问题的认知与感受也并不相同,由此进一步检视我们关于教育公平化改革的立足点和有效性,理论的梳理与探讨永远是为教育实践服务的。而关于教育公平秩序的现实更为复杂,它呼唤着教育公平分析的进一步精进。

针对上述三种分析路径,虽然中国学界有了大量的探讨和实证研究,但是仍存在以下几个问题,预示着将来研究的可能。

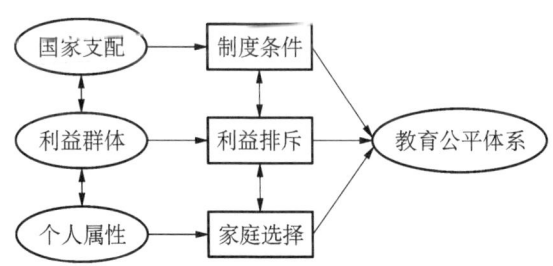

图3-1 教育公平分析的三种路径及其作用机制

其一,国家支配路径指出了在更宏大和更深层的社会制度结构意义上的教育公平秩序,对这一秩序的把脉需要基于一定历史时段的纵向比较分析。这样的分析,目前定量研究居多,而定性研究较少。教育公平秩序的历史演变如果只有冷冰冰的数据而缺少鲜活的"话语"和"故事",这样的历史面目一定是晦暗不明、缺乏真实感的。而在这一纵向比较的定量研究中,笼统阐明变化趋势的居多,通过明确的历史分期说明教育公平秩序阶段变化脉络的研究较少,或者简单地以改革前后作为区分,但正如有些学者所指出的,即便都是改革开放以后,改革初期与改革深化时期,其社会状况存在明显差异,[①]因此需要更细致的划分以便探讨不同时期影响教育公平的作用机制。

其二,个人属性、群体排斥和国家支配路径更多的是一种理论理想型,在现实层面,我们看到教育公平的秩序格局往往是这三种路径共同作用的结果,因此需要对影响教育公平的秩序格局的三种机制进行横向交叉分析。在已有的研究中,单一机制或多种机制分条缕析的分析居多,而对三种机制的交互作用进行分析的研究较少。即便是从交互作用的角度进行的研究中,更多反映制度条件单面向的决定作用,比如验证教育制度条件如何影响群体排斥和微观的家庭教育选择,而缺少马克思主义流派在强调支配关系中的那种复杂吊诡的相互依存性关系的揭示。

其三,在关于教育公平秩序的理论提炼方面,借鉴或回应西方已有理论的研究较多,而基于中国教育公平现实进行本土理论建构的较少。这一缺陷最大的原因可能是缺乏关于教育公平秩序的一手资料。一方面,缺乏专门针对教育公平问题所展开的大规模调查,目前关于教育公平的定量研究数据大多来自于全国普查的数据而不是专门针对教育领域的调查数据,而满足要求的数据又因为样本过小而缺乏足够的说服力。因此在围绕教育的变量上,体现量的变量多而反映质的变量少,比如对于上学,更多是上学年限的数据,而缺少所上各阶段学校类型(重点或非重点)的数据。由于缺乏这些有价值的教育变量的介入,许多研究假设无法验证。另一方面,缺乏历史数据的积累,使得较长时段的纵向比较变得困难。

(本章作者为高水红,原文《个人属性、群体排斥与国家支配——教育公平分析的三种路径》,载于《教育研究与实验》2016年第6期。收录本书时略有改编)

① 孙立平.断裂——20世纪90年代以来的中国社会[M].北京:社会科学文献出版社,2003.

辑二

新教育公平的理论探讨

第四章　政治权利、经济效益与人的发展：教育公平评估域的转换

"人人平等"是极能打动人心的修辞，也是使人昏眩、动听的修辞。① 19世纪法国著名的哲学家皮埃尔·勒鲁（Pierre Leroux）曾说：自法国大革命"恰当地把政治归结"为自由、平等、博爱（尽管，是谁发现了这个崇高的口号，是谁第一个传播它的，人们不知道。没有人会造这个口号，但也可以说，所有的人共同创造了这个口号）以来，平等就成为一种原则、一种信条、一种信念、一种信仰、一种宗教，这项原则今天已被公认为司法准则；然而，在作为事实的平等和作为原则的平等之间，存在着如孟德斯鸠（Montesquieu）所说的"天壤之别"。② 这，就是悖谬。一方面，勒鲁把人类本性归结为知觉、感情、认识，并把与此三者对应的自由（知觉的反映和表现）、博爱（感情的反映和表现）、平等（认识的反映和表现）礼赞为生命之"三位一体的法则"，并说这三个词没有一个是多余的，彼此互相配合，没有重复，当这三个词结合在一起时，它们才是真理和生命的最妙的表达形式。而其中，平等是自由和博爱的基础和理由。③ 另一方面，他也清醒地坦承，"古代不存在平等"，"平等"这项原则根本不曾付诸实践，只是至今被作为正义的准绳而被接受下来，因为人类本性产生了家庭、国家、财产这三样东西，而家庭等级或等级家庭错误地扩大了家庭对于人的天赋自由的限制，国家的等级或等级国家错误地扩大了城邦或国家对于人的天赋自由的限制，财产等级或等级财产错误地扩大了财产对于人的天赋自由的限制。为此，他抚今追昔地慨叹与希冀：我们处于一个即将结束的不平等世界和一

---

① 阿马蒂亚·森.再论不平等[M].王利文,于占杰,译.北京：中国人民大学出版社,2016：1-2.
② 皮埃尔·勒鲁.论平等[M].王允道,译.北京：商务印书馆,1988：1-71.
③ 皮埃尔·勒鲁.论平等[M].王允道,译.北京：商务印书馆,1988：14,16,17,61,251,267.

个正在开始的平等世界之间。①

这种悖论的根由,我们似乎可以从阿马蒂亚·森(Amartya Sen)的真知灼见里觅得。第一,对"平等"问题进行伦理意义上的分析必然涉及两个核心问题:① 为什么要平等? ② 什么要平等? 这两个问题既明显不同又有密切的联系,在没弄清楚想要讨论的问题究竟是什么(哪些方面的特征应该平等,如收入、财富、机会、成就、自由权和权利等)之前,我们不能草率地捍卫或批判平等。抛开问题②去答问题①是不可能的,这一点是显而易见的。② 第二,在每一种理论中,在某个评估域内(该评估域在其理论中居中心地位)都能找到平等的影子。而在社会生活中,要求"中心的"平等也就意味着同时接受了"外围的"不平等,这就是说,在某一评估域(不论该评估域按照传统的看法被看得多么神圣)的平等诉求,到了另一个评估域里可能就成了反平等主义了。故此,"平等"这一术语是指在某一具体评估域里的平等,"什么要平等"的问题实质上是"什么是基本平等的适宜评估域"。第三,关于平等的观念往往遭遇两种不同类型的挑战:① 人与人之间最基本的相异性;② 据以评价平等的评估变量的多样性。人际相异性(human diversity)会导致根据不同的评估变量进行的平等评估的结果不同,"什么要平等"这一问题的重要性源于人际相异性的经验事实,即人与人之间的差异不仅表现在内在特征(如性别、年龄、一般能力、特殊才能、患病概率等)上,而且也反映在外部特征(如财产数量、社会背景、外部境遇等)上,正是这种人际相异性使得在某一领域的平等主义就必然拒斥另一领域的平等主义。③

进入新世纪以来,"教育公平"几乎成为我国历年"两会"的热点问题。中共十六大提出要"保障人民群众接受良好教育的机会",十七大提出"教育公平是社会公平的重要基础",《国家中长期教育改革和发展规划纲要(2010—2020年)》把促进教育公平作为国家基本教育政策,十八大进一步提出"深化教育领域综合改革""大力促进教育公平""让每个孩子都能成为有用之才"。

---

① 皮埃尔·勒鲁.论平等[M].王允道,译.北京:商务印书馆,1988:72-262.
② 阿马蒂亚·森.再论不平等[M].王利文,于占杰,译.北京:中国人民大学出版社,2016:13.
③ 阿马蒂亚·森.再论不平等[M].王利文,于占杰,译.北京:中国人民大学出版社,2016:1-5,14,17-23,180.

与此同时,教育公平似乎亦成为我国教育研究的热点。在一些研究中,尽管人们希望能澄清公平的本质抑或规律,但是真正能够说明公平实际情况的并非超越了时间的哲学命题,而是发生在历史进程中的真实叙事。也只有对公平和平等的规定、描述乃至叙事本身进行再审视,才能洞察我们所诉求的教育公平的来龙去脉和可行走向。而且,要真正理解一个时期的教育公平理念和实践,非将其置于一个更大的社会现实以及与这个社会现实伴生的权力运作和控制中似乎不大可能。有鉴于此,本章抛开对"何为教育公平"的哲学论辩,围绕教育公平"核心评估域"的变迁进行回溯,总结中华人民共和国成立以来教育公平模式的变化,梳理各个阶段的不同历程和脉络,阐明其中的变与未变之处,以期稍加深化对教育公平的理解。

一、"教育公平"叙事:核心评估域的变迁及其经验

"评估域"是阿马蒂亚·森在论述不平等的问题时使用的概念。如前所述,人际相异性使人们在进行公平、平等抑或公正的评估时会有不同的取舍和侧重,阿马蒂亚·森将这些取舍阈限称为"评估域"。森认为,"人们对财富、幸福、自由、机会、权利和效率的取舍是不同的,依据某一评估变量得来的平等未必与依其他变量得来的结果相一致。之所以容忍某些评估域里的不平等,是因为其不平等的合理性是建立在某个评估域里平等诉求的基础之上"[1]。但由于人们的认知受社会发展影响,所选定的评估域也并非意味着具有恒定的核心地位,因此,公平的发展历程才有了阶段的划分与区别。我国教育公平的变迁亦循此律。大体而言,中华人民共和国成立初期,中国教育面临的突出问题是如何改造"旧教育"并创建社会主义"新教育",[2]以彰显

---

[1] 阿马蒂亚·森.再论不平等[M].王利文,于占杰,译.北京:中国人民大学出版社,2016:22.
[2] 中华人民共和国教育部.1949—1999共和国教育50年[M].北京:北京师范大学出版社,1999:4.

社会主义制度的优越性,遂使"阶级—权利"成为基本的评估域。1978年改革开放以来,经济建设和发展成为国家建设的轴心,需要教育为建设现代化国家贡献力量,抑或说教育的目的首先是培养经济建设需要的人才,教育的重心置于"社会"而不是直接置于"人"。于是,基于《中共中央关于教育体制改革的决定》"多出人才,出好人才"①这一逻辑的"效率优先"成为基本评估域。21世纪以来,"以人为本"②执政理念的倡导,则使"人的发展"有可能成为基本评估域。

(一) 以政治权利作为核心评估域:阶级—权利平等

1950年左右,我国基本上采用"以老解放区新教育经验为基础,吸收旧教育有用经验,借助苏联经验,建设新民主主义教育"的教育改革方针。③ 为体现工农群众在教育中是"真正的主人",受教育的权利"有意"向工农群众倾斜,对教育的主流认知是"教育是上层建筑",是"无产阶级专政的工具"。1958年国务院发出的《关于教育工作的指示》更是明确指出,"教育为无产阶级的政治服务,培养有社会主义觉悟的有文化的劳动者"。④ 招生日益明显地依据学生的家庭背景和政治身份进行录取,譬如,"高校学生中,工农成分学生1952年为20.5%,1958年高校新生中工农学生的比例已占到55.28%,到了1965年则高达71.2%"。⑤强调革命性和政治性的教育理念在1966至1976年得到进一步强化,受教育更加强调家庭出身。尽管有学者将中华人民共和国成立后高等教育生源以往为社会上层子女所垄断的状况被打破、工

---

① 中共中央关于教育体制改革的决定[EB/OL]. http://www.moe.gov.cn/jyb_sjzl/moe_177/tnull_2482.html.
② 新华社.中共中央关于完善社会主义市场经济体制若干问题的决定[EB/OL]. http://www.gov.cn/test/2008-08/13/content_1071062.htm, 2003-10-21.
③ 中华人民共和国教育部. 1949—1999共和国教育50年[M]. 北京:北京师范大学出版社, 1999:2.
④ 中华人民共和国教育部. 1949—1999共和国教育50年[M]. 北京:北京师范大学出版社, 1999:6.
⑤ 杨东平.从权利平等到机会均等——新中国教育公平的轨迹[J].北京大学教育评论, 2006(15).

农等阶层的子女逐渐占据相当大的比重这一现象称为"无声的革命"①,但毋庸讳言,此间的教育公平主要是阶级内的公平,即强调处于同一阶级的人(工农子弟)享有同等的教育权利,而不在同一阶级的人("非劳动人民")则被剥夺了受教育的权利,更谈不上享有公平的教育。

与其说这一时期的教育是阶级内的公平,毋宁言是一种政治特权。即便如此,教育模式也并非整齐划一,也就是说"阶级内"亦非真正平等。譬如,"1949年之后,进入城市的领导干部阶层的特殊利益逐渐突显出来,在半军事化、供给制、单位制的管理模式下,教育领域出现了一批经费充裕、设备精良的干部子弟学校,如北京的八一中学、育英学校、101中学等等"②。可见,即便是在强调政治权利的时期,教育也出现了区别对待,然而这种差异恰恰从另一个侧面佐证了当时的教育公平观被"政治权利"需要所左右。也就是说,这一阶段教育公平的核心评估域是"阶级属性"及其"政治权利"乃至"政治特权"。

(二)以经济发展作为核心评估域:效率优先抑或能力至上

改革开放以后,国家的工作重心转移到经济建设,树立了尊重知识、尊重人才的教育理念,建立了以考试为核心的人才选拔制度,"按才取生,择优录取",单凭"出身招生"的方式不复存在。教育目的不再仅限于服务政治,更强调为国家培养社会发展所需要的各类人才。"教育要面向现代化,面向世界,面向未来"是这一时期教育的基本方针,进行的教育改革转向为经济发展服务,教育由此转变为经济发展的工具。1993年印发的《中国教育改革和发展纲要》提出,"要培养大批人才,建立适应社会主义市场经济体制和政治、科技体制需要的教育体制,为更好地建设社会主义现代化服务"③。教育公平的

---

① 梁晨,张浩,等.无声的革命:北京大学、苏州大学学生社会来源研究1949—2002[M].北京:生活·读书·新知三联书店,2013.
② 杨东平.中国教育公平的理想与现实[M].北京:北京大学出版社,2006:28.
③ 中国教育改革和发展纲要[EB/OL].http://www.moe.gov.cn/jyb_sjzl/moe_177/tnull_2484.html.

核心评估域遂由政治出身转为经济效益,"才"与"能力"被视为衡量教育公平的有效指标。表面上看,教育实现了从"权利公平"到"能力公平"的转变,似乎更为公平。实质上则是对教育的经济发展和社会服务功能的重视,因为这里的能力是指对社会发展有用,尤其是对经济发展有用。1999年采取高校扩招的政策,此举增加了接受高等教育的人数,似是高等教育实现公平的有益举措,但是"99扩招"这一政策本身,是把教育改革"作为经济改革"的典例,①是对中国市场经济改革的响应和呼应。"20世纪90年代以来,中国高等教育领域出现了一系列的改革,改革的意向可以归纳为促进高等教育质量与数量的发展。虽然这些高等教育改革为国家政策所主导和推动,但更多的是对中国的市场经济改革的一种回应。"②可以说,扩招不过是通过教育的手段来达成经济发展和刺激消费的目的。

综上可知,这一时期教育运行的默认逻辑是"教育是生产力"。这种功利主义的教育有利于社会经济发展(也只是"某一部分人先富起来"式的非公平发展),但是其隐含的是一种精英主义的教育取向,这对于受教育者而言却是一种沉重的负担。在这种理念下,受教育者被贴上标签,像商品一样等待着社会的选择与评判。重点小学、重点中学、重点大学也"理所当然"地成为合理的存在。殊不知,因"为了社会发展"理念导致的资源配置的刻意倾斜以及由此造成的"三大差距"③(即城乡差距、地区差距、人群差距)已经悄悄地完成对受教育者的"内部"选拔,使教育变成"优者通吃"的游戏。而为了"优秀"衍生出的"择校热"以及变相择校——"学区房"则将这场本是"学生"的竞赛演绎成一场"全民运动"。有研究表明,以高校层次为分类标准,城市籍学生在重点大学、一般本科、专科高校中获得的入学机会分别是农村籍学生的3.1倍、1.4倍、0.67倍;以招生方式为分类标准,城市籍学生在高考招生制度中获得的入学机会是农村籍学生的1.1倍,在艺术院校招生与独立学院招生中

---

① 程天君.改革教育改革——从作为政治—经济改革到作为社会—文化改革[J].湖南师范大学教育科学学报,2012(2):15-20.
② 卢乃桂,陈霜叶.20世纪90年代以来中国高等教育改革中市场角色的研究[J].教育研究,2004(10):33-37.
③ 吴康宁.教育机会公平的三个层次[N].中国教育报,2010-5-4(4).

分别为3.3倍、3.4倍,在高考加分制度、自主招生制度中分别为7.3倍、8.2倍,在保送招生中则为17.2倍。① 冰冷的数据为"进城上学""上重点学校"做了最生动的诠释,该现象映射的是教育不公平,并随着占有资源或享有权力(在政治、经济、文化等方面)的人对其盲目吹捧和拥抱而愈演愈烈。

由此可见,尽管教育公平观出现了强调"政治出身"(教育权利平等)和强调"个人能力"(教育机会均等,"分数面前人人平等")两个阶段,②但其实都是出于"社会"需要。建立在此基础上的教育公平观,实质是将人当作社会的工具(政治工具或者经济工具)。有学者所言不无道理:到目前为止,中国的改革可以说是功利主义的改革,功利主义改革的基本哲学是,经济发展是社会最大的"善",GDP增长是最大的"善";衡量一切政策的标准就是是否有利于经济发展和GDP的增长,凡是有利于GDP增长的就是好的,不利于GDP增长的就是不好的;为了GDP的增长,我们甚至可以不考虑人的基本权利和尊严。③ 也正是在这种功利主义思维的主导下,1949年以来,我国的教育改革,特别是其间诸多重大教育改革,均为作为政治—经济的教育改革,亦即基于政治—经济需要和逻辑而操持的教育改革。④

(三)以"人的需要"为核心评估域的教育公平观

肇始于20世纪80年代末至90年代初的"素质教育"实践摸索与理论探索,为教育实现由服务"社会"到直面"人"的转向提供了社会基础,也为教育公平观的重塑谱出"前奏"。此后,"以人为本"的教育理念似乎逐渐深入人心,至少被人经常挂在嘴上。2003年十六届三中全会提出"以人为本"的理

---

① 罗立祝.高校招生考试制度对城乡子女高等教育入学机会差异的影响[J].高等教育研究,2011(1):32-41.
② 专访法国"查理与莫妮克·莫拉泽奖"获得者杨东平[EB/OL].http://news.sina.com.cn/o/2015-11-16/doc-ifxkrwks4006089.shtml.
③ 张维迎.改革,要从功利主义转向权利优先[EB/OL].http://www.eeo.com.cn/2014/0711/263325.shtml.
④ 程天君.教育改革的转型与教育政策的调整——基于新中国教育60年来的基本经验[J].北京大学教育评论,2012(4):33-49.

念之后,教育由强调政治、经济功能逐渐转向强调文化功能和促进人的全面发展,这种理念亦影响人们对教育公平的重新理解和界定。杨东平对于"什么是真正的以人为本"有一个深刻的建构:第一个是真正的以学生为本,而不是以教育政绩、教育 GDP 和升学率为本;第二个是以每一个学生为本,而不是以少数学生为本,也不是以高分学生为本;第三个是以每一个学生的全面发展和终生幸福为本,而不是以学生的升学率为本。① 据此可说,以"人"为核心评估域的教育公平有三重含义。

其一,教育公平的核心评估域发生质的转向,即由"社会"转为"人"。这是教育经历以政治为本的阶级内公平和以经济为本的功利主义公平之后,对人直接观照的复归,亦是对此前教育政治化、经济化的反思与拨乱反正。

其二,受益者的横向扩展,教育公平的受惠者是每一个人,而不是部分人。以经济发展为本建构的教育公平实质上是部分人(所谓"学而优者"或"家庭资本优者")受益的公平。例如,择优录取是以学生分数的高低为依据的,在这种标准下,由各种非智力因素导致的"成绩差"的学生往往不能得到和成绩好的学生同等的对待而成为边缘人甚至局外人。

其三,教育公平指向纵深和内涵。以"人"为核心评估域的教育公平观不仅关涉显性、物质等公共资源配置方面的平等、均衡或差距缩小,也涵盖诸如尊严、幸福、精神等隐性的"教育系统内部"方面的教育公平,应该致力解决教育系统内部普遍存在的不平等、不民主以及等级化、边缘化、排斥、欺侮等现象。② 唯其如此,才能走完教育机会公平的"三部曲",即从"就学机会公平"("温饱水平"的教育机会公平)到"就读优质学校机会公平"("小康水平"的教育机会公平)再到"教育过程参与机会公平"("发达水平"的教育机会公平)。③

试将以社会为核心评估域和以人为核心评估域的教育公平观的基本特征比较如表 4-1。

---

① 杨东平.教育改革正在路上 [EB/OL]. http://learning.sohu.com/20141222/n407172506.shtml.
② 石中英.教育公平政策终极价值指向反思[J].探索与争鸣,2015(5):4-6.
③ 吴康宁.教育机会公平的三个层次[N].中国教育报,2010-5-4(4).

表4-1 以社会为核心评估域和以人为核心评估域的教育公平观比较

	评估域	
	社会	人
核心评估变量	出身背景、分数、能力、效率	兴趣、幸福、尊严
人、教育、社会的关系	教育是社会稳定和发展的工具,人隶属于社会;教育是社会的奴仆;社会至上	育人,人与社会互构,以人为本
教育目标	接班人,社会建设者,精英教育,单向度的人,尖子生,追求现代化(工业化为先)	人的自由、全面发展,大众化教育,和谐社会
学校模式	简单的平均主义+重点学校	教育均衡+特色学校
实现方式	统一的办学模式+分数至上+权力运作	办学多样化,自主招生

　　以社会为本的教育公平观和以人为本的教育公平观的最重要区别在于对人和社会关系的认知不同。倡导"以人为本"的教育公平观将教育公平的评估域由社会转向人,并非是指教育公平可以无视社会需要,而是为了淡化教育公平观过度强调社会所需而忽视人的发展。在实然的教育中,两种教育公平观没有一个严格的分界线,其差别在于谁占主导地位。换言之,这两种教育公平观中的任何一种都无法完全抹去另一种的存在。譬如,尽管现在强调以人为本的教育理念,但农民工子女的教育问题,仍然因为种种的制度性因素(如户籍)不能得到很好的解决,不能享有和城市居民同等的教育权利,这何尝不是一种社会权利的不公平?还有那些名为"中国+××"的诸多大学更是采取按地域招生的办法,即坐落在哪个省或城市(直辖市)就偏向那一个省和城市(直辖市)的学生,更不要说那些以"地名+××"命名的大学。其逻辑也莫过是本地大学是为了本地的经济发展或者因其占据当地资源而须做出补偿,这种看似合情合理的逻辑其实是基于某种偏见造成的对于教育公平的误解。

二、"效率优先":政策导向及其实践惯性

尽管教育公平观的提倡已经由侧重政治或经济需要转向侧重人的发展,但是当前的教育公平状况却并非已经完全实现按照以人为本的公平诉求作为核心评估域。事实上,就目前的教育情况来看,资源配置上的"效率优先"惯性与势能依然强劲,而这种"效率优先"必然会导致"教育公平"天平的倾斜。甚至可以在某种意义上说,我们仍然处在一条由重"社会(政治/经济)"向重"人"的教育公平转变的"路上";也仅仅在这个意义上说,"新教育公平"的提出和倡导是对"效率优先"这一路径依赖和实践惯性的纠偏与修正。这里须回过头来特别突出和补叙一下"效率优先"政策导向的实践惯性。

(一)资源配置中的"效益优先"路径依赖

首先,长期以来国家对教育的经费投入在各级各类教育中存在很大差异,基础教育和高等教育之间的差距进入新世纪以来依然明显。通过对2005至2014年我国各级教育的生均公共财政预算教育事业费支出进行比较①(如图4-1所示)可以看出,生均公共财政预算教育事业费的分布依旧是"重高轻基"。而且,通过对它们的变化趋势做线性预测分析(各级生均事业费变化趋势线的线性方程已在图中标出)可知,高等教育的教育经费增幅要大于基础教育的增幅,尤其是2010年以来,高等教育的生均教育事业费的增加速度更是显著加快。

---

① 数据来自教育部官网,由2005—2014年的教育部教育经费执行统计公告整理而来。 网址: http://www.moe.edu.cn/jyb_sjzl/sjzl_jfzxgg/.

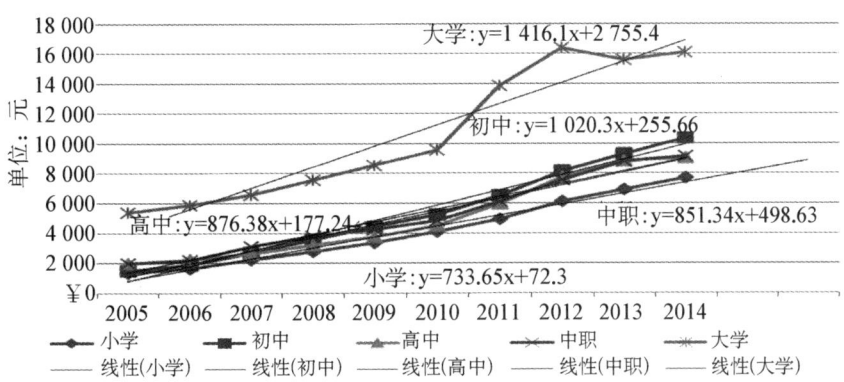

图 4-1　2005—2014 年我国各级教育的生均公共财政预算教育事业费变化趋势图

其次,高等教育和义务教育的经费来源中政府投入所占比重不同,且校际经费分配失衡。据统计,高等教育中教育经费的总量有 80% 来自政府,义务教育经费却只有 60% 来自政府拨款。[①] 这和"发达国家财政预算普遍提供了 85% 以上的义务教育经费,如美国 2004—2005 年度中小学投入 4 877.62 亿美元,其中,联邦、州、地方三级政府教育拨款占 97.7%。英国 2006—2007 年度,中央、地方的义务教育经费达 416 亿英镑,几乎囊括了全部的义务教育经费"[②]形成了巨大的反差。而在各级教育内部,由于学校规格与隶属部门的不同以及"重点学校"的存在,教育经费在学校之间的分布不均衡亦是不容忽视的事实。譬如,仅以 2013 年高校科技经费为例,各类高校的科技经费投入可谓有天壤之别,见表 4-2"2013 年各类高校的学校科技经费投入分布"[③]。

---

① 杨东平.2020:中国教育改革方略[M].北京:人民出版社,2010:59.
② 黄崴,苏娜.发达国家义务教育经费投入体制比较及其对我国的启示——以美、英、法、日为例[J].比较教育研究,2009(10):80-85.
③ 中华人民共和国教育部科学技术司.2014 年中国高等学校科技统计资料汇编[M].北京:高等教育出版社,2014:14.

表 4-2 2013 年各类高校的学校科技经费投入分布

学校类型		学校数量	投入经费(单位:千元)				
			合计	科研事业费	主管部门专项经费	其他部门专项经费	其他经费
学校规格	合计	1 062	122 269 046	6 611 150	16 870 137	49 312 390	55 425 369
	"211"及省部共建	111	83 661 332	3 848 446	10 500 806	36 492 251	32 819 829
	其他本科高校	604	37 658 270	2 606 631	6 197 394	12 638 839	16 215 406
	高等专科学校	347	949 444	156 073	171 937	181 300	440 134
学校隶属	部委院校	27	14 878 913	671 750	2 363 132	6 305 865	5 538 166
	教育部直属	64	61 064 021	2 863 880	7 127 780	26 905 648	24 166 713
	地方院校	971	46 326 112	3 075 520	7 379 225	16 100 877	19 770 490

由表 4-2 可以看出，不同类别的高校的科技经费投入存在显著的区别。譬如，按学校规格划分，"211"及省部共建高校的科技经费投入约占全部经费投入的 68.4%，其他本科高校的科技经费约占全部经费投入的 30.8%，而高等专科学校的科研经费仅占全部经费投入的 0.8% 左右。而若按学校隶属划分，数量上占绝对优势的地方院校的科技经费仅占全部科技经费的 37.9%，尚不及 64 所教育部直属院校的科技经费高。而经费分配的缘由也莫过是"211"或部属高校能比一般高校创造出更高的社会效益，更有利于社会的发展，若再进一步地细分会发现即便在"211"院校内部各个学校之间，科研经费也是有显著差异的。

最后，在以往建设重点大学和现在建设一流大学的计划中，始终存在一个公平与效率的问题。在公平与效率两个方面，过去的"211 工程"大学在全国范围来说是公平和效率兼重，但从具体某个省来看，一个省的省属高校通常只设一所"211"高校，又是只重效率；"985 工程"基本上可以说是只重视效率不重视公平，因为"985 工程"就是追求建设世界一流大学，不考虑区域布局，基本上只重水平和效率；现在世界一流大学也以效率优先，是否能够兼顾公平很难说。①

---

① 刘海峰.一流大学建设中的公平与效率问题[J].探索与争鸣，2016(7)：19-21.

(二)"效率优先"政策的实践惯性

改革开放初期,社会(经济)发展是重中之重,教育目的是为社会提供"有用"之才。为此,国家鼓励一部分地区"先富起来",强调"效率优先"的改革理念。在十四届三中全会上,就通过了"体现效率优先,兼顾公平"的原则,十五大报告又一次提出"坚持效率优先,兼顾公平,优化资源配置,促进经济发展"的原则,①十六大则依旧提出"坚持效率优先,兼顾公平,提倡奉献精神,初次分配注重效率,再分配注重公平",②十七大虽然强调科学发展观,但依旧认为"初次分配和再分配都要处理好效率和公平的关系,再分配注重公平"。③可见,改革开放以来,在"社会主义基本路线"的指引下,效率一直优先于公平,这种理念深入社会各个领域,教育也不例外。效率优先成为教育主管部门进行资源分配的默会规则。

尽管当下的教育境况已有一定改观,教育目的也由为社会发展服务转变为同时关注个体的发展,在奉行发展主义的社会大环境下,效率优先的"子弹"依旧在教育领域"飞"。作为学术术语的教育公平更是到了 21 世纪才出现,"2002 年全国教育事业发展'十五规划'中,首次提出教育发展要'坚持社会主义教育公平与公正性原则',这可能是政府文件中明确出现'教育公平'概念的开始"④。可见,教育公平的相关研究滞后于社会公平的研究,教育资源尤其是教育经费的分配并没有及时跟进"教育公平"诉求的步伐。而假借"人人平等"的伪装并演绎为"分数面前人人平等"的教育公平观,其实也是追求"效率最大化"的产物,其运行逻辑是选择"所需的学生"而不是针对"学生的所需"进行重点培养,以期获得最佳的社会收益。

---

① 新华网.高举邓小平理论伟大旗帜,把建设有中国特色社会主义事业全面推向二十一世纪[EB/OL]. http://news.xinhuanet.com/zhengfu/2004-04/29/content_1447509.htm.
② 中国网.江泽民同志在党的十六大上所作报告全文[EB/OL]. http://www.china.com.cn/guoqing/2012-10/17/content_26821180_5.htm.
③ 人民网.胡锦涛在中国共产党第十七次全国代表大会上的报告(全文)[EB/OL]. http://www.chinapeople.com/peopleele/pqrty/pqrtyinfo.aspx?pid=4044.
④ 石中英.教育公平政策终极价值指向反思[J].探索与争鸣,2015(5):4-6.

不可否认，最初其具有合理性，但随着社会的发展，地域、城乡、人群之间的教育差距逐渐增大，造成的社会弊端亦逐渐显现。其实，在强调经济和效率优先的时期，教育资源分配上的"差序格局"就是不平等的原点，如果没有最初的资源不平等分配，也就不会有如今这么大的教育差距。如若我们将最初不平等分配导致的巨大差异看作"平等"的起点，再谈"分数面前人人平等"岂不是"自欺欺人"的游戏？因此，所谓的教育资源向"弱势群体倾斜"不应是"施舍"般的"补偿"，而应被视为"债务"的"偿还"。人们恰恰做了相反的理解，这种把理所当然的"债务的偿还"当作"善心"的"施舍般补偿"的态度亦是教育公平难以推行的一大原因。

由上可知，1949年以来我国教育公平的评估域主要侧重政治、经济等"社会"的片面需求。当前"效率优先，兼顾公平"的政策话语虽已让位于"更加注重社会公平，大力促进教育公平"，但"效率优先"的路径依赖依然严重，实践惯性和势能依然强大。虽然我们在教育公平观上有一个朝向"人"的历史转向，但这种以"人的需要"为核心评估域的教育公平观，至少在目前来看与"效率优先"的资源配置和政策实践现状仍有较大的出入。进入新世纪以来，"以人为本"的教育发展理念仍未能真正改变"效率优先"的教育实践，这需要我们进一步转换视角，迈向一种"新教育公平"。

三、视角转换："新教育公平"理论刍议

以"效率优先"为表征的社会功利主义，其基本特征就是用目的的正当性来证成手段的正当性，它评价任何事情的标准都是后果主义的，也就是说，只要我的目标是好的，我就可以不择手段，不论这个目标是"经济增长""国家利益"还是"社会福利"。但我们人类做什么事情是正当的或不正当的，仅仅用功利主义标准可能是不行的，因为这样的标准可能会侵害人类的基本权利。与功利主义相对立的一种正义标准可称为权利主义——是说作为个体，我们每一个人都有一些与生俱来的基本权利，这些基本权利是不可以以任何理由

予以剥夺的,目标的正当性不能证成手段的正当性。① "以人为本"的教育公平之所以难以实现,源自人们对教育公平现实和理念认识上的滞后和谬误。若不改变这种认知,很难实现以"人"为核心评估域的教育公平。为此,除了要使教育摆脱功利主义的影响以外,更重要的是建构一种新的教育公平观,以便实现教育公平认识论的转换。何谓新教育公平? 接下来试从其地位、核心和实质三方面略述新教育公平的含义。

(一) 地位:从"兼顾"问题到"第一位"问题

教育公平是社会公平的基石。但是,"如果将教育公平视为促进经济发展的手段与工具,那么所谓的教育公平只能是以功利化的目标来衡量,这恰恰违背公平与公正的真正含义"。② 在教育中坚持"效率优先,兼顾公平"是将人当作工具性的"物"看待,不符合教育是为了育人的本意。正如有学者指出,在全球范围内,大家对教育的关注,"教育公平"永远是第一位的主题。"效率优先,兼顾公平"这本来是分配领域的口号,后来覆盖了包括公共服务在内的所有领域。这是一个"天大的误导",因为公共服务,像义务教育、医疗服务、社保等必须是"公平"优先的,它跟"效率"是两码事。③ 从权利主义的观点看,公平和民主一样,不仅仅是手段,其本身也是目的,因为公平与民主一样,是人们行使自己权利的一种方式,关乎权力的正当性问题。④ 将公平放在第一位才能体现人的平等,才是教育公平的出发点,但"到目前为止,政府教育政策文本当中对'教育公平'的理解主要是将其作为一种'社会公平'来对待,要调节的是作为社会公共资源的教育资源配置"⑤。这种做法固然

---

① 张维迎.改革,要从功利主义转向权利优先[EB/OL]. http://www.eeo.com.cn/2014/0711/263325.shtml.
② 吴遵民.基础教育公平论:中国基础教育公平与均衡发展的政策研究[M].上海:上海教育出版社,2014:270.
③ 专访法国"查理与莫妮克·莫拉泽奖"获得者杨东平[EB/OL]. http://news.sina.com.cn/o/2015-11-16/doc-ifxkrwks4006089.shtml.
④ 张维迎.改革,要从功利主义转向权利优先[EB/OL]. http://www.eeo.com.cn/2014/0711/263325.shtml.
⑤ 石中英.教育公平政策终极价值指向反思[J].探索与争鸣,2015(5):4-6.

可以推动社会公平,但是隐含的假设是以社会公平的逻辑来指导教育公平。社会整体的运作复杂度要远远高于教育,所需顾及的差异性也更多,因此,教育公平不能照搬社会公平的逻辑,要反思教育的特殊性,并重新审视教育公平的定位。事实上,育人才是教育的首要目的,尽管人的差异性不可回避,但在以人为本的理念下,是人人平等的信念,而不是"兼顾平等",这才是教育公平应当坚守的底线。

(二)核心:从强调经济效率优先到重视社会基本制度公正

效率是指单位时间内完成的工作量,是一个经济学概念,而公平属于政治学和社会学的范畴,两者本是不同的指涉,何以在教育的视野下交织,并给人一种宛若"鱼和熊掌不可兼得"的假象呢?事实上,效率与公平在修辞和逻辑上可以相互搭配,譬如,我们可以说"有效率地促进公平",亦可以讲"公平地提高效率",两个句子并无逻辑或修辞上的矛盾。在教育的话语体系中,教育公平和教育效率关系的实质就是"教育资源配置的平等原则、差异原则和补偿原则"与"教育对个人发展和国家发展的贡献率"之间的关系。[1] 因此,造成"不可兼得"假象的不是效率与公平之间的修辞和逻辑,而是人们误以为这两者不可调和。

在古代社会,教育不仅是文化传承的手段,受教育更是身份的象征。虽然孔子提出了"有教无类"的思想,但在政府创办的官学中,教育依旧是部分人的特权。强烈的尊卑意识遮蔽了教育不平等的现象,更异化了教育平等的诉求。到了近现代社会,教育权成为一项受到法律保护的基本权利,教育才有追求平等的现实性。但是在市场主义的影响下,强调效率优先也就成为必然。"效率优先"的公平是一种功利主义的公平,这种公平表面上保证每个人权利的平等,机会向所有人平等开放,但却无视个体行使相同权利的能力差异。对于不利者而言,如若没有行使权利的能力,所谓的权利只是"空头支

[1] 褚宏启.教育公平与教育效率:教育改革与发展的双重目标[J].教育研究,2008(6):7-13.

辑二
新教育公平的理论探讨

票"。鉴于此,罗尔斯提出了一种偏向于最少受惠者的差异原则,他认为,"每一个对于所有人所拥有的最广泛平等的基本自由体系相容的类似自由体系都应有一种平等的权利;而社会的和经济的不平等应该这样安排,他们适合于最少受惠者的最大利益,并且在机会公平平等的条件下职务和地位向所有人开放"。① 其关键是合乎最少受惠者的最大利益,而不是强调总体利益的最大化,是出于制度正义,不是出于效率优先考虑。"教育机会均等,社会弱势群体才有可能和社会其他阶层在同一起跑线上起跑,社会各个阶层、群体之间才能流动与分化。"② 从注重效率优先的功利主义倾向转向强调社会基本制度公正,是新教育公平的核心,只有如此,才能体现教育公平的人本精神。

(三)实质:从"社会—外延"到"个体—内涵"

现有的教育公平主要是从教育的外部因素如教育经费、师资配置即起点和资源平等等来探讨,而相应的教育公平评价指标和测量体系也侧重入学机会、教育质量、资源配置几个方面。如有学者认为,"评价教育公平的指标包括生均预算教育事业费和公共经费、生均校舍建筑面积、师生比、专任教师学历结构和职称结构等"。③ 还有学者从制度的层面分析,认为我国的教育主要受制于国家的政策和制度,教育不公平主要体现在教育制度的不公正。④ 从资源分配、制度设计等层面来解决教育公平固然是必不可少的手段,但却无法真正达成公平,尤其是在社会急遽变化而教育公平的诉求又如此强烈的今天。因此,要重新反思教育公平的内涵,教育公平应是人发展的公平,是可以激发个人的能力,并使他能表达自己的感受,积极参与和决策的教育公平。

---

① 约翰·罗尔斯.正义论[M].何怀宏,何包钢,廖申白,译.北京:中国社会科学出版社,2015:8.
② 周洪宇.教育公平:维系社会公平正义的基石[M].北京:中国人民大学出版社,2014:8.
③ 王善迈.教育公平的分析框架和评价指标[J].北京师范大学学报(社会科学版),2008(3):93-97.
④ 朱旭东.制度公正:教育公平的实现路径[J].人民论坛,2005(12):23.

只有将"人"置于教育公平的核心,关注人的平等,才能更清晰地把握教育公平。"要分析平等,其核心问题是什么要平等",①新教育公平的核心是人,是每一个人而不是少数人,是人的全面协调发展而不是单向病态发展。以政治和经济为重心实施的教育公平是"强制公平"或者"被公平",其行为是一种并没有充分尊重个体的不同选择的"规划"。

需要强调的是,人际相异性是客观存在,教育公平亦不是追求人人一样的教育"克隆"。"看上去相同的教育其实对不同的人有不同的意义,对于每一个人而言,教育公平是鼓励个人充分发挥个体的潜能、尊重个人的选择,以实现自身的价值。"②实现以人为本的教育公平,不能单独依赖刚性的制度,还要考虑公平对个体的"适切性"。它是使每一个人感到"承认"的公平,每一个人在这种教育公平观中体会到爱、平等和社会尊重。个体的教育公平观其实是其对教育中的"我"的自我同一性认同,尽管个体间存在差异,但是"被称为正义的东西会在各自的领域内依据不同的理念来衡量,完整的认同的可能性归于情感关心、法律平等和社会尊重"。③ 譬如,外来务工人员子女有机会到城市中公办学校学习就是一个老大难问题。江苏省坚持以流入地为主、以公办学校为主的"两为主"政策,基本实现了进城务工人员随迁子女接受义务教育与当地学生一视同仁的目标。全省义务教育阶段外来务工人员随迁子女共150万人,入学率达99%以上,在公办学校就读比例达85%。④ 但是这些孩子却普遍缺少自信、缺少爱的感觉,这就不是仅仅依靠资源配置可以解决的问题了。又如,打着"贫困生补偿公开透明"原则的贫困生"竞选"和"公示"则无疑加剧学生接受"补助"的心理负担。看似分配合理的教育公平形式却将更深层面的教育不公平暴露出来,解决这种不公平,依靠资源的分配显然有心无力,只能依靠另一种形式——承认公平来达成。"教育正义必须超越分配正义的边界,而进入教

---

① 阿马蒂亚·森.再论不平等[M].王利文,于占杰,译.北京:中国人民大学出版社,2016:6.
② 田正平,李江源.教育公平新论[J].清华大学教育研究,2002(1):39-48.
③ 胡大平,陈良斌.承认与正义——多元正义理论纲要[J].学海,2009(3):79-87.
④ 让随迁子女不仅有学上,还要上好学[EB/OL]. http://www.moe.gov.cn/jyb_xwfb/s5147/201510/t20151009_212076.html.

育活动内部,走向承认的正义,以使分配和承认各自承担起自身的正义使命。"①最起码,诉诸理智思考的教育正义论要从追求绝对正义转换到反对非正义,这种教育正义之实现必须转向以人为中心,以人的发展为中心。②总之,新教育公平意在实现资源"分配"和人的"承认"的结合,强调教育公平从关注"社会—外延"到关注"个体—内涵"的转变。

四、促进新教育公平的实践之道

教育公平的核心评估域历经从强调政治、经济等社会所需到强调以人的发展为本,是逐渐走向精致、多元和细腻的过程。尽管实现教育公平的主要责任在政府,但是,教育公平的支持和推动力量多元化亦将成为趋势。越来越多的非政府组织、机构与个人会加入推进教育公平的行列,并成为不容小觑的关键力量。因此,需要审视诸多力量,并合理加以分流、引导,使之形成最大的合力。具体而言,注重发展、重视改革和强化创新是实现新教育公平的可行路径。

(一) 注重发展:广受益促公平

解决发展不均衡或者不充分导致的教育不公平现象,仍需继续依靠发展,"做大蛋糕"。落后的社会生产力不能保证受教育者的教育权利不受侵犯,更不能保证教育公平。"从历史上来看,受教育最初只是少数人的权利,只有地位高的人才能接受教育,当时颁布的法律也只保证少部分人的教育权利,只有到经济与社会发展的近代,人们才有了接受教育的意识和愿望,国家

---

① 吕寿伟.分配,还是承认——一种复合的教育正义观[J].教育学报,2014(2):27-33.
② 高伟.从追求绝对正义到反对非正义——教育正义论的范式转换[J].教育研究,2015(8):13-22.

也才关注普通民众的教育权利问题。"①社会发展是扩大受教育者范围的条件和保证。譬如,我国初中阶段教育的毛入学率1991年为69.7%,2014年达到了104%;高等教育的毛入学率从1991年的3.5%上升到2014年的37.5%;学前教育的入学率更是从2000年的35.9%上升到2014年的70.5%。② 这充分说明发展仍是促进教育公平的基石。社会发展,使教育公平成为可能,不仅增加了教育公平的受益人群,更拓宽了学生自由选择的范围,赋予他们展现自己的兴趣、爱好的可能和一个评价自我的更宽广维度。通过发展,才能将教育公平惠及所有人,为以人为本的教育公平实施提供基础和保障。

(二) 重视改革:变思路促公平

发展可以促进教育公平,但并不必然促进教育公平。譬如,从2012年起国家财政性教育经费投入已占GDP的4%以上,2014年全国教育经费总投入更达到32 806.46亿元。③ 巨额的经费投入促进了教育发展,却暗含教育不公平的隐忧。以公共财政预算教育事业费支出为例,普通小学全国均值为7 681.02元,但全国有15个省份低于平均值,最少的河南省仅4 447.63元,北京市则高达23 441.78元,是河南省生均的5倍多;普通中学生均为10 359.33元,全国有14个省份低于平均值,贵州省最少,仅为6 924.7元,北京市则高达36 507.6元,约是贵州省生均的5.27倍;普通高中生均为9 024.96元,全国有16个省份低于平均值,最少的河南省仅5 989.64元,最高的北京市为40 748.25元,约是河南省生均的6.8倍;高等教育生均为16 102.72元,全国有25个省份低于平均值,最少的湖北省仅11 086.72元,而

---

① 吴遵民.基础教育公平论:中国基础教育公平与均衡发展的政策研究[M].上海:上海教育出版社 2014:89.
② 教育部.各级教育毛入学率[EB/OL].http://www.moe.edu.cn/s78/A03/moe_560/jytjsj_2014/2014_qg/201509/t20150901_204903.html.
③ 教育部.2014年全国教育经费执行情况统计公告[EB/OL].http://www.moe.edu.cn/srcsite/A05/s3040/201510/t20151013_213129.html.

辑二
新教育公平的理论探讨

北京市则高达58 548.41元,是湖北省生均的5倍多。① 这就导致全国各个阶段的学生并不处于"同一片蓝天"之下。正是在这种语境下,有学者提出应明确规定义务教育办学条件的"标准区间",所有地区的义务教育办学条件均须达到"最低标准",且均不应超过"最高标准",并提出应把义务教育的"国家性"真正落到实处,出台各级财政分担比例的法律保障。② 可见,推进教育公平,需要改变这种教育资源不均衡分配的现状,即是说,注重"发展"的同时,"改革"亦是促进教育公平的必由之路。

改革促进教育公平,需要改革资源的配置方式,更要改革教育公平的认知和评价模式,实行评价主体的多元化和评价内容的多元化。教育公平之所以难以达成,关键在于人群差异。因此,不能采取"一刀切"的教育公平政策,应根据人群差异制定对应的策略。如针对贫困地区的相关政策、针对民族地区的政策、针对外来务工人员子女的政策等都要进行认真的推敲,做到精准、高效,但是需要注意的是要避免再次陷入社会本位的弊端。另外,非"官办"教育亦是制定教育政策时不得不考虑的问题。它们扩大了人们的选择权,但部分教育机构,尤其是标榜某种"格调"的学校,会损害教育机会公平的普及,从更大的范围看,这会给教育公平带来负面的影响。因此,在制定教育政策时,需要把这些教育机构及其影响考虑在内,要强调社会资源在投入教育时的社会责任与担当,避免优质教育资源成为富人的专享。教育改革,难免会触及既得利益者的利益,这是阻碍改革的因素,亦是改革刻不容缓的原因。这就需要我们有改革决心和勇气,只有通过改革重新分配教育资源,才能保护弱势群体的教育公平权益。也只有通过教育改革,才能在教育的放权与集权之间、公平与效率之间、数量与质量之间保持动态平衡,③避免因发展造成的新的乃至更多更深的不公平。

---

① 教育部.2014年全国教育经费执行情况统计公告[EB/OL].http://www.moe.edu.cn/srcsite/A05/s3040/201510/t20151013_213129.html.
② 吴康宁.及早谋划省域义务教育基本均衡发展的国家战略[J].教育研究与实验,2015(2):1-6.
③ 程天君.教育改革的转型与教育政策的调整:基于新中国教育60年来的基本经验[J].北京大学教育评论,2012(4):33-49.

(三) 强化创新:多渠道促公平

首先,通过技术创新,促进教育公平。信息技术和互联网技术在教育领域的广泛使用使教育格局发生很大的变化,一则它们赋予教育新的内涵和形式,丰富了人们获取知识的渠道;二则这些技术又不可能同时惠及所有的地域,尤其是会在发达地区率先使用,存在扩大教育差距的必然性。但是,仍可以利用这些技术,创设新的教育空间,促进教育公平。信息化校园的建设使教育现代化成为可能,MOOC(大规模在线开放课程)、自媒体技术、网络共享等扩大了教育的场域,教育者和受教育者实现教育过程的时空分离与延展,使穿越时空的互动成为可能。网络技术的使用,拓宽了受教育者的选择阈限,每个人可以根据自己的情况去选择知识,因此,开发基于网络的教育资源对促进教育公平具有很好的作用。

其次,根据2015年第七届世界教育创新峰会(WISE)的经验,"教育创新"还有更深层的含义,教育创新本质上并不是教育技术,不能把教育技术等同于教育创新,WISE峰会把教育公平和教育创新当作一个主题来看待,即"用教育创新促进教育公平"。WISE上获奖的大多数项目都是在贫困落后的地区,如在孟加拉,在撒哈拉以南,在中东地区,普及和扩大教育,这种教育创新本身并不是价值,其目的是改变现状,改变教育,促进教育公平。①

教育创新需要各方力量和每一个人的努力与智慧。"实现教育公平,我们期待政府加大投入,推进改革,但公平最基本的动力来自每一个公民,在实现教育公平的路上,没有旁观者。"②我国的教育历史中虽然有各种类型的官学,但教育从来就不单单是官府的职责,私塾、书院一直是文化传承和创新的主轴。中华人民共和国成立后的很长一段时间,教育一直是政府把控的事业,随着人们教育需求的增加,单独依靠政府的资源并不能实现这些诉求,这就需要其他有志于教育的人或机构的积极参与。"在90年代,美国拥有1 000

---

① 专访法国"查理与莫妮克·莫拉泽奖"获得者杨东平[EB/OL]. http://news.sina.com.cn/o/2015-11-16/doc-ifxkrwks4006089.shtml.
② 熊丙奇.教育公平 让教育回归本质[M].上海:华东师范大学出版社,2014:206.

万美元以上资产的基金会已有 3 000 余个,如著名的卡内基改进教学基金会、福特基金会等,其中教育是基金会活动中获益最多的领域,而对弱势群体的教育帮助又是其最主要的方面。"① 因此,实现教育公平的主要责任在政府,但不是"全部责任"在政府,它越来越离不开个人或团体的参与、支持。政府要给这些团体和个人提供便捷、公平的环境,简化管理手续,避免过多的管理干涉。

总之,新教育公平的实现需要依靠社会的发展提供物质的保障,需要依靠改革调控教育内部各要素之间以及教育与政治、经济等外部因素之间的关系,需要依赖创新挖掘解决教育公平问题的渠道,拓宽促进教育公平的新思路和新视野。也只有依靠发展、改革、创新三位一体的共同作用,才能避免教育公平观的僵化、盲目、排外与教条主义,赋予新教育公平观以灵动和活力,才能让以人为本的教育公平观兼顾每一个人,并让他们在教育中找到自由、尊严与幸福。

(本章作者为程天君,原文《新教育公平引论——基于我国教育公平模式变迁的思考》,载于《教育发展研究》2017 年第 2 期。收录本书时略有改编)

---

① 乐先莲.致力于更加公平的教育——来自发达国家的经验[J].比较教育研究,2007(2):11-16.

第五章 以人为核心评估域：
新教育公平理论的基石

教育公平是社会公平的基础，也是我国教育改革和发展总体格局①的重要组成部分。党的十九大提出，中国特色社会主义进入了新时代，我国社会的主要矛盾已经转化为人民日益增长的美好生活需要和不平衡不充分的发展之间的矛盾，要把"优先发展教育事业""推进教育公平"作为提高保障和改善民生水平的重要着眼点。新时代社会主要矛盾的变化揭示我国需求结构由生存型向发展型的阶段转变，新需求与旧体制共同构筑的新老问题也为政府推进教育公平提供了新的机遇和挑战。

新时代社会主要矛盾的变化亦反映在教育领域。新时期教育领域的主要矛盾表现为"人民群众接受高质量教育的热切期盼与优质教育资源严重短缺且发展不均衡"②。这种不均衡不充分是整体和局部之间的关系，是教育发展的速度与程度的差异性体现，不均衡不充分的教育发展直接制约新时期教育公平的实现。而传统的教育公平理论研究与实践操作基于特定历史条件，侧重点在于强调外部物质投入、以分配正义作为实质正义、教育公平评价科学指标化等。这有其合理性，但显然已无法适应新时代对教育公平的要求。因此，新时期的教育公平需要转型，特别是要能回应人民群众对于教育的期待从"有数量"到"有质量"、从"要我学"到"我要学"的根本转变。

"新教育公平的理论建构与实践探索"创新团队③的项目研究为分析当

---

① 《国家中长期教育改革和发展规划纲要（2010—2020年）》第一部分"总体战略"把优先教育发展、完善育人功能、深化教育改革、促进教育公平、提高教育质量等内容作为今后教育改革发展总的工作方针和战略目标。

② 中国教育学会.中国教育学会第三十次学术年会纪要［EB/OL］.http：//www.cse.edu.cn/index/detail.html? category=31&id=2031.

③ "长江学者"奖励计划暨江苏高校哲学社会科学优秀创新团队"新教育公平的理论建构与实践探索"建设项目（带头人：程天君。 编号：2015ZSTD007）。

前我国教育公平问题提供了一个新视角。该研究的前期系列成果认为:中华人民共和国成立以来,教育公平的"评估域"经历了从强调政治、经济等"社会"的片面需求到逐步倾向于侧重"人"的全面发展这一转换历程①;新教育公平秉持以"人"为核心评估域的理念,探索"推进教育公平"的社会支持②与学校变革③策略,旨在回应人民群众对美好教育向往和期盼的多元化发展性需要,进而努力为每个学习者提供适合的、有质量的教育④。应当说,这一研究不仅迎合了十九大关于"坚持以人民为中心"的发展思想和"办好人民满意的教育"的行动要求,也将有助于贯彻和落实十九大关于"发展素质教育"的新要求和"推进教育公平"的新战略。

在上述前期研究的基础上,本章欲进一步主张和阐明:新时期的新教育公平倡导新的教育发展观,即在起点的资源配置上树立"投资于人即投资于质量"的内涵式发展思路;秉承新的教育正义观,即在过程的制度设计上尊重并承认人在推进教育公平进程中的核心地位;树立新的教育公平评价观,即在结果的切实感受上增强人民群众客观而真实的教育公平感,从而以教育的高位均衡发展去缩小差距、补齐短板,努力让人民群众享有更好更公平的教育。

一、倡导新的教育发展观:从追求规模转向追寻质量

教育公平具有历史性,在区域之间、城乡之间、学校之间办学水平和教育质量仍存在明显差距的背景下讨论人人平等的绝对教育公平没有意义。近年来,随着教育改革发展的不断推进,底线层次的教育权利平等已基本实现。

---

① 程天君.新教育公平引论——基于我国教育公平模式变迁的思考[J].教育发展研究,2017(2):1-11.
② 贺晓星.聋教育改革与新教育公平的理论建构[J].教育发展研究,2017(2):18-24.
③ 高水红.个人属性、群体排斥与国家支配——教育公平分析的三种路径[J].教育研究与实验,2016(6):17-23.
④ 王建华.新教育公平的旨趣[J].教育发展研究,2017(2):12-17.

根据教育部全国教育事业发展统计公报的数据,2017年我国学前教育毛入园率达到79.6%,小学学龄儿童净入学率达到99.91%,初中阶段毛入学率为103.5%,高中阶段毛入学率为88.3%,高等教育阶段毛入学率达到45.7%,①各级教育的入学率都已达到甚至超过世界中高收入国家的平均水平。然而也不难发现,多年来教育领域的"后发赶超"在取得多项重大成就的同时也生发出许多新问题。由于新时期人民日益增长的优质教育需要与不平衡不充分的教育发展之间的结构性矛盾,当前教育改革的重心集中在如何通过教育供给侧改革实现广泛而高位的"新"教育公平,教育也需要从关注以规模为特征的外延式发展转向重视以质量为核心的内涵式发展。

(一) 追求规模:工具合理性的忧思

十八大以来的五年是教育改革不断深化的五年,政府作为教育公平的"第一责任人",不断做着保障教育权利平等和教育机会均等的努力,以公平合理、统筹兼顾为价值取向的教育改革体制机制致力于确保教育领域中的"精准扶贫"。自2010年《国家中长期教育改革和发展规划纲要(2010—2020年)》颁布以来,增加教育投入、改善教育资源配置一直是政府履行教育公平治理义务的首要着眼点。譬如,在基础教育方面,2013年,教育部等部门联合颁布《关于全面改善贫困地区义务教育薄弱学校基本办学条件的意见》,以保障基本教学条件等六项重点任务为着眼点,志在为贫困地区义务教育发展补齐短板;2014年,国务院办公厅出台《国家贫困地区儿童发展规划(2014—2020年)》,以集中连片特殊困难地区儿童的健康和教育为抓手启动教育扶贫工程。又譬如,在高等教育方面,实施国家、地方、高校三大专项招生计划,继续扩大重点大学面向贫困、边远、农村地区的招生规模,让贫困家庭的孩子看到了上升的通道和希望。特别是2016年颁布的新《教育法》以法律的形式体现了国家促进教育公平、推动教育均衡发展的决心和毅力。相关调查显示,2010—2014年全国累计资助学生(幼儿)达4.1亿人次,年均资助8 201.26万人次,较2009年增长25.8%。资助

---

① 教育部. 2017年全国教育事业发展统计公报[EB/OL]. http://www.moe.gov.cn/jyb_sjzl/sjzl_fztjgb/201807/t20180719_343508.html.

资金规模也持续增长,其中 2014 年资助金额达到 1 421.28 亿元,较 2009 年增长 104.82%。① "十二五"期间,累计减轻贫困学生家庭经济负担超过 6 000 亿元。② 据统计,2016 年国家财政性教育经费占国内生产总值比例为 4.22%,全国教育经费总投入已达 38 888.39 亿元,比上年增长 7.64%,其中公共财政教育支出达到 27 700.63 亿元,比上年增长 7.11%。③

教育投入的力度和重视度都是空前的,这对于处境不利的家庭来说确实极大程度地缓解了接受教育的物质压力。可教育投入水平并不决定教育公平程度,"经济水平对教育的影响与促进教育公平是两个不同质的问题:前者主要意味着教育投入总量的增加与否,后者关注的主要是如何分配和使用有限的教育经费"④。传统的教育公平观以物质分配为衡量标的,通过举全国之力对教育物质资源进行宏观调控,以期尽快使百姓获得最广泛的收益,从而实现"由外而内"的教育起点公平,效率有余但公平不足。由于新时期教育公平具有不平衡不充分的多层次性特征,期望利用"补偿原则"实现教育机会均等举措显得治标不治本。

事实上,通过教育扶贫的项目和专项计划提供经费和制度保障,把政策文本作为具体教育改革的操作指南,以此追求教育物质资源平等,从逻辑上来说走的仍然是以规模为特征的外延式教育发展道路。这种教育发展观基于逐利性的人性假设和市场自由主义,认为只要物质仍存在不平等以及人们追寻物质的欲望不在合理区间,教育公平就不可能实现,进而出现了对人的投资与对物的投资之间的不平衡。可以预见的是,以规模为特征的外延式发展观念侧重工具合理性,实践中虽能够满足人民群众"有学上"的基本需要,但无法迎合新时期"上好学"的深度价值追求,而新教育公平需要教育发展更重视以质量为核心的价值追寻。

---

① 刘奕湛,吴晶. 2010 年至 2014 年期间全国累计资助学生 4.1 亿人次[EB/OL]. (2015-12-10). http://military.people.com.cn/n/2015/1210/c172467-27908532.html.
② 高靓. "十三五"期间实现"精准资助"[N]. 中国教育报, 2016-3-12(1).
③ 教育部,等. 2016 年全国教育经费执行情况统计公告[EB/OL]. http://www.moe.gov.cn/srcsite/A05/s3040/201710/t20171025_317429.html.
④ 杨东平. 教育公平是一个独立的发展目标——辨析教育的公平与效率[J]. 教育研究, 2004(7): 26-31.

(二) 追寻质量:价值合理性的肯定

德国社会学家马克斯·韦伯(M. Weber)指出,社会行为与任何其他行为一样,可以由两类因素决定:一是工具合理性因素,即行为者预期外界事物的变化和他人的行为,并利用这种预期作为"条件"或者作为"手段",以实现自己当作成就所追求的、经过权衡的理性目的;二是价值合理性因素,强调行为者自觉地和纯粹地信仰某一特定行为固有的绝对价值(例如伦理的、美学的、宗教的或任何其他性质的绝对价值),而不考虑能否取得成就。① 依此观点,工具合理性追求事物的最大功效,以获得最优收益;价值合理性则关怀意义的世界,"人"是最终的归宿和目的。人的"合理的"社会行动是工具(合)理性和价值(合)理性的统一,追求功利的目的和意义追寻的目的不同程度地同时存在于人类的理性思维与理性活动之中。

工具合理性又称为效率理性。以物质投入和分配为主要内容的教育公平是"为了公平"的教育公平,用一处的资源优势去填补另一处的资源缺陷,是经济领域"先富带动后富"思想的教育延伸。通过发展生产力、"做大蛋糕"而实现物质上的平等尚且困难,受到良好的教育作为人的精神财富更难以通过直接的资源分配来完全解决。传统的教育公平研究大多重视实现公平的外部支撑条件,呈现典型的工具合理性倾向。一如有学者认为:"教育机会均等和教育资源平等配置暗示将效用作为价值本身和价值大小的唯一要素——忽视了权利这一对社会主体来说更为重要的保障因素,同时它也坐实了思想者对'计算理性'和工具理性的有力批评——教育沦为'算计',意味着将教育存在的根基连根拔起。"②

教育作为有目的地培养人的活动,强调工具合理性的同时不能忽视"人"作为价值合理性的存在。实际上,在当前市场循环过程中人的能力差距相较物质差距更居关键地位,在起点不平等的前提下"揠苗助长"式地追求结果公

---

① 马克斯·韦伯.社会学的基本概念[M].胡景北,译.上海:上海人民出版社,2000:31.
② 高伟.从追求绝对正义到反对非正义——教育正义论的范式转换[J].教育研究,2016(8):13-22.

平往往暂时有效,只有缩小(当然不可能消除)人与人之间的能力差距才能真正促进并保障社会阶层的流动。因此,"效率优先"的公平是一种功利主义的公平,这种公平表面上保证着每个人权利的平等,要求机会向所有人平等开放,但却无视个体行使相同权利的能力差异。对于不利者而言,如若没有行使权利的能力,所谓的权利只能是"空头支票"。①

人的能力提高离不开有质量的教育,从这个角度来说,没有质量的教育公平不是真正的公平,脱离了质量的教育公平只是低水平的形式公平,同时还会造成新的不公平。而且随着教育公平程度的不断发展,高质量的教育公平将代替保底的教育公平成为人们追求的目标。② 因此,新时期的教育改革在保障物质资源投入作为"输血"机制的同时,还要更加侧重提升相对处境不利者的内在"造血"能力,呼唤"由内而外"的教育公平,通过提升教育质量让人获得适应新时代要求的认知、合作、创新、职业等关键能力③,全面提升育人水平,走内涵式发展道路。

社会实践的合理化进程既指向合乎"人"的目的,更指向"人"本身,它是形式合理性与实质合理性的相互转化,也是工具合理性和价值合理性的辩证统一。规模和质量并不矛盾,在教育机会相对饱和的新时代背景下提高学校教育质量是新教育公平的现实要义。只有把"人"作为教育公平的出发点和落脚点,才能真正地、更有质量地"推进教育公平"。

---

① 程天君.新教育公平引论——基于我国教育公平模式变迁的思考[J].教育发展研究,2017(2):1-11.
② 华桦.推动教育公平的教育政策国际视野[J].当代青年研究,2015(6):122-128.
③ 2017中共中央办公厅、国务院办公厅印发的《关于深化教育体制机制改革的意见》提出,要注重培养支撑学生终身发展、适应时代要求的关键能力。 在培养学生基础知识和基本技能的过程中,强化学生关键能力的培养。 培养认知能力,引导学生具备独立思考、逻辑推理、信息加工、学会学习、语言表达和文字写作的素养,养成终身学习的意识和能力。 培养合作能力,引导学生学会自我管理,学会与他人合作,学会过集体生活,学会处理好个人与社会的关系,遵守、履行道德准则和行为规范。 培养创新能力,激发学生的好奇心、想象力和创新思维,养成创新人格,鼓励学生勇于探索、大胆尝试、创新创造。 培养职业能力,引导学生适应社会需求,树立爱岗敬业、精益求精的职业精神,践行知行合一,积极动手实践和解决实际问题。

二、秉承新的教育正义观:从分配正义走向承认正义

公平作为普世价值追求,是真、善、美的辩证统一,自产生起就不断与自由、正义、平等、民主等永恒价值发生联系。一方面,这些人类的基本价值具有超越时空的普遍性和恒久性;另一方面,它们的具体内容、实现途径、表现形式和实践意义,则因不同的历史文化和政治经济条件而具有相对性。① 因此,对公平的事实和价值的不同判断,极大地影响了公平的合理推进与客观评价。譬如,罗尔斯的"公平"定义体现在他提出的两大正义的原则中:一是平等自由原则,即每个人对与其他人所拥有的最广泛的基本自由体系相容的类似自由体系都应有一种平等的权利;二是机会的公平平等与差别原则,即社会的和经济的不平等应这样安排,使它们被合理地期望适合于每一个人的利益,并且依系于地位和职务向所有人开放。② 由于两大原则依循"词典式次序",罗尔斯的公平概念其实建立在自由和平等的基础之上,自由实为第一优先原则,是"以自由为核心的正义观"。换句话说,不妨碍自由的不平等也是可以允许的。

教育公平理论研究与实践操作中存在诸多争论的一个重要原因,乃是对教育公平没有形成一个能够达成共识的清晰的概念。既有研究中,教育公平既是手段也是目的,既是原则也是理想,既是过程也是结果,基于不同概念范畴的教育公平探讨往往各说各话。一般来说,"平等"代表了无差别的结果,"公平"指按照相同原则评价和处理事物,"正义"则是基于过程公平和结果平等的应然伦理。但由于在实践中"平等、公平和正义这三个概念都与人类的社会生活息息相关,它们的社会意义远远大于其学术意义,其实践价值远远

---

① 俞可平.重新思考平等、公平和正义[J].学术月刊,2017(4):5-14.
② 约翰·罗尔斯.正义论[M].何怀宏,等,译.北京:中国社会科学出版社,1988:60-61.

辑二
新教育公平的理论探讨

大于其理论价值"①,人们常常把教育公平与教育平等、教育正义、教育自由视作同一范畴,忽视了这些概念之间的差别,教育公平被简化为一句口号。然而简化并不是弱化,更不能"虚化"。在告别短缺经济的新时代背景下,人民群众对教育的多样化、个性化需要和教育发展的不平衡不充分之间的矛盾日趋复杂,作为正义的新教育公平观似乎也必须"因势利导",以未来为导向,超越基本的分配正义范畴走向以"人"为中心的承认正义。

(一) 分配正义:一元教育公平观的表现

近年来的教育改革着力于实现教育机会均等,教育资源的合理分配和制度保障无疑是政府工作的重心,"教育公平作为社会公平的重要组成部分"也直接体现在社会公平保障体系的建设之中。2012年,党的十八大提出,"加紧建设对保障社会公平正义具有重大作用的制度,逐步建立以权利公平、机会公平、规则公平为主要内容的社会公平保障体系";2014年,十八届四中全会又进一步提出要"强化规则意识"并"加快完善体现权利公平、机会公平、规则公平的法律制度"。这一系列政策的发布强调了教育公平乃至社会公平的实现需要从程序上保证物质分配和再分配的公平,而以法律和制度为代表的"规则"必须予以配合。据统计,截至2016年,中国已有超过1/3的县达到国家义务教育均衡发展认定标准;中职教育免学费政策已覆盖91.5%的学生;2015年面向农村和贫困地区定向招生7.5万名,农村学生上重点大学的机会明显增多;29个省份实施随迁子女在流入地参加高考政策,涉及考生近8万名。② 另有研究者通过建立以人均GDP和教育传统为自变量的教育公平指数模型,用以刻画我国西部地区教育公平的总体特征,认为西部地区人均GDP每增加1000元,教育公平指数提高0.36;每增加一所"211工程"重点大学,教育公平指数提高0.66。③

这种以制度设计寻求教育资源均等分配和再分配的思维行动可被归为

---

① 俞可平. 重新思考平等、公平和正义 [J]. 学术月刊, 2017(4): 5-14.
② 丰捷, 等. 让13亿人民享有更好更公平的教育 [N]. 光明日报, 2016-2-29(1).
③ 徐光木. 西部地区人均GDP、教育传统与教育公平 [J]. 西部学刊, 2015(3): 68-73.

分配正义的范畴。从历史上来看，罗尔斯与德沃金(R. M. Dworkin)、诺齐克(R. Nozick)等人虽持有不同的资源分配与补偿观念，但他们的分配正义观对于遏制功利主义正义观(为了大多数人的利益宁愿牺牲小部分人的利益)的大行其道具有不可替代的作用，也有利于资源的合理利用并保护弱势群体的基本利益。然而需要注意的是，以分配正义为核心的教育公平观仍保留了类似"物质决定论"的思想形态，似乎不解决经济不平等以及由此带来的文化不平等就无法真正推进教育公平。对于教育场域中的人来说，人的全面发展以及精神的自由并非仅仅是以物质占有的多寡为衡量标的。分配范式的教育正义只关注可分配的教育资源和教育制度的顶层设计等宏观问题，更具生机的教育内部活动显得"被失语"。

沃尔泽(M. Walzer)对于教育分配问题一针见血地指出：教学职位、学生位子以及各种知识的分配模式不能简单地照搬经济和政治秩序的模式，教育分配必须同时关注教育这一社会物品的特殊性以及学校的特殊性质。① 由于1949年以来基于政治—经济需要和逻辑进行的教育改革使得教育公平问题积重难返，现阶段有必要走向作为社会—文化的教育改革，进而确保教育公平和教育的公益性。② 因此，教育公平的推进不能只顾眼前物质资源的再分配而漠视教育中人的需要，仅仅对教育资源的不平等采取应急性的处理，把教育公平当成具体的事务去完成。以制度设计保障教育资源合理配置为内容的分配正义和程序正义固然重要，但如果程序异化为没有最普遍的正义作为基础，不考虑资源的存量与增量之间的深层次内涵，那么程序正义也可能成为不公平的保护伞。教育公平不仅关乎程序，还需要广泛的公众参与，利用公议契机下的公共理性推进教育公平。正基于此，新时期的新教育公平立足长远和内涵，认识到人是教育公平的真正主体，进而走向承认正义。

---

　　① 迈克尔·沃尔泽.正义诸领域：为多元主义与平等一辩[M].褚松燕，译.南京：译林出版社，2002：262.
　　② 程天君.改革教育改革——从作为政治—经济改革到作为社会—文化改革[J].湖南师范大学教育科学学报，2012(2)：15-20.

(二) 承认正义:多元教育公平观的实质

坦白地说,无论对教育公平做再多理性的论断,都不可能形成涵盖教育公平理论与实践的真理性指导。理论研究者与实践工作者之间由教育公平引发的矛盾并不是对最终结果的异议,而是在实现结果的过程中出现的无限选择路径。有学者认为:"在这样一个社会里,道德决策不是不可能,而是呈现出'怎么样都行'的面貌。我们很难确定究竟那些说服了自己的伦理上的立场是否真正'正确',自己所秉持的价值选择是否有着确凿的根据,这个合理化社会面临的很可能是价值选择的任意、武断乃至空虚。"①

多元的价值并存是当前正义理论面对的最严峻挑战,正义作为真理越来越倾向于实用性。20 世纪末以来,正义理论研究出现了一种新的趋向,尝试在多元正义的前提下形成社会秩序的规范标准,即从重视物质资源的分配平等转变为对人的荣誉和尊严的承认平等。不是消除不平等,而是避免羞辱或蔑视代表着规范目标;不是分配平等或物品平等,而是尊严或尊敬构成了核心范畴,人类尊严的承认构成了社会正义的中心原则。② 这种以尊严承认为核心的正义观发展了分配正义的社会契约论基础,有助于走出教育正义论的研究困境。

在中国特色社会主义新时代的新历史方位上,努力让 13 亿人民共享更高质量、更加公平的教育除了通过发展、改革、创新而不断解决优质教育资源的稀缺难题,同样重要的是确保个体公认的、合理的承认得到认可,并使其以一种自愿的形式来展示他或她个性的潜能,进而形成个体认同。对此,霍耐特(A. Honneth)指出,"如果想获得个体认同,则人们必须获得的三种承认领域是:爱、法律承认和社会尊重。另外,三者的优先顺序是根据主体之间维持社会关系的各自类别来衡量的。如果关系的形成通过爱来形成,那么需要

---

① 刘莹珠.形式、实质合理性与韦伯的价值无涉理论[J].中国青年社会科学,2014(1):133-137.
② 贾可卿.作为正义的承认——霍耐特承认理论述评[J].浙江社会科学,2013(10):106-112.

原则有优先权;如果在法律上形成关系,那么平等原则优先;如果形成合作关系,价值原则占优"①。

这种建立在个体认同基础上的多元正义观被称为承认正义。承认正义的实质是打破分配正义背后所隐射的绝对正义观念。"人人生而平等"自创生以来便不证自明,但如何实现平等多依靠制度性的分配和再分配公平,即通过程序正义去保障。以罗尔斯的程序正义为代表的正义理论包含两个优先原则,一为自由,二为平等。理论上是用先验的自由和平等来保障程序合理而非相反,因而只能通过所谓"无知之幕"的思想实验来作为前提基础。在当前文化与观念多元化发展的新时期,事实与价值这种传统二分法已经逐渐失去了指导意义,正义的内容也需要根据主体之间维持社会关系的各自类别来衡量,倾向于实用主义的公平观念。这与霍耐特认为的"将分配冲突解释成为承认斗争的特殊种类""为承认而斗争是社会合理分配理想实现的根本保障"②等思想如出一辙。

分配正义机制下的教育公平必然是效率化、简单化的处理,虽然易于操作,但以物质平等作为"人"的代表出场,漠视人的多元需要,抛弃了教育公平的终极目的;对绝对正义的追求虽有参考价值,但无益于彻底解决新时期的教育公平难题。对此,阿马蒂亚·森(A. Sen)认为:正义问题需要关注生活与现实,而不只是停留在抽象的制度和规则上,需要关注如何减少不公正,而不是局限于寻找绝对公正。③ 反映在教育领域,"教育中的不公正也必须超越经院哲学的逻辑建构,走向真实的生活世界,仔细倾听非正义的实际受害者的诉说"④。承认正义作为实质正义,通过强调主体之间的爱、尊重与平等体验,弥补了分配正义的物质导向,有利于促使教育公平研究回到"人"本身。

---

① 胡大平,陈良斌.承认与正义——多元正义理论纲要[J].学海,2009(3):79-87.
② 胡大平,陈良斌.承认与正义——多元正义理论纲要[J].学海,2009(3):79-87.
③ 阿马蒂亚·森.正义的理念[M].王磊,译.北京:中国人民大学出版社,2012:前言.
④ 高伟.从追求绝对正义到反对非正义——教育正义论的范式转换[J].教育研究,2016(8):13-22.

三、树立新的教育公平评价观：
从教育公平论迈向教育公平感

教育公平评价是衡量教育公平与否的重要手段，科学、合理的评价方式不仅能够直观地反映出教育发展不平衡不充分的"病体"本身，而且可以帮助我们发现解决教育不公平问题的"症结"所在。传统的教育公平评价立足于统计学相关方法，一般关注起点意义上的受教育权利和机会公平，常以入学率来衡量；过程公平中重视公共教育资源中的配置公平，以生均教育经费、生师比、办学条件等是否合标准来标明；结果上的教育质量公平常用巩固率、完成率、升学率等指标体现。[①] 这是典型的借用经济学中反映收入分配平等程度的指标方法来衡量教育公平程度的教育公平论。教育公平论是人在一定理念下对教育领域内公平问题的理性解释与说明，教育公平理想因而是在不同教育公平论的引领下，根据具体的教育事实而抽象存在的。因此，分析教育公平问题时必须辨清其关于教育公平的话语立场。以工具合理性和分配正义为内容的教育公平理念是形式公平论，经济与物质的丰富被视为公平的第一要义，似乎认为教育公平主体必然会随着教育资源的丰富而逐渐感受并承认得到了真正的教育公平。

但在日常生活中对教育公平的评价直接来源于人们的教育公平感，作为惠及每个人的教育公平也必须是被每个人合理承认的公平。教育公平感作为人的主观感受是多种因素不断叠加和作用的结果，它的产生既要满足教育公平主体的内在需求，也要有能够满足其需要的实实在在的外在表现，是人的主观感受性与客观实在性的统一。教育公平感与客观存在的教育公平问题，既有一致性，又有不对称性。"当教育资源的分配与自身利益无涉时，即使分配不均，人们往往也不在意。只有当教育资源对人的生存和发展产生了

---

① 王善迈.教育公平的分析框架和评价指标[J].北京师范大学学报(社会科学版)，2008(3)：93-97.

重大利益交涉后,由于相对剥夺感而强烈抨击教育不公平。"①理论上来说,没有公平的客观事实,就不应该有公平感。反之,如果缺乏感受公平的必要条件和能力,即便得到了实质公平,也不一定就有公平感。教育公平感的形成需要主体自觉参与其中,是主观感受的自我建构过程。在此意义上,为满足新时代人民日益增长的优质教育需要,应树立以人为核心评估域的新教育公平理念,关注教育热点问题,引导人民群众表达合理的教育诉求,探索多元化、开放式的第三方教育公平评价方式,促使新时期教育公平的成果让人民群众看得见、摸得着、感受得到。

(一) 教育公平论的冲突:以孔子"有教无类"思想的理解争议为例

教育公平论是对教育公平的认识和解释,是对"什么要平等"的理性思考。两千多年前孔子提出的"有教无类"被后人普遍认为是有关教育公平的经典论述。对此概念常有两个解释:一是无类而教,即人人皆可受到教育(由于当时的社会文化背景,女性并无求学的环境和需要,无机会问题),不能因为等级、贫富、善恶、智愚等因素而剥夺他者的受教育权利,属于教育起点公平;二是有教则无类,即教育能够消除人与人之间的差别,从而消弭人天生带来的不平等,属于教育结果公平。对这两种分歧的解释也各有依据。对于起点性质的"有教无类"而言,孔子的教育实践可以拿来证明。相传孔子的弟子有三千人,来自于中原各族,孔子甚至还"欲居九夷",对少数民族部落也一视同仁。在孔子的学生中,有贵族阶层的司马牛,也有平民阶层的颜回、子路,体现出了教育机会的"无论贵贱"。而对于结果性质的教育公平,易中天基于孔子所拥护的儒家等级文化认为:"儒家从来不主张平等,认为人就是分等级的,有君子有小人。君子和小人先是阶级的区别,后是等级的区别,再是品质的区别,孔子的真正意思是认为,通过教育大家可以变得更好。"②因此,由于

---

① 杨桂青. 中国的教育公平及其新的理论假设——访清华大学谢维和教授 [N]. 中国教育报,2009-1-17(3).
② 易中天. "十三五"期间大力促进教育公平高峰论坛 [EB/OL]. http://learning.sohu.com/s2015/eduforum/.

人的差异性与天生的不平等无法抹平,只有通过因材施教,才能让每个人都能得到适合其自身发展的教育。

这是典型的教育公平论差异带来的冲突。仔细分析上述理解争议可以发现,似乎教育起点公平与教育结果公平不是实现教育公平的两个维度,承认"无类而教"的起点公平就无法容纳"有教则无类"的结果公平。因为前者建立在以人的种群属性为由的"人人生而平等"的假设基础上,无视人与人之间的差异而天然设置了"同一起跑线",所以教育的结果自然合理,属于形式公平论;而后者是强调在"人人生而不平等"即人与生俱来的具体差异的前提下,如何最大可能地实现教育的结果平等,属于实质公平论。传统教育公平研究正是致力于如何使"人人不平等"向"人人平等"的方向迈进,其本质是形式教育公平论与实质教育公平论的碰撞。

然而不难理解,教育的形式公平和实质公平的提法只是为了便于对教育公平问题进行理性分析,在生活实践中的形式与实质公平远非那么容易辨别,常常是形式公平与实质公平"互嵌"。形式与实质兼顾的教育公平只能回到生活本身,抛弃"公说公有理、婆说婆有理"式的无休止的争论,关注人在教育中的切身感受,主动理解被教育公平问题困扰的人的主体体验,重视人民群众的教育公平感。

(二)教育公平感的提出:人的公平体验的现实关照

对于生活实践中的人来说,一般先有教育公平的经验基础,继而形成教育公平的主观感受,最后才会对教育是否公平做出事实或价值判断。如"择校热""入园难""异地高考"等公共话题都首先是人民群众重点关心、讨论的教育民生问题,继而成为教育公平研究在不同时期必须面对的改革难题,正所谓"百姓有所呼,改革有所应"。矛盾的是,传统的教育公平研究热陷入理性的泥淖之中,为了寻找外在于人的确定性和稳定性,把以情感为特征的"人的主观感受"排除在所谓的公共理性之外,功利主义教育公平观在物化人的同时,也导致了以情感丧失为特征的群体压迫和冷漠。然而理性并不能离开情感而独存,"哪里缺乏情感,哪里就缺乏信念。而这意味着,那里的社会理性也并不完整"①。

平等不一定带来公平感。阿马蒂亚·森认为,人们在对正义、平等或者福利等价值目标进行评估时会有不同的取舍标准,这些标准被他称为"评估域"。正由于"人们对财富、幸福、自由、机会、权利和效率的取舍是不同的,依据某一评估变量得来的平等未必与依其他变量得来的结果相一致"②。因此,在对教育公平进行评价时往往出现在某一方面或层次是公平的,在另一方面或层次却是不公平的,甚至是互相冲突的,这就导致没有绝对的公平感受。另外,"平等"强调机会本身的可度量性或客观可比性,而"公平"强调个体的主观体验,往往难以度量或不可比较。有学者分析,教育平等与教育公平之间的关系大致可以分为四种情况:① 客观上教育机会不平等,但主观上没有感觉教育不公平;② 客观上教育机会不平等,主观上感觉教育不公平;③ 客观上教育机会均等,主观上感觉教育公平;④ 客观上教育机会均等,主观上感觉教育不公平。③ 从这个意义上来说,感受教育公平的主观条件和能力也是教育公平的应有之义。真实的教育公平感要防止两个极端:一是"画饼充饥",明明没有得到公平的内容实质却为所谓的"大局"牺牲,须知教育公平是普惠而实惠的公平;二是"怀疑主义",永远否认实质公平的存在,只谈公平的相对性。换句话说,"只有当情感真实地看到了事实,看到了对不同人而言多种苦与乐的意义,他们才是良好的指引"④。然而在实践中,基于教育公平感的非理性和不可准确衡量性,学者们化繁为简,把教育公平仅仅作为实在物,似乎理论上的教育公平必须是所有人都认可的公平,是没有争议的教育公平。

与承认正义相关,教育公平必须是相互承认的公平,因而也是切身感受到的公平。教育公平感虽然侧重于人的主观公平感受,但它绝不是无律可循

---

① 玛莎·努斯鲍姆.诗性正义:文学想象与公共生活[M].丁晓东,译.北京:北京大学出版社,2010:102.
② 阿马蒂亚·森.再论不平等[M].王利文,于占杰,译.北京:中国人民大学出版社,2016:22.
③ 王建华.新教育公平的旨趣[J].教育发展研究,2017(2):12-17.
④ 玛莎·努斯鲍姆.诗性正义:文学想象与公共生活[M].丁晓东,译.北京:北京大学出版社,2010:113.

的,公平感的形成是教育发展的数量与质量、教育资源的客观与主观、教育公平的现实与理想的统一,可以通过质性访谈和问卷调查设立相应的指标和问题,从而实现对研究对象主观感受的深刻把握。① 当前正在推广的第三方教育评价正是通过调动社会各界的广泛参与,旨在共同描绘"人民满意的教育"的未来蓝图。

教育公平论是教育公平理论与实践的宏观指导方针,是企图一劳永逸地解决教育公平难题的美好理想,同时也是教育公平问题的"观众"。与其在台下品头论足、指指点点,不如也走到台上,切实地调查、挖掘深受教育公平问题困扰的"主角"的意愿,通过台上、台下的多方面了解以后再做谋略,可能更有利于现实的教育公平的实现。

四、余 论

"新教育公平"倡导教育发展观、教育正义观、教育公平评价观三方面的转变。这不是为了标"新",而是在新的历史节点上,提出以"人"为核心评估域的教育公平转型命题。不用说,这种理论和实践上的转型也面临一些深层次的挑战。一是保障、推进教育公平的公权力和公信力正经受着多方面的考验。封建集权和计划经济而来的"官本位思想"根深蒂固,虽然在转型期有所改变,但人治与法治的杂糅依然形成了各种改革困境。公权力的合法性基础和公信力的提升仍须进一步增强全民的现代法治观念以及制定完善的法律制度,特别是需要依法限制公权力的膨胀,切实保障人民的利益。二是教育公平治理中政府行为与社会力量的良性互动缺少有效的保障机制。政府推进教育公平的强势权威与社会力量的被动协调使得二者在实践中很难有机结合,教育改革的公共性参与以及公共理性的发挥并没有形成稳定而长效的体制机制,如何将其整合到更具弹性的框架中需要进一步探索。三是西方的

---

① 张善鑫.公平感:教育公平的深度价值追求[J].当代教育与文化,2017(2):14-19.

教育公平理论能否有效指导国内实践以及能在多大程度上有效等问题值得深入思考。新的理论范式的确立需要建立在对中国教育公平问题深入研究的基础上,在借鉴西方优秀学术思想的同时更要形成根植于本土的教育公平理论,进而凸显中国话语和中国智慧。总之,新时期的新教育公平需要政府及社会各界联合起来共同努力,直面改革中的难题和挑战,为实现"让每个孩子都能享有公平而有质量的教育"而共同努力。

[本章作者为程天君,原文《以人为核心评估域:新教育公平的理论基石——兼论新时期教育公平的转型》,载于《华东师范大学学报》(教育科学版)2019年第1期。收录本书时略有改编]

第六章 质量、实质与适合:新教育公平的三重意涵

平等是公平的基础。教育平等是教育公平的前提。所谓"平等",本义是指没有差别,"平"就是没有高下,"等"就是没有大小。平等原本为佛教用语,梵文的意译,意指无差别、等同。佛教认为,诸法在真如、实相、法性即本体上是没有差别的;宇宙本质皆同一体,一切法、一切众生本无差别,故称平等。① 教育平等,即接受教育的权利或受教育的机会均等,彼此之间不会因政治、经济、宗教等其他原因而有差异。"公平"除了含有"平等"的意思之外还强调"公正"或"正义"。与"平等"讲究客观的可比性或可度量性不同,"公平"通常包含有较强烈的价值色彩和道德意蕴。"公平是平等的利害相交换的善行。"② 教育公平作为关键词,除了经常和"效率"并用之外,更多情况下还是用来表征现代教育的基本价值,教育公平是现代教育的"一个独立的发展目标"。③ 由于国情的差异,西方通常强调"平等",希望以"平等"促进"公平";中国则通常强调"公平",希望以"公平"引导"平等"。西方对教育平等的强调源于西方社会中特有的种族、性别与阶层问题。与西方相比,中国教育中也存在阶层和性别平等的问题,但更主要的还是制度性的不公平问题。我国《教育法》明确规定:"公民不分民族、种族、性别、职业、财产状况、宗教信仰等,依法享有平等的受教育权利。"当前虽然由于经济社会地位和文化背景的差异,不同阶层、不同性别的人之间教育机会的不平等仍然存在,地区之间、城乡之间教育机会不平等的现象甚至还有加剧的可能,④但相比之下,在权利或机会均等的前提下,我国不同地区、同一地区的不同学校教育发展水平

---

① 孙国华.中华法学大辞典·法理学卷[Z].北京:中国检察出版社,1997:331-332;方克立.中国哲学大辞典[Z].北京:中国社会科学出版社,1994:178.
② 王海明.平等新论[J].中国社会科学,1998(5):52-68.
③ 杨东平.教育公平是一个独立的发展目标——辨析教育的公平与效率[J].教育研究,2004(7):26-31.
④ 李春玲."80后"的教育经历与机会不平等:兼评《无声的革命》[J].中国社会科学,2014(4):66-77.

差距过大,由于人为的制度安排导致的教育质量不公平尤为突出。有鉴于此,2010年颁布的《国家中长期教育改革和发展规划纲要(2010—2020年)》把"促进公平"和"提高质量"并列为国家中长期教育改革与发展的"工作方针"。根据该文件的要求,近年来促进公平成为我国基本教育政策,提高质量更是成为我国教育改革与发展的核心任务,一种有质量的教育公平正在成为全社会的新期待。

一、新教育公平追求有质量的教育公平

教育公平是人类关于公平的理想在教育领域的投射,其本身也代表了一种教育的理想。在人类社会相当长的时间内,教育是一种特权,近代以来受教育权才成为人的一项基本权利。受教育权从特权向权利的转变是教育公平的第一次飞跃。对于教育公平而言,仅仅拥有平等的受教育权还是不够的,法律意义上的权利均等必须转化为教育实践中切实的机会均等。教育权利均等只是解决了人人皆有权利接受教育的原则问题,教育机会均等则意味着在实践中人人皆可以或必须接受教育。从教育权利均等向机会均等的转变是教育公平的第二次跨越。在教育领域,权利均等和机会均等一起构成了教育的起点公平,因此起点公平也是教育公平的第一要义。对于教育公平而言,起点公平是必要条件但非充分条件。后续的过程公平以及结果公平同样重要,甚至更为重要。"在保障基本的'有学上'的教育公平的同时,还必须将提高质量、推进义务教育均衡发展纳入新的基础教育公平体系,并作为教育战略调整的方向和教育政策的关键点。"①当前我国的教育公平正处在从"人人有学上"(起点公平)向"人人上好学"(过程公平)的转型中,初级阶段的教育公平已经基本实现,新的教育公平不能还是简单地扩大规模、增加机会,而是要追求高质量的教育。

---

① 谈松华,王建.追求有质量的教育公平[J].人民教育,2011(18):2-6.

辑二
新教育公平的理论探讨

传统上,受精英教育理念的影响,平等与优秀一直被认为是一对矛盾。因为教育的规模小,精英教育总是高选拔性的。在高选拔性教育中,个体之间的差异被放大,教育之于人的意义更多的是筛选而不是培养。在精英教育的话语体系中"才能至上"(meritocracy),平等或公平并非最重要的价值。伴随着精英教育向大众教育的转型,精英主义的价值观受到质疑,在民主社会中公平的重要性被凸显。但大众教育追求公平的教育,并不意味着要降低教育的质量。在教育规模扩张的早期阶段,由于数量与质量的矛盾关系,为了平等的确有可能损害到优秀,但这绝不意味着公平与质量一定存在逻辑上的冲突。事实上,伴随规模的扩张,在机会饱和之后,教育公平必须从初级阶段走向高级阶段,这也就意味着教育公平与提高质量必将走向统一。在初级阶段教育公平所要面对的是一种短缺性矛盾,即人民群众日益增加的教育需求与有效教育供给的不足;而在高级阶段教育公平所要面对的则是一种结构性矛盾,即教育在供给上已没有问题,但优质教育资源不足,人们对于教育的满意度不高。如果说早期的教育公平是为了给所有人提供基本的教育,那么新教育公平则要致力于为所有人提供高质量的教育。

在美国,自1964年《科尔曼报告》发布之后,教育机会均等的观念被不断更新,"机会均等无法导致结果均等""结果的平等意味着教育机会均等"的观点逐渐被接受。为了能实现教育结果均等,提高质量成为教育改革的重心。20世纪90年代以后,随着质量意识的不断升温,让每位学生获得接受高质量教育的机会,建立一个世界一流的教育体制,成为美国教育改革的总目标。教育机会均等的含义也被演绎为"所有的学生都能获得高质量的而非基本的或最低限度的教育,并取得良好的学业成绩"[1]。2015年,在联合国教科文组织举行的第38次教科文组织大会上,《教育2030行动框架》发布,教育的使命被扩大至全纳、公平和全民终身学习,给每个人公平的机会。联合国教科文组织强调,"我们致力于在所有情况下和各教育层

---

[1] 陈驾. 从"基本的教育"到"高质量的教育"——本世纪初以来美国教育机会均等界说与相关财政制度的演变[C]. 纪念《教育史研究》创刊二十周年论文集,2009:1234.

次中提供有质量的全民终身学习机会。这包括公平的和更多的获得有质量的职业技术教育与培训、高等教育与研究的机会,同时保持对质量的充分重视"。围绕有质量的教育,目标一:到2030年,确保所有青少年完成免费、公平及优质的小学和中学教育,并获得有效的学习成果;目标二:到2030年,确保所有儿童接受优质的儿童早期发展、保育及学前教育,从而为初等教育做好准备;目标三:到2030年,确保所有人负担得起优质的职业技术教育和高等教育费用。"教育有着不可推卸的社会功能,有着提供公平的机会和促进社会流动的不可替代的功能。但是,要充分发挥这些功能,教育系统就必须培养出高水平的人才,否则便是教育均贫了。"①当前,在我国,无论在基础教育领域还是在高等教育领域,"上学难"的问题已基本上解决。根据2016年全国教育工作会议上公布的数据,2015年我国学前教育三年毛入园率为75%,达到中高收入国家平均水平;九年义务教育巩固率为93%,普及程度超过高收入国家平均水平;高中阶段毛入学率达到87%;高等教育阶段毛入学率达到40%。在2015年的两会上,全国人大代表龚克就提出:"要把质量和公平放在同等位置,我们需要的是有质量的公平。"全国政协委员孙惠玲也附议:"我们要追求有质量的公平,让更多学校成为优质教育资源。"②2015年11月正式公布的《中共中央关于制定国民经济和社会发展第十三个五年规划的建议》也再次强调指出,未来五年我国教育发展的重点是提高教育质量、促进教育公平。在2016年教育部的会议报告中,袁贵仁也指出:"过去的一个时期,我们花了不少时间、精力、财力,建新校区、盖新大楼、买新设备,扩大规模、争取项目。这是必要的。但这些终究是外延性的,只是提高质量的必要条件。现在我们要把时间、精力和资源更多地用在内涵建设上,实实在在地把质量作为新时期我国教育工作的主题。"由此可见,当前我国教育公平所面临的最大问题是优质教育资源不足、分布不均,需要全面提高教育质量来促进教育公平。

总之,随着经济社会以及教育自身的发展,当前我国的教育公平已经进

---

① 程介明.教育公平与社会公平[J].世界教育信息,2001(7):13-14.
② 张婷.追求有质量的公平——代表委员热议教育公平[N].中国教育报,2015-3-7(1).

入一个新阶段,追求一种有质量的教育公平已经成为全社会的共识。"有质量的教育公平处于教育公平发展的高级阶段,是对教育的新诉求。有质量的教育公平以推进教育公平为基本价值取向,追求高质量的教育,重在提高学生学业成就。"①长期以来,我国教育领域公平问题主要关注的是由于机会不均等导致的教育不公平,解决的办法通常就是保障受教育权利并增加受教育的机会。新教育公平所要面对的则是教育机会均等基本实现以后仍然存在的教育不公平问题。这种不公平不再是数量的问题,而是质量的问题。为了避免"没有优异的公平"和"没有质量的机会",新教育公平就是要通过"高质量的教育"来实现有质量的教育公平。

二、新教育公平致力于实质性的教育公平

本质上,教育是一种精神性的活动,这就决定了教育公平具有"属人性"。但凡涉及人的活动都极为复杂。事关人的教育,公平的实现不是提供了充分的受教育机会就行了,也不是只要学校教育的质量足够高就好了。公平的实现不只是有一个抽象的公平原则就可以了,还需要有公平的操作规则,只有操作的公平才能保障结果的公平。② 对于教育公平而言,具体性而非抽象性才是其特质。面对教育中具体的人,抽象地谈论教育公平没有实质的意义。《教育2030行动框架》中指出,"'公平'体现在准入、参与、保留、完成和学习结果方面,消除所有形式的排斥、边缘化、不公正的差异性、脆弱性和不平等问题"。在理想的教育情境中,公平意味着每一个学生都要被"具体对待"和"认真对待",人不是物,每一个人都是特殊的,每一个人的教育也是独一无二的,实质性的教育公平就要求教育要适合每一个不同的人,即关注个体间的差异以及基于个体差异的教育公平。因此,在教育公平这个问题上,不仅教

---

① 陈如平.走向有质量的教育公平[N].中国教育报,2007-8-18(3).
② 徐梦秋.公平的类别与公平中的比例[J].中国社会科学,2001(1):35-43.

育质量的高低(高质量的教育或低质量的教育)会导致不同的教育公平,公平的类别的区分(象征性公平或实质性公平)也会呈现不同的教育公平。为了实现群体(阶级或阶层)间的教育公平,国家会制定法律、出台政策,各级政府部门也会采取措施、创新制度,这些无疑都会促进群体间的教育公平,在国家和政府的推动下,通过统计数字所反映出来的教育公平的改善也是实实在在的。但某种意义上,这种公平仍然不是一种实质性的公平,而是一种象征性公平或概率性公平。无论如何,国家或政府的政策都不可能直接深入教育的内部,都不可能直接介入"人与教育"的关系。"因为解决教育系统内部的种种不公平问题,政府是无能为力的,真正的教育所需要的爱、尊重、承认、陪伴、宽容等,是不可能作为公共资源由政府随意配置的。"①那么,就教育而言,什么才是实质性的公平呢?

公平必然和利益相关。利益无涉的东西无所谓公平。对于人而言,教育是一种至关重要的利益。能否受教育以及受到什么样的教育直接决定一个人会成为什么样的人,拥有什么样的人生。人的教育受内外部因素的影响,教育公平的实现也基本遵循从外部到内部的顺序。教育外部的公平虽然也被称为教育公平,但属于社会公平的范畴,需要通过社会支持系统的配合才能实现。教育内部的公平才是真正的教育公平,属于教育本体的范畴,通过学校自身的变革就可以实现。实质性的教育公平属于教育内部的公平,是处理人与教育的关系的原则。长期以来,教育社会学对于教育公平的探讨侧重于教育机会的均等,多属于教育外部的公平。教育机会的均等或教育外部的公平是教育公平的基础而不是全部,二者之间甚至不存在线性关系。平等强调机会本身的可度量性或客观可比性,而公平强调个体的主观体验,往往难以度量或不可比较。基于此,教育平等与教育公平的关系大致可以分为四种情况:① 客观上教育机会不平等,但主观上没有感觉教育不公平;② 客观上教育机会不平等,主观上感觉教育不公平;③ 客观上教育机会均等,主观上感觉教育公平;④ 客观上教育机会均等,主观上感觉教育不公平。通常情况下,伴随教育规模扩大,教育机会增多,

① 石中英.教育公平政策终极价值指向反思[J].探索与争鸣,2015(5):4-6.

教育更加平等，人们对于教育的公平感会增强，但是例外情况也会经常出现，即教育机会的增多并非总是导致教育更加平等化，教育的平等化亦未必能够直接导致教育公平的实现。有学者经过研究认为："在一个转型国家中，教育发展在以增长为主要特征的阶段往往并不会提高教育公平的水平，甚至会引起新的和更大的教育不公平。但是，随着经济社会和教育的进一步发展，特别是教育增长与教育机会分配改革的结合，教育公平的状况将逐渐得到改善和提高。因此，在教育公平的发展中，也会出现一个类似于经济领域中库兹涅茨倒 U 曲线的变化过程，这也是教育公平发展的一个规律。"①由此可见，教育公平的实现受到教育内外部诸多条件的制约，社会的支持可以扩大教育的供给，学校的变革也可以提高教学的质量，但教育毕竟是人的教育，教育公平的实现不是将学生分配到某个学校，也不是通过有效的教学塞给学生大量的知识，更不是通过教育普遍提高受教育者的社会地位。作为一项精神性活动，在机会饱和之后，伴随质量的提高，教育本身的公平性的提升将尤为重要。教育本身公平性的提升绝非从起点公平、过程公平向结果公平的跨越那么简单。起点公平、过程公平以及结果公平说到底关注的仍然是"公平本身"，而不是教育本身的公平性。教育本身的公平性强调人与教育的关系。正如联合国教科文组织在《教育2030行动框架》中所指出的，"教育的和通过教育实现的全纳与公平是具有变革意义的教育议程的基石，因此，我们致力于消除在入学、参与和学习成果中任何形式的排斥、边缘化、不一致和不平等。任何教育目标都应该满足所有人的需求"。简言之，在人与教育的关系中，只有适合每一个人的教育才是公平的教育，而只有教育本身是公平的才是一种实质性的教育公平。

---

① 谢维和.中国教育公平的阶段性分析——兼谈教育公平的新假说［N］.光明日报，2015-4-28(14).

三、新教育公平为了每一个人都享有适合于自己的优质教育

教育公平不是新课题,新教育公平也不是为了"标"新。就像马斯洛发现了人的需要的层次性,新教育公平的提出也是基于教育公平的层次性。教育领域从早期的权利平等到后来的机会平等,再从机会平等到过程平等、结果平等,教育平等一直是教育公平的第一要义。但教育公平不能止于平等,教育公平不仅是实现社会公平的工具,还是一种独立的价值诉求。教育公平是实现教育理想的必要条件,而教育本身的终极目标乃是通过优质教育塑造卓越的人,进而促成一个好的社会。从历史上看,教育公平的突破有两个维度,一个是广度,一个是深度。所谓广度就是教育公平的涉及范围,从基础教育、学前教育、中等教育逐渐向高等教育拓展,扩张的边界是终身教育和终身学习;所谓深度就是教育公平的内涵不再限于教育机会的均等,而是通过全面提高教育质量,朝着高位均衡的方向发展。但无论广度如何拓宽,深度如何深化,长期以来人们对教育公平的认识仍然是社会本位的和工具主义的,对于教育内部的公平始终没有给予足够的重视。新教育公平就是要从教育本体出发,以高质量的教育和实质性的公平为两翼,让每一个人都能享有适合于自己的优质教育。

要实现"每一个人都享有适合于自己的优质教育"必须突破学校教育的思维定式,力求回归教育本身。"现代学校教育的模式,其来源基本上是西方的。虽然经过了这么多年的演化,本质并没有变,依然是工业社会的产物。"①作为工业社会的产物,学校带有鲜明的工业社会的烙印,标准化和规模化是其主要特征。在班级授课制和课程表的控制下,学校教育更有利于培养整齐划一的人而非有个性的人。由于学校教育经常会扼杀儿童的天性,历

① 程介明.教育是在缩小还是扩大社会不公[J].探索与争鸣,2015(5):6-8.

辑二
新教育公平的理论探讨

史上,蒙田曾认为:"学校是一座不折不扣的囚禁孩子的监狱。"①洛克也认为,家庭才是最为理想的教育场所,学校教育乏善可陈。卢梭也通过《爱弥儿》展现了一种有别于学校教育的自然教育。但个人的意志终究无法抵挡时代的精神,19世纪以后,由于适合了现代社会以及民族国家的需要,学校教育制度还是在世界各地普遍地建立起来。自此以后,学校教育就成为现代教育的代名词。因此,所谓的教育公平问题,准确地说就成了学校教育公平问题。但学校教育有其特殊性,社会化而非个性化居于绝对支配地位。在社会化压力下,学校教育公平问题也会被社会化,人与教育的关系被教育与社会的关系所遮蔽,教育外部的公平成为教育公平的代名词,教育内部的不公平在种种统计数字的掩盖下往往被忽略不计。但事实上,真正的教育意味着人与人的深度互动,所谓一棵树摇动另一棵树,一朵云推动另一朵云,一个灵魂唤醒另一个灵魂。现代教育如果不能超越学校教育制度的窠臼,教育的公平如果不能深入人际的层面、不能进入个体的心灵之间,就不能算是实质性的公平。

当前技术的进步和社会的转型为人的解放和学校教育的变革提供了绝佳的契机,适合于每一个人的优质教育不再是乌托邦而是具有充分的可能性。以信息技术作为支撑,互联网思维正在深刻改变着我们的学校教育,一场无声的人类教育革命正在发生,在即将到来的后工业社会里人类将进入"后学校时代"。"后工业社会"不是伊利奇的"非学校化社会"(Deschooling Society),"后学校时代"也不会为了实现教育的实质性公平而废除学校。无论何时,学校都是必要的。学校教育需要的是主动改变而不是被毁灭。长期以来,为了适应工业化的需要,学校被设计得与工厂相仿,教材和课程表是统一的,考试是大规模、标准化的,学习年限也是规定好的,在这种体制下,无论教育质量的优劣,都是就总体而言,绝少考虑每一个人的个性或特殊需要。时至今日,虽然网络已深度影响人们的生活,但学校教育的逻辑依然如故。"我们的课堂和教学计划仍然是过去工业环境的模式,还没有与电子时代和电子反馈达成妥协。这说明,新学习方法不是吸收分类和分割的数据,而是

---

① 蒙田.蒙田随笔全集(上)[M].潘丽珍,等,译.南京:译林出版社,2001:185.

模式识别,是了解知识关系里隐含的命题。实际上,我们正在经历这样一个悖论:和我们正规的教育制度相比较,我们的城市是更加强有力的教学机器。环境本身已经成为更加丰富的教学资源。我们似乎正在进入这样一个时代:我们要编制环境的教学计划,而不是课程的教学计划。"① 当前由于互联网技术的飞速发展,社会的变化越来越快,知识生产与更新的速率越来越高,工作形态在变,人才的形态在变,人们对教育公平的期望也在变。在此背景下,学校教育的变革势在必行。在高等教育领域,为了回应时代的挑战,2015 年斯坦福大学率先提出了"开环大学"(open loop university)的新理念。长期以来,在传统的 4 年制大学里,学生被分成不同的学科专业,从大一到大四,如同车间的生产线。开环大学的学生录取年龄不限,不再有年级的概念,没有规定的毕业时间和限定的专业,学生可以在其一生中自由选择进出斯坦福大学学习各种课程的时间点,在校总时长延长为 6 年,并细分为"校准"(calibrate)、"提升"(elevate)、"激发"(activate)三个递进的教学阶段。学生可以根据自己心智准备的程度自行决定何时进入下一学习阶段,并将多次在以上三个阶段里循环往复。② 在这种新的体制下,本科教育不再是整齐划一的,学生也不再是一起入学、一起毕业,每一个斯坦福学生的学习经历都将是独特的、个性化的、适合他自己的、优质的。斯坦福创建开环大学不是突发奇想而是经过深思熟虑的,它极有可能代表了学校教育未来的发展方向,即突破传统学校教育在时间和空间上的限制,提供适合于每一个人的优质教育。联合国教科文组织在《教育 2030 行动框架》中也指出:"为了对正规的学校教育进行补充和辅助,应该通过提供资源充足、机制健全的非正规学习途径,鼓励非正式学习,包括使用信息通信技术,提供广泛和灵活的终身学习机会。"未来为了让每一个人都能享有适合自己的优质教育,所有国家的各级各类教育都必须从实际出发,进行深度的变革,在互联网平台上建立起以学生为中心的教育社区或学习中心,以提供适合每一个人需要的优质教育。网络教育的兴起已经打破了少数学校对于优质教育资源的垄断,信息技术的进步也突

---

① 马歇尔·麦克卢汉,等.麦克卢汉如是说 理解我[M].何道宽,译.北京:中国人民大学出版社,2006:36-37.

② Paced Education[EB/OL].http://www.stanford2025.com/paced-education.

破了时空限制。不过,优质教育资源的客观存在和技术上的可分享性并不意味着优质教育就能够自动完成。无论在哪个国家,大规模的学校教育变革(互联网+教育)都不可能通过个别学校的自发探索而实现,唯有在国家或政府的科学规划或统筹之下,最优质的教育资源才能以最有效的方式实现最大规模的汇聚,才有可能实现每一个人都享有适合自己的优质教育。当然,要使每一个人都能真正享有适合自己的优质教育,亦绝非制度决定论或技术决定论那么简单。人的教育十分复杂。技术的进步与制度的创新都会影响或制约教育的发生或演化,但教育归根结底是精神性的活动。为了实现每个人都能享有适合自己的优质教育,技术的进步和制度的变革还必须与人的精神秩序相匹配。

(本章作者为王建华,原文《新教育公平的旨趣》,载于《教育发展研究》2017年第2期。收录本书时略有改编)

第七章　就学、就读优质学校与教育过程参与：教育机会公平的三个层次

教育机会不公平的问题在我国由来已久，教育机会的城乡差距、地区差距及人群差距一直存在。在构建和谐社会的今天，教育机会不公平已经成为严重影响实现社会公平的一个极大障碍，成了举国上下街谈巷议的一个国计民生大问题。因此，《国家中长期教育改革和发展规划纲要（2010—2020年）》首次提出"把促进公平作为国家基本教育政策"，并明确指出教育公平"关键是机会公平"，可谓看到了根本，抓住了要害。

问题在于：究竟如何理解教育机会公平？这是设计教育机会公平制度与政策、推进教育机会公平实践、判断教育机会公平实现程度的一个认识前提。

笔者认为，教育机会公平是一个内涵丰富的概念，其含有渐次递进的三个不同层次，或者说可区分出三种不同水平的教育机会公平。

第一个层次是"就学机会公平"。这是由《宪法》规定的公民受教育权所决定的起码的教育机会公平，或者说是教育机会公平的底线要求。我国于1954年颁布的第一部《宪法》便明确规定："中华人民共和国公民有受教育的权利。"其后至今半个多世纪，宪法虽几经修订（1975年、1978年、1982年）与修正（1988年、1993年、1999年、2004年），但"公民有受教育的权利"这条规定始终未变。不过，在现实中，宪法规定公民有受教育权并不等于每个适龄公民就一定都能进入相应阶段的学校接受正规教育。因为，至少有两种制约因素会导致就学机会不公平。

其一是学校教育总体规模。只要学校教育总体规模不足，就无法保证所有符合条件的公民都能接受相应阶段的学校教育，从而造成一部分公民有学上、其他公民无学可上的格局。在这种情况下，若是通过公平分配的规则来分配就学名额，并通过公平竞争的方式来选择就学者，自然也可视为一种就学机会公平，但这显然不能成为政府据以满足或聊以自慰的理由。因为，这样的就学机会公平其实是无奈之举的结果，是一种低水平的、形式上的就学机会公平。由

于毕竟还有一部分(有时是相当大的一部分)公民并非因为自身的智力或道德因素而不能就学,因而即便采取所谓的公平分配规则与公平竞争方式,对这部分公民而言实质上也并不公平,因为他们虽然拥有宪法规定的平等的受教育权,但却并未实际享受到这种权利。不用说,倘若既无公平分配规则,也无公平竞争方式,那么就连这种形式上的就学机会公平也无从谈起了。

其二是公民的家庭经济状况。当公民因家庭经济贫困无力支付学费时,或者即便是免除学费的教育,但公民因家庭经济十分贫困连起码的生活费用都无从着落时,那么,即便公民的其他条件都符合接受特定阶段学校教育的要求且已被学校录取,公民也往往会被迫放弃就学。《义务教育法》虽然早在1986年便已颁布,但在四分之一个世纪的实施过程中,因家庭贫困而不能入学或中途辍学的适龄儿童不计其数。同样,恢复高考三十多年来,每年都有不少品学兼优的考生因交不起学费或需要挑起家庭生活重担而被关在高等学府门外。诸如此类的现象一再表明:若无必要的资助措施,那么,学校教育的大门对于这些贫困家庭子女来说,表面上是敞开的,实际上却是紧闭的。

因此,扩大学校教育总体规模,使得学校教育的容量能够保证符合条件的公民都能进入相应阶段的学校学习,建立健全就学资助制度,确保符合条件的公民不至于由于家庭经济原因而放弃就学或中途辍学,可以说是切实解决就学机会不公平问题的两个必要前提。

作为整个教育机会公平的基石,就学机会公平首当其冲。没有就学机会公平,许多公民连学校的门都进不了,其他一切也就无从谈起。但另一方面,就学机会公平毕竟只是"初级阶段"的教育机会公平,它所着力解决的只是符合条件的公民"进校门"的问题,而不是"进什么样的校门"的问题。在这个意义上,就学机会公平或可称为"温饱水平"的教育机会公平。

第二个层次是"就读优质学校机会公平"。上述"就学机会公平"存在着一个隐患,即如果公民就读的学校相互之间在物质条件(硬件设施、办学经费等)与师资条件上存在显著差异,存在着所谓的优质学校与平庸学校乃至劣质学校的极大区别,如果符合条件的公民中只有一部分人能够就读于优质学校,其他公民只能就读于平庸学校乃至劣质学校,那么,学校教育本身便既是社会不平等的一种产物,同时又会不可避免地成为制造、再生产乃至加剧社会不平等的一种工具。其结果是,本来通过使公民都能"进校门"而实现的初级阶段的教育机会公平,现在却又因公民们分别进了质量差距明显的"不同校门"而出现了新的教育机会不公平。于是,"就学机会公平"一旦基本实现,"就读优质学校机会公平"便理所当然地成为教育机会公平之实践的新追求。

按理说,既然公民都享有平等的受教育权,那么,这种平等权利就不仅应体现在符合条件的公民都能"进校门",而且应体现在符合条件的公民都能就读于办学条件优良、质量大致相当的学校,亦即都能"进好校门"。然而,在相当一段时间里,受经济、文化及教育总体发展水平的制约,且因城乡之间、地区之间的发展极不平衡,在我国,质量差距明显的优质学校、平庸学校乃至劣质学校这三种学校事实上一直存在,且优质学校比例较少,不少劣质学校的物质条件与师资条件长期达不到办学的起码要求。其结果是,公民们在法律上享有平等的受教育权,却分别就读于物质条件及师资条件差异悬殊的不同学校,并因此实际所接受的乃是质量悬殊的不同教育。

这种情况自然不能长期延续下去。随着公民们尤其是平民百姓的社会公平意识与教育公平意识不断增强,要求平等享受优质教育机会的呼声日益高涨,实现"就读优质学校机会公平"的目标终于被提到重要议事日程上来。其中,实现"义务教育均衡发展"几乎成为人们的一句口头禅。

需强调的是,寻求"就读优质学校机会公平"的立足点,应通过大幅提升非优质学校的物质条件与师资水平,实现学校教育的"高位均衡发展",而不是单纯通过对优质学校与非优质学校进行简单的拉平式重组,完成学校间的"低位平衡配置"。尽管低位平衡配置也能缩小乃至基本消弭学校间的差距,但随之而产生的效应,则不光是现有优质学校的消失,而且可能会导致建设优质学校的动力消解,致使"就读优质学校机会公平"的目标反而成了无源之水、无本之木。与之相反,唯有高位均衡发展,才能促使所有学校的物质条件与师资水平最终都能达到优良标准,确保"就读优质学校机会公平"的目标得以真正实现。

为此,着力推进学校办学物质条件的标准化建设,尤其是花大气力从根本上彻底改善薄弱学校的办学物质条件,着力推进师资队伍的水平提升,尤其是花大气力持续培训薄弱学校的师资队伍,同时,科学实施校长及教师的校际定期业务交流与轮岗制度,可以说是促进"就读优质学校机会公平"的三项基本措施。

这就不难看出,基于"高位均衡发展"的思路谋求"就读优质学校机会公平",最终将带来整个学校教育系统的水平提升。在这个意义上,如果说"就学机会公平"只是一种"温饱水平"的教育机会公平的话,那么,"就读优质学校机会公平"便是一种"小康水平"的教育机会公平。

第三个层次是"教育过程参与机会公平"。衡量一个社会中的公民是否完全享受到平等的受教育权利,不仅要看公民是否都有机会跨进学校大门,也要看公民是否都有机会跨进优质学校大门,而且还要看公民就学后是否都有机会充分参与教育过程。换言之,即使实现了就学机会公平与就读优质学校机会公平,但若学校并未赋予受教育者们充分参与教育过程的公平机会,使得一部分受教育者始终或者长期被安排在课堂教学、课外活动及班级管理的中心位置,其他受教育者则始终或者长期被定格于次要位置甚至被搁置于边缘,以至于成为学校教育过程的"局外人",那么,我们就不能说后者完完全全地享受到了平等的受教育权利,因为在实际的学校教育过程中,他们本应享有的以充分参与教育过程为标识的平等受教育权事实上已被剥夺。

"教育过程参与机会公平"要求学校和教师不论在课堂教学中,还是在课外活动中,抑或在班级管理中,都不要把有助于学生成长与发展的机会(课堂表达的机会、与教师互动的机会、担任管理角色的机会、组织活动的机会、代表集体的机会等)长期地或过多地集中在少数人身上,而应将这些机会公平地分给所有学生。学校是一种教育与学习的空间,班级是一种教育与学习的组织,课堂教学、课外活动及班级管理都是教育与学习性的活动。在这里,主要的旨趣不应是校方与教师对于教育教学活动的"组织的需要""管理的便利",而应是学生的"成长的需要""发展的可能"。而实现这一旨趣的关键便在于为学生提供各种各样的参与机会,不是只为哪一个学生或哪一群学生,而是为所有学生。

本章是在整个国家学校教育系统的视野中,将"教育过程参与机会公平"视为在"就学机会公平"与"就读优质学校机会公平"基础之上的一种更高水平的教育机会公平,是能够让受教育者完完全全、明明白白地从内心感受到真正享有平等受教育权的一种深层的教育机会公平。显然,要想使"教育过程参与机会公平"成为整个国家学校教育系统的一种普遍现象与基本特征,有赖于关于人的尊严、人的价值、人的发展以及公民受教育权等一系列平等观念真正成为广大校长和教师的精神内核与文化品质,而这样一种整体的教育人文状况通常不会出现在"就学机会公平"与"就读优质学校机会公平"实现之前。正是基于这一缘故,笔者把"教育过程参与机会公平"称为继"温饱水平""小康水平"之后的"发达水平"的教育机会公平。

当然,由于学校与学校、教师与教师千差万别,因而,不论何时何地,都可能会有一些学校或教师个人尝试赋予学生充分参与教育过程的公平机会。就此而论,"教育过程参与机会公平"作为一种局部的实践现象,早已存在于人们普遍致力于促进"就读优质学校机会公平"的实践过程之中,甚至早已存在于人们普遍致力于促进"就学机会公平"的实践过程之中,就好像"就读优质学校机会公平"作为一种普遍现象,虽然只能出现在"就学机会公平"实现之后,但作为一种局部的实践现象,也会存在于人们普遍致力于"就学机会公平"的实践过程之中。

在教育的问题上,国家不可能担保一切,学校也不可能承诺一切。受教育者的成长与发展,既需要外在的条件与环境,也需要自身的努力与奋斗。但有一点则是国家必须向公民担保、学校必须向受教育者承诺的:机会——公平的教育机会! 国家有责任采取各种坚决措施,为每个公民提供就学的公平机会,提供就读优质学校的公平机会。学校也有责任探索各种有效方式,为每个受教育者提供充分参与教育过程的公平机会。首先是就学的机会,然后是就读优质学校的机会,最后是充分参与教育过程的机会。这至少是从我国整个国家学校教育系统来看的教育机会公平之"实践三部曲"。而我国目前的基本状况是,"就学机会公平"的实践目标接近基本实现,"就读优质学校机会公平"的实践行动正在逐步展开,"教育过程参与机会公平"的实践取向得到日益广泛的支持。有鉴于此,笔者认为,善始善终,全面实现"就学机会公平",趁热打铁,加快推进"就读优质学校机会公平",大力倡导,积极探索"教育过程参与机会公平",应成为我国当下教育机会公平实践并行不悖的三项任务。

(本章作者为吴康宁,原文《教育机会公平的三个层次》,载于《中国教育报》2010年5月4日第4版。收录本书时略有改编)

第八章　聋教育改革与新教育公平的理论建构

爱德基金会（The Amity Foundation，以下简称"爱德"）是一个非常活跃的 NGO 组织（非政府组织），也是我国改革开放之初最早成立的非政府组织之一，主要开展各类公益项目，在促进社会发展，特别是在社会福利、医疗卫生、救灾扶贫和教育等方面做出了诸多贡献。在特殊教育的聋教育领域，爱德是教育改革的积极倡导者和实践者，一反传统的聋教育理念，大力提倡引进西方先进思想——双语双文化聋教育思想，以改变聋教育的旧有面貌。传统的聋教育被称为"补偿教育"，主张教育应该为残疾儿童提供特殊服务，使其恢复正常生活，扩大其因处于不利地位而丧失接受良好教育的机会和权利。但爱德却在理念上更进一步，它试图提升聋人的社会地位，把聋人从受"补偿"的消极性存在提升到更具积极意义、更具能动性的位置。

爱德聋教育改革最早始于 1996 年。是年，爱德与南京聋校开展了名为"聋儿双语双文化教育实验"的项目合作。项目初期是"双语""双文化"形影相伴，但随着项目的展开，语言却与文化拉开越来越大的距离，最后变成了语言的孑然独行。2004 年在挪威聋人福利基金会支持下，爱德又与江苏省特殊教育专业委员会合作，开始了新一轮聋教育改革实验，从项目正式名称看，已表述为"中挪双语聋教育合作项目"[1]，没有了"双文化"三个字。

1996 年项目名称中出现的"双文化"，在 2004 年已被隐去。爱德双语聋教育项目的顾问、知名特殊教育学家张宁生回忆道，自己在"双语法之后就认定聋文化了，因为双语是牵着双文化一同走来的"[2]。张宁生还写道："改革开放的大环境，使我接触到了'聋儿双语双文化'的几个国际合作项目，几乎

---

[1] 英文为 SigAm Bilingual Deaf Education Projects，其中 SigAm，取 Signo Foundation（挪威聋人福利基金会）前三个字母和 Amity Foundation（爱德基金会）前两个字母，表"中挪"之意。

[2] 张宁生.聋人文化概论［M］.郑州：郑州大学出版社，2010：1.

是一拍即合。"①从张宁生的回忆可以知道,当时开展双语双文化项目的并非爱德一家,相关国际合作也大有开展得红红火火之感。② 然而,这"一同走来"的语言和文化,走进江苏,走到2004年,终于分道扬镳了。当然,与其说是分道扬镳,更确切地讲,是语言把文化远远地甩在了后面,甚至有唯恐避之不及之感。

2004年项目名称上没有出现"聋文化"三个字,并非爱德的本意。爱德是双语双文化的积极倡导推动者,在爱德官网有关中挪双语聋教育项目的宣传文字中,依然还可见到鲜明的"双语双文化"姿态:推动中国聋人手语作为聋人母语被人们所认识。为聋教育学前到义务教育建立双语教学计划和方法,保证聋儿通过自己的语言接受基础教育的权利。项目学校以手语授课,建立**双语双文化**教育计划,保证至少第一批项目的学生从开始到完成义务教育自始至终按照本计划接受教育。③

本章并非是对爱德聋教育改革做全程的回溯,而是通过关注"语言甩掉文化踽踽独行"这一聋教育改革现象,引发出一些有关新教育公平理论建构的思考。本章想要表明,原为以"语言""文化"两条腿走路的聋教育改革,在开展过程中,语言与文化被剥离了开来。颇具社会学意义的是,这一剥离并非改革倡导者的本意,但在种种复杂的社会因素、社会力量交互作用之下,双语聋教育改革的推进却不得不以抽空对聋文化的关注为进展的条件。这一剥离的张力,最终导致了聋教育改革"跛足"而行。而本章想要论证并主张的是,"残疾"的改革本身表现出了"跛足残疾"的一面,而去感悟这"跛足"而行之"残疾"的痛苦与无奈乃为我们思考新教育公平理论建构的第一步。

---

① 张宁生.聋人文化概论[M].郑州:郑州大学出版社,2010:2.

② 当然,张宁生同时也指出,"'双语双文化教育'理论引入中国以后,一些有探索意识和改革意识的聋教育者和研究者开始在这一方面进行了若干尝试。 我国目前的几个双语教学实验基地,还只停留在'双语'的层面上,没有真正实现'双文化'教育"。(张宁生,2010:8)

③ http://www.amityfoundation.org.cn.黑体为笔者所加。

二、聋教育改革座谈会回眸：新教育公平理论建构的社会学分析样本

让我们先以一个座谈会的文本解读①来呈现一下聋教育改革的"跛足残疾"。

2005年10月，爱德组织专家组赴江苏省Z聋校等三所双语实验聋校进行调研，目的是针对新教材问题听取一线教师的看法。项目实验校率先试行普校教材，新教材计划根据实验学校使用的实际情况，在普校教材的基础上做出适当调整。调研活动内容主要是听课和座谈。听课是听小学一年级语文课；座谈则是听取一线教师的意见，解答一线教师的困惑。

参与座谈会的Z聋校代表有校长R、教导主任Z、政教主任W、一年级双语班听人语文教师C和聋人教师各一人、学前双语班听人教师和聋人教师各一人、听人数学教师X。专家组成员四人，其中C处长和Z校长为两名关键人物。C是中国教育学会特殊教育专业委员会副理事长、全国聋教育课程改革研制组组长、J省教育厅基础教育处原主要领导、J省特殊教育研究会理事长。此行C是以J省特殊教育专业委员会主任身份出席。Z校长是另一双语实验聋校N聋校原校长，兼任J省听力语言康复委员会副主任、N市特殊教育研究会副理事长。

座谈会一开始，Z校教导主任Z的三个"不知道"让人印象深刻。

C老师：今天这节课是"认一认"中的八个字，要求能够认识这八个基本字，我们当初集体备课的时候主要是让学生能够会认，知道是什么意思，然后把图、字、手势这三样能够连到一块去，是从这个方向来设计这节课的。然后为了对应双语，不是为了对应……（笑）

---

① 也可参照贺晓星、张媛于2008年在《教育学报》第4期发表的《聋教育改革的社会学思考：非政府组织的"双语双文化"努力》一文。

Z主任：(笑)不知道怎么上了。(下划线为笔者所加。下同)

C老师：因为我们这课以前是一个人上的，没有聋人老师配课，为了对应这个双语教学，我们想怎么办呢，我们想，就请聋人老师来协助吧，完成这个任务。

Z主任：把一个老师的事分给两个老师做，不知道怎么办了。

C老师：以前从来没有两个老师配课，今天我们就尝试一下，而且是新教材，对很多重点难点的把握上有很多不成功的地方。

Z主任：今天这节课跟她平时上课也是不一样的，无所适从了已经。平时的手语啊发音啊惯用的传统的一年级的教学方法已经不敢用了，这是双语的课，不知道怎么操作了。反正不管是双语、单语还是其他，我觉得语言的发展是最关键的，这是目标。上课的时间真的是很难兼顾，因为教材是普通学校的，又要保证进度，真的是比较难兼顾，五节课都是新课，连一节练习课都没有，练习巩固没有时间。现在我们的困惑还是蛮多的。

任课的C教师首先介绍了所上课的教学目标以及备课、教学过程中的困惑。从第一段话可知，认字以及用手势来表达字面意思是一贯以来的教学目的所在，但开始双语教学实验后，以往延续下来的教学设计被打乱了。C教师用了"对应"一词来表达自己的困惑，而针对"为了对应双语"的表述，Z主任则接连用上了三个"不知道"——"不知道怎么上了""不知道怎么办了""不知道怎么操作了"来为C教师做注解，使得整段对话呈现出极为强烈的"否定色彩"。在这段对话中，尤其是在"不"的连续否定中，可以体会出C教师所用"对应"一词表达了怎样的一种"消极""被动"的情感。双语教育的改革，在刚起步阶段，或许并非一件广受一线听人教师欢迎、能使他们积极、主动地参与的事情，某种意义上讲，改革反而是外部影响的一种强行闯入。也正因如此，"对应"就显得颇为狼狈。这种所谓的"对应"的狼狈，从座谈内容中可以得知，更具体地是起因于为了应付专家组的听课而把平时一人上的课变为两个人来上，而其中的另一位是聋人教师。一堂课由两个老师上并非是教学上的惯例，而是一种临时的"今天我们就尝试一下"。对于聋人教师的登场，在语气助词"就请聋人老师来协助吧"的"吧"字中，可以体会出一种强烈的无奈。可以说即便在双语实验学校，聋人教师的登场所带来的困惑和无奈，也清楚

辑二
新教育公平的理论探讨

地表现在座谈会的这些教育实践者的意识、语言表达中。而在这一无奈的背后,则是一个聋人教师在聋校教育中几无地位的现实。

聋人教师在聋教育中身处边缘且很难登上讲坛是较为普遍的现象,被 Z 校政教主任 W 列为"主要问题三个"中的一个,另外两个是教材和教法。这三个问题,都是有机地关联在一起的。

W 主任:主要问题三个,第一新教材,第二聋人教师如何参与,第三教材如何处理。没有教材又要用聋人教师,怎么用?原来我们都是采用聋校的教材,无论从教师的授课还是学生的接受情况来看都是比较适应的,现在教材的针对性不够,教材的针对性就不是针对我们的了,我们是零开始,我们是文语并进。学校教育也没有跟上进度,普校的一年级是跟普通幼儿园衔接的,不光是语言问题,还有整个知识系统。数学简直没法教。进度跟得上,效果肯定不行。

不过针对 W 主任的"适应"观点,C 处长提出了修正。他指出以前的"适应"是以进度和质量为代价的。传统的聋教育过分降低对聋生的要求,过分强调缺陷补偿,强调发声朗读的训练,花费的教学课时过多,其教材知识层次比同龄的听人学生教材低好几个年级,课文的教学也失去了精彩而成为一个"干巴巴"的东西。因此,他认为,新教材是针对过去的补偿教育做出的矫正,增加内容,提高难度,向普校标准靠拢。可以说,这是聋教育改革的一个新方向。

然而问题也接踵而至。向普校标准靠拢的新教材使用也带来了教学方法上的问题。从座谈会的内容看,给一线教师带来的很大困惑在于:进度赶不上,内容难以完成。

"因为教材是普通学校的,又要保证进度,真的是比较难兼顾。"(Z 主任)
"现在教材的针对性不够,教材的针对性就不是针对我们的了。"(W 主任)
"人家是普通学校,是六年的语言基础来学一年级的教材",(Z 校长)而我们"很多语文、数学课都当手语课上",(Z 主任)"不光是语言问题,还有整个知识系统。数学简直没法教。进度跟得上,效果肯定不行"。(W 主任)

虽然有着进度和内容的问题,但 C 处长认为"一定不要用传统的过去的思想来思考今天的教学","不能过分降低对孩子们的要求,过去我们的问题就出在过低地降低了对孩子们的要求",也正因此,要去思考以双语聋教育去取代传统的"补偿教育"。

双语聋教育的改革意义得到了认同,但改革当中语言的地位及其与文化的关系问题却并没有达成统一的认识。双语聋教育是一种"口语"与"手语"并重的理念,但虽说口语手语并重,如何对待聋人自己的手语——自然手语,①是仅把它看作一种教学语言的辅助手段还是教学语言本身,甚至是否有可能将自然手语提高到文化的地位来认识,在聋教育改革的理论工作者和实践者阵营内部存在着分歧。教育行政部门以及一些教育实践工作者试图把手语与文化之间的关联撇清,仅愿意在工具层面来定义语言。C处长在座谈会上主张"教学手语还是要用中国手语,解释的时候可以用自然手语,手语的教学要用规范的,你是汉语教学。自然手语应该是教学中的辅助材料,工具性的作用"。也因此,他指出:

要打破聋人在手语上的权威地位。会手语的就能当老师了?就像会讲话的人就能当教师了一样。很多农民是文盲,口语都很好,但他还是农民。语言只是工具,不能等同于知识水平……先学字再学拼音,不符合教育规律……以自然手语为主不等于以聋人为主。

我们的双语教学不是为学手语而学手语,它是一个手段,不是教学目的,它的目的是更好地让孩子的身心、德智体得到全面发展,从教学角度来讲,是为了发展他的思维,使其更好地掌握汉语,更好地学习知识。

将身心、德智体全面发展设定为理念、设定为目的本身无可置疑,但这种抽象的东西总要落实到更为具体的层面,而一旦落实到具体层面,汉语而不是手语就成了理念和目的。所谓的双语聋教育,关注的是如何更有效地利用手语来让聋人学好汉语,发展聋人的思维。这里的"思维"二字,并非意指聋性思维,而是指听人的思维。"聋生思维本身就呆"(Z校长语),因此要让聋人学会像听人那样思考问题、领悟问题。把聋人改造得像听人一样思维才可称作教育。可以

---

① 有关自然手语的详细论述,参照贺晓星(2006)。

说,将手语当作工具而与文化不发生关系的思想,直接导致了改革中的聋教育仅仅成为一种"跛足"的双语教育而非双语双文化教育。

回眸座谈会的记录,在内容和文体上至少还有以下三点值得关注。

其一,参加座谈会的大多是一线教育现场的实力派人物,如基教处前领导、相关聋校的校长、主任。这些处在政策具体落实、操作层次的中层干部,往往直接决定了自上而下的教育政策的实施是否走样。"上有政策,下有对策"的民间智慧,意指上面的宏观政策再好,到了下面基层,在微观操作层面,总会有更为现实的修正。而决定如何修正的,正是处长、校长们。教育改革也不例外。顶层设计再完美的教育改革,当贯彻到微观一线层面时,总是被改写,有时甚至被扭曲。

其二,此次双语聋教育改革也并非典型的先有顶层设计再贯彻执行。爱德乃是一个 NGO 组织,其倡导的改革理念对于教育行政官员、校长主任乃至一线教师来讲,并不具有"顶层"所具有的指示、约束作用。官方的尚且遭遇"上有政策,下有对策"的问题,民间的就更不例外。座谈会最后一句"以后我们就聪明了,看谁来开什么课(笑)"出自实验校校长之口,在一片笑声中确实尽显改革实际参与者的"机动灵活"。教育改革成功与否从来就并非理念决定一切。即便持有先进的教育理念,改革的成功也需要一线层面的教育行政人员、教师发自内心的共鸣以及真正自觉、积极的投入。而从座谈会看,虽然是爱德组织的专家组调研,但专家组的主要成员以及实验校的一线教师也并非完全赞同爱德的理念。尤其当这一理念表达为"双语双文化"时,"双语"从某种角度讲获得了足够重视,但"双文化"的观念却充满了争议。虽然整个座谈会文本中并没有出现"文化"一词,但参与者所发表的有关"自然手语"的观点、有关聋人"思维"的观点,无疑表达着他们对于文化的认识。"机动灵活"所透露出的"复杂"与"艰难"或许正是改革的原生态。理念的接受与内化并非一朝一夕之事。"屁股决定脑袋"乃为民间智慧中对中国当代社会突出现象的一种充满嘲讽但又形象生动的概括。教育改革的每个实践者,在参与改革前的原有位置以及来自于这一位置的利益诉求,决定着其对改革理念的理解到底有多深,走得有多远。

其三,座谈会发言还有一个非常醒目的文本特点——专家组成员,尤其是 C 处长的发言占了压倒性的篇幅,而与之形成鲜明对比的是,虽然聋人教师在场,但却并不发声。聋人教师的不发声,当然并不即刻意味着即便聋人教师想要发言也得不到任何发言的机会,更可能的情况是,聋人教师本身就没有一种意识去积极争取表达自己观点的机会,而座谈会的各位听人专家、一线教师,也对聋人教师的不发声习以为常,不会去把不发声作为一个问题上升到意识层面。这一现象表明,聋教育改革,在许多改革参与者的潜意识中被认为其实还是一件听人的事情,是听人为聋人决定聋教育究竟应该怎么改。马克思在《路易·波拿巴的雾月十八日》中曾有一句名言,"他们无法表述自己,他们必须被别人表述",美国思想家萨义德引来作为自己《东方学》一书的题引。座谈会的文本特点表达的恰好是:聋人无法表述自己,他们必须被听人表述、被听人代言。

指出以上三点,与其说是想要对理念理解的不到位、改革实践的不彻底展开批判,不如说是要在改革总是"被改写,有时甚至被扭曲"中,在"原生态"的"屁股决定脑袋"中,在"必须被他人所表述、所代言"中,去体会聋教育改革不得不以抽空对聋文化的关注为进展的条件最终导致了聋教育成为一种"跛足"的"残疾"而带来的痛苦与无奈。在双语聋教育改革以及涉及的教育公平问题上,社会发展不到一定阶段,人的意识以及价值观念就不会有质的飞跃,改革也就很难说能取得本质性的突破。复杂与艰难或许乃为改革的一种常态,而这一常态的改变,又是一个极为漫长的过程。也正因为漫长,比起对于改革立竿见影效果的天真乐观的期待,在过程中学会思考"残疾"的痛苦无奈并从中发掘出积极意义,进而更有深度地展开对于新教育公平理论建构的问题讨论,就更具有现实性。

三、思考"残疾"的痛苦与无奈:新教育公平理论建构的开始

"在日朝鲜人"作家金鹤泳为我们思考"残疾"的痛苦与无奈问题带来了独到的启发。所谓的"在日朝鲜人",指的是虽然出生在日本、成长在日本、生

活在日本,但由于父辈甚至祖辈是朝鲜人之故,被排挤在日本社会边缘,饱受种种歧视,融不进日本,成不了日本人。某种意义上说,"在日"两字意味着一种身份的屈辱,完全可以直接置换为"残疾"一词。出生在日本、成长在日本、生活在日本,但却成不了日本人,形成不了鲜明的自我认同,这乃是日本社会中一个突出的歧视——被歧视的历史、社会问题,成为"痛苦的由来"。而金鹤泳本人雪上加霜,他还有身体的残疾——口吃。

在"在日"问题上,一般"在日朝鲜人"为了摆脱窘境,大致会有两种克服"痛苦"的选择。一是与现实抗争,通过自己不断发奋努力多少寻觅到在日本出人头地之一丝一线的光明。比如竹田青嗣,成年后成为一所著名私立大学的教授,还是赫赫有名的年轻气盛(当年)的文学评论家。只是,虽然社会地位上与父辈、祖辈相比上了好几个层次,精神上是否真的解决了"融入"与"自我认同"的问题,依然尚存不小的疑虑。二是构建一个神话般的参照群体,再在行动上把参照群体变为所属群体,在心理上与肉体上也返回自己的祖国——"朝鲜"或"韩国",投入一个自己认为能容纳自己、拥抱自己的命运共同体。然而因为宿命般地必须同时直面"在日"与"口吃"两种"残疾",金鹤泳对于"残疾"(生理与社会两种意义上的)以及因残疾而带来的"痛苦"及其克服有着自己全新的认识,迥异于上述两种克服"痛苦"的选择。金鹤泳由此形成了独特的写作风格,而正是其写作风格及风格所内含的极为深刻的思想,感动了著名文学评论家、同为"在日朝鲜人"的竹田清嗣。竹田称金鹤泳是"第一个给了我这样的不可思议的文学体验"的人[1],是"赋予了我写作动机的作家"[2]。

这是一种怎样的风格呢?竹田写道:

> 存在着自己生存的困苦并常常被谈论为"在日问题""歧视问题",但这些词与自己的"痛苦"没有一丁点的关系。在此,他非常谨慎地将附加在自己痛苦之上的那些社会意义一一舍弃,仅仅试图深入描绘痛苦本身的实质……仅仅就是在表述痛苦的实质、痛苦的具体性,而这一表述使得表述者获得了一

---

[1] 竹田清嗣.現代批評の遠近法[M].東京:講話社学術文庫,1998:4.
[2] 竹田清嗣.現代批評の遠近法[M].東京:講話社学術文庫,1998:3.

种对自己的崭新理解,从而使得其能够活下去。①

金鹤泳在其处女作《冻僵的嘴》中描述了自己口吃的痛苦。然而作者的写作,与其说是在描述口吃的痛苦,不如说是在以极为精致的笔触,讲述"口吃"对于当事人来说是一种怎样的体验感受⋯⋯"口吃"并不单纯意味着表达的不便,更准确地讲乃为一种很怪异的体验:遭遇他者"目光的拒绝"从而在自己内心形成了"自我意识的牢笼"。而这一牢笼的不好对付,在于即便明白了残疾之因果的缘由,但只要在现实中背负着口吃的残障,就绝不能消解掉。口吃的痛苦是一种"特殊的体验",无法与他人分担,只有自己单独承受。换言之,所谓的"口吃",本质上讲乃为一种不具与他者之间"交换价值"的不毛的痛楚。②

金鹤泳写作风格的独特之处,在于他并没有刻意去渲染"残疾"之"痛苦"(无论是社会性的还是生理性的)及其社会意义,而是淡淡地在描述自己的感觉——"以极为精致的笔触","非常谨慎地将附加在自己痛苦之上的那些社会意义一一舍弃","仅仅就是在表述痛苦的实质、痛苦的具体性",以达到"一种对自己的崭新理解"。这一"对自己的崭新理解",换言之,也是对于残疾的一种崭新理解——"即便明白了残疾之因果的缘由,但只要在现实中背负着口吃的残障,就绝不能消解掉。口吃的痛苦是一种'特殊的体验',无法与他人分担,只有自己单独承受"。

"无法与他人分担,只有自己单独承受"的痛苦,不仅仅局限于口吃"绝不能消解掉"的无奈,也并非"口吃"独有,而是可以推论到其他一切在医学意义上难以康复的残疾,包括听障。无奈也确实是痛苦的一个主要由来,然而将对于无奈的克服视为超越痛苦之必由之路的幻想,却是痛苦之为痛苦的根本缘由。金鹤泳的思想表明了,或许不要将痛苦与无奈认作一定要去克服去超越的某物,而学会怀着一种敬畏之心思考如何宿命般地与之共生共存,更具有积极的意义。扩而言之,对于口吃、听障等残疾所带来的痛苦的超越,期待教育改革引发本质性的变化其实本是太过乐观天真。更为

---

① 竹田清嗣.現代批評の遠近法[M].東京:講話社学術文庫,1998:3-4.
② 竹田清嗣.現代批評の遠近法[M].東京:講話社学術文庫,1988:17.

现实的是,应该首先去认识,至少在现阶段,"残疾"根本上只能是以一种"极为精致的笔触讲述残疾对于当事人来说是一种怎样的体验感受"。为这种感受的表述提供可能以及时刻保持一种敏感和共享的意愿对于改革来说,或许是更为基础、更为根本。

四、新教育公平理论建构何以可能: "契约"权利与换位思考

"残疾"根本上只能是以一种"极为精致的笔触讲述残疾对于当事人来说是一种怎样的体验感受"而已。循此思想,"体验感受"的"极为精致的讲述"就变得格外重要。这一"极为精致"的"精致"两字落脚在哪里呢?借用金鹤泳的语言来表述,是"非常谨慎地将附加在自己痛苦之上的那些社会意义一一舍弃","仅仅就是在表述痛苦的实质、痛苦的具体性"。在此,重要的是,痛苦的实质、痛苦的具体性首先来自于个体的生命体验与生活感受,要警惕的是一种单纯的社会共同的意义赋予。所谓社会共同的意义赋予,可以理解为社会主流观念的灌输,主流逻辑思维模式的宰制。而这一点,与思考新教育公平理论的建构问题直接相关。

教育公平问题是社会的关注焦点,也是学术研究的热门话题。围绕"公平"一词可以看到一个以独特的、宏观的、制度性的表述为特色的话语空间,充斥着对社会正义的希望寄托和激情澎湃,以及相应的种种具体改革操作指南。但这些操作指南,大多指向了机会与资源的种种不平等,在教育的起点、过程、结果及其制度保障上大做文章,而很少去思考个体的生命体验、生活感受、意义赋予问题。

然而罗尔斯(J. Rawls)有着更为独到的思考。他把公平与正义连接在一起,提请人们去注意"契约"权利问题。他提出"作为公平的正义理论",指出"我的目的是要提出一种正义观,这种正义观进一步概括人们所熟悉的社会契约理论(比方说:在洛克、卢梭、康德那里发现的契约论),使之上升到一个

更高的抽象水平"。① 公平论(正义论)来自契约论并且是对契约论的抽象和提升。罗尔斯认为,"在作为公平的正义中,平等的原初状态相应于传统的社会契约理论中的自然状态……正义的原则是一种公平的协议或契约的结果……它示意正义原则是在一种公平的原初状态中被一致同意的"。② 而正义的原则有两个,第一个原则是平等自由的原则,罗尔斯将它表述为"每个人对与其他人所拥有的最广泛的基本自由体系相容的类似自由体系都应有一种平等的权利"。③ 第二个原则是机会的公正平等原则和差别原则的结合,罗尔斯表述为"社会的和经济的不平等应这样安排,使它们被合理地期望适合于每一个人的利益,并且依系于地位和职务向所有人开放"。④ 而且,非常重要的是,罗尔斯清晰地表明了他对于这两个原则之关系的看法:"这两个原则是按照先后次序安排的,第一个原则优先于第二个原则。这一次序意味着对第一个原则所要求的平等自由制度的违反不可能因较大的社会经济利益而得到辩护或补偿。财富和收入的分配及权力的等级制,必须同时符合平等公民的自由和机会的自由。"⑤

"公平"意味着在肯定"机会和资源"的保障之前,首先要承认所有的当事人是一种"平等自由"的存在,而"平等自由"意味着所有的当事人都有着签订契约的权利。罗尔斯相信,"在各种传统的观点中,正是这种契约论的观点最接近于我们所考虑的正义判断,并构成一个民主社会的最恰当的道德基础"。⑥ 而以往的教育公平研究虽然也经常引用罗尔斯的观点,但却更倾心于对第二原则的讨论,在机会公正、资源区别意义上论述教育的不平等。然而如果站在罗尔斯的高度来思考,公平问题的根本更在于对"平等自由"的承认,更在于对第一原则的贯彻。形而上地说,在此,问题转换成了所有的当事

---

① 约翰·罗尔斯.正义论[M].何怀宏,等,译.北京:中国社会科学出版社,1988:11.
② 约翰·罗尔斯.正义论[M].何怀宏,等,译.北京:中国社会科学出版社,1988:12.
③ 约翰·罗尔斯.正义论[M].何怀宏,等,译.北京:中国社会科学出版社,1988:60-61.
④ 约翰·罗尔斯.正义论[M].何怀宏,等,译.北京:中国社会科学出版社,1988:61.
⑤ 约翰·罗尔斯.正义论[M].何怀宏,等,译.北京:中国社会科学出版社,1988:61-62.
⑥ 约翰·罗尔斯.正义论[M].何怀宏,等,译.北京:中国社会科学出版社,1988:序言.

辑二
新教育公平的理论探讨

人如何才能承认相互是一种"平等自由"的存在；如何知道各自都有签订契约的不可剥夺的权利；如何才能知道相互订立了契约各自一定都会坚定地去履行。

罗尔斯假设了一个略带乌托邦色彩的"无知之幕"①，而本章认为提升契约双方当事人的生命感受、生活体验以及换位思考的能力才是虽然形而上但却更为现实的一条途径。对于签订契约的权利承认和履行契约的诺言的保证，一定是建立在一种深层次的生命感受和生活体验之上的，这是一种能换位思考平等自由地看待对方的私人性情感体验。承认和保证也一定建立在意义赋予之上，但此处的意义赋予并非前述的社会共同的主流观念，而是个体性的、发自内心的一种共生共存的赞美和感情。这一个体的、私人性的感情超越了思维的二元对立、逻辑的公理统摄。②

逻辑的公理统摄典型表现为如"我是人，人的生命是有限的，所以我的生命是有限的"这样的三段论的"同一律"。在这一同一律的逻辑中，中项（M），具体地体现为谓语、宾语、表语等，难以成为逻辑因果的决定要素。比如同样的三段论形式：我疼，猫也疼，所以我是猫。"疼"这一中项，保证不了最后"我是猫"的结论的成立。

然而日本作家石牟礼道子在《苦海净土》③一书描述的水俣病事件中却呈现了一种宝贵的鲜活个体生活体验，告诉我们"我疼，猫也疼，所以我是猫"

---

① 所谓的"无知之幕"是一种纯粹假设的状态，"这一状态的一些基本特征是：没有一个人知道他在社会中的地位——无论是阶级地位还是社会出身，也没有人知道他在先天的资质、能力、智力、体力等方面的运气。我甚至假定各方并不知道他们特定的善的观念或他们的特殊的心理倾向。正义的原则是在一种无知之幕后被选择的。这可以保证任何人在原则的选择中都不会因自然的机遇或社会环境中的偶然因素得益或受害。由于所有人的处境都是相似的，无人能够设计有利于他的特殊情况的原则"。（见罗尔斯的《正义论》第12页）然而"所有人的处境都是相似的"确实为一种仅为理论所需而设置的假设，在更为形而下的现实社会中，需要去思考如何更具体地去回答这些问题。

② 三段论逻辑体系的和谐美表现为三段论公理的统摄美。三段论的公理是指：一类事物的全部是什么，或不是什么，那么这类事物的部分也是什么，或不是什么。换言之，如果对一类事物的全部有所断定，那么对它的部分也就有所断定。实际上，三段论公理是对逻辑基本规律的同一律在三段论中的具体展开，体现了同一律对三段论公理的统摄。（见陈爱华2010年在徐州师范大学学报上发表的《三段论的逻辑美解读》一文）

③ 石牟礼道子.苦海净土［M］.東京：講談社文庫，1972.

的逻辑既非错误也非荒谬。

　　水俣病事件乃为人类历史上的一个著名环境污染事件,发生在20世纪50年代日本九州地区熊本县水俣镇。水俣镇紧邻水俣湾,居住着4万多居民,其中不少以打鱼为业。水俣湾渔产丰富,相关产业兴旺发达。然而1925年日本氮肥公司在该镇建厂,1949年后开始生产氯乙烯,在年产量不断提高的同时,大量未经处理的工业废水被排放到水俣湾中。排放的废水含有大量的汞,而汞在水中被水生物食用后会转化成致人死命的剧毒物质甲基汞。水俣湾被常年工业废水严重污染,湾里的鱼虾类也由此遭受灭顶之灾。受了污染的鱼虾通过食物链又进入动物和人体内,导致甲基汞直接侵害受害者的脑部和身体其他部位,有的得了脑萎缩,掌握身体平衡的小脑和知觉系统遭到破坏。1956年水俣病爆发,病症最初出现在猫身上,表现为"猫舞蹈症"。病猫站立不稳,抽搐、麻痹,痛苦不堪直至跳海自杀,被称为"自杀猫"。后见之于人,症状同样,在万般的痛苦中求生不得、求死不能。

　　猫因为吃了含汞的鱼而疼得四脚乱舞被迫自杀,人同样吃了含汞的鱼而疼得直不起腰板惨叫不已直至死亡。石牟礼道子描写了一位患上了水俣病的中年女性,在她眼里:我就是猫,猫就是我。"吃"这一动词、"疼"这一表语,决定了我与猫的等同并无人类/动物、高级/低级的两分,决定了人与动物的平等换位①。这并非修辞,也非比喻,而是鲜活的生活世界。而我们只有在观念上意识到、体验到,开始深度思考了这一平等换位之成为可能的生活世界,习惯于去追问一种与社会共同意义赋予不一样的个体生命感受、生活体验,理解了何谓用"极为精致的笔触"去讲述"残疾",才能真正懂得"我疼,猫也疼,所以我是猫"这样的三段论非但不错误荒谬,而且还必定是在罗尔斯"平等自由"第一原则之上建构有关以个体契约权利为基础的新教育公平理论的最初起点。

　　(本章作者为贺晓星,原文《聋教育改革与新教育公平的理论建构》,载于《教育发展研究》2017年第2期。收录本书时略有改编)

---

① 前田愛.増補文学テクスト入門[M].東京:ちくま学芸文庫,1993:92.

辑三

新教育公平的经验研究

第九章 从县域均衡到省域均衡：义务教育发展的国家战略

一、谋划省域义务教育基本均衡发展国家战略已可提上议事日程

（一）全面实现县域义务教育基本均衡发展已不是一件遥远的事情

教育公平是社会公平的起点，也是构建和谐社会的基石，①义务教育公平便是这块基石中的基础部分。没有义务教育公平及由此带来的教育发展与学生发展，其后阶段的所谓高中教育公平及高等教育公平难免事倍功半。基本均衡发展则是义务教育公平的必要途径。② 没有基本均衡发展，义务教育公平无从谈起。

自2000年基本普及九年义务教育后，从2005年5月出台的《教育部关于进一步推进义务教育均衡发展的若干意见》，到2006年6月新修订的《义务教育法》，再到2010年7月颁布的《国家中长期教育改革和发展规划纲要（2010—2020年）》，都强调要均衡配置资源，缩小义务教育在财政拨款、学校建设（设备、图书、校舍等）、师资配备等方面的区域差距、城乡差距及校际差距。2012年9月发布的《国务院关于深入推进义务教育均衡发展的意见》明

---

① 乔聿.教育公平 和谐社会的基石[N].人民日报，2005-3-3.
② 有学者认为，义务教育系统内部的基本平等乃是义务教育正常、有序发展的底线公平。详见阎光才的《均衡发展：义务教育制度的底线公平》一文，发表于《教育科学研究》2003年第1期。

确提出,到2020年,全国实现义务教育基本均衡发展的县(含县级市、区,以下简称县)的比例达到95%。

而据笔者对31个省(含自治区、直辖市,以下简称省)逐一同教育部签署的义务教育均衡发展备忘录统计,有4个省在2012年便已全面实现县域义务教育基本均衡发展;到2015年底,将增加到9个省,全国实现义务教育基本均衡发展的县将达到60%;2017年与2018年,还将分别有2个省与1个省加入这一行列。

进一步来看,自《国务院关于深入推进义务教育均衡发展的意见》发布以来,各地推进义务教育均衡发展的进程明显加快。据笔者对在此之后部分省出台的本省深入(或"进一步")推进义务教育均衡发展的意见所提工作目标的统计,已有4个省先后明确将全面实现县域义务教育基本均衡发展的时间由原先承诺的2020年提前到2018年,1个省提前到2017年。还有一些省目前虽然没有明确提出提前全面实现县域义务教育基本均衡发展的时间表,但从推进力度不断加大的实际进程来看,到2020年才能实现义务教育基本均衡发展的县将是很少一部分。因此,尽管接下来还有不少困难需要克服,但作为促进义务教育公平的一个战略目标,全面实现县域义务教育基本均衡发展已不是一件遥远的事情。

(二)地区差距逐渐成为义务教育发展中的主要矛盾

随着县域义务教育基本均衡发展的不断推进,义务教育发展中的城乡差距和校际差距已明显缩小。从已通过国家级或省级督导验收的县来看,所有这些县的城乡之间、校际之间在财政拨款、学校建设及师资配备方面的差异系数都已达到基本均衡要求。在许多地区,财政拨款已经没有城乡差距和校际差距,学校建设的城乡差距和校际差距已经不足称道。在有些地区,由于财力较为充裕且持续采取坚决措施,学校建设的城乡差距及校际差距也已基

本消除。① 至于师资配备方面,通过集团化办学、对口帮扶、学区化管理及公办学校校长教师交流轮岗等优质教育资源共享,城乡差距和校际差距也在不断缩小。2014年8月《教育部、财政部、人力资源和社会保障部关于推进县(区)域内义务教育学校校长教师交流轮岗的意见》正式出台,有望进一步推动校长教师交流轮岗的制度化与常态化,促使更多的县实现县域内校长教师资源的基本均衡配置。因此,总体来看,在已经和即将实现义务教育基本均衡发展的县,城乡差距和校际差距问题的严重性正日趋消解。随着全国范围内实现义务教育基本均衡发展的县越来越多,县域内城乡差距和校际差距渐渐地也将不再是我国义务教育发展中的主要矛盾。②

但与此同时,义务教育发展中的地区差距问题依然严重,且因城乡差距和校际差距逐渐退隐而愈发凸显。地区差距大体表现在县际差距和省际差距两个层面。同一个省内经济及社会发展差距较大的不同县之间,义务教育发展通常也差距明显。③ 在经济及社会发展水平较低的县,即便已实现县域内义务教育基本均衡发展,也只是就整体水准较低的义务教育发展而言的基本均衡,无法同经济及社会发展水平较高的县相提并论。同样,经济及社会发展差距较大的不同省之间,义务教育发展的差距通常也很明显。④ 尤其是发达省份的农村学校与欠发达省份的农村学校之间,差距很大甚至形如两个世界。⑤ 笔者多次参加国家级和省级县域义务教育基本均衡发展督导检查,

---

① 苏雁,许学建.农村学校和城里一样好——无锡推进义务教育均衡发展纪实[N].光明日报,2014-4-28.

② 也有人认为,这些年来"由于教育投入总体水平较低、教育投入结构以及教育投入地区分布不合理,我国义务教育阶段的区域之间、城乡之间及校际之间的不公平并没有得到有效改善"。详见刘伟锋的《我国义务教育校际差距的实证分析》一文,发表于《辽宁行政学院学报》2014年第10期。

③ 肖新成.江西省社会经济发展与义务教育发展差距的协调性分析[J].继续教育研究,2010(7):93-95;邓红,毛玉凤.甘肃省义务教育投入不均衡的实证分析[J].经济视角,2013(21).

④ 有关义务教育最低保障标准的实证研究表明,我国义务教育经费投入的省际不均衡现象十分突出。详见刘黎明等的《义务教育发展不均衡程度的度量》一文,发表于《教育学术月刊》2014年第11期。

⑤ 王延军,温娇秀.中国农村省际间教育不平等与收入不平等的动态实证[J].统计与决策,2012(13):88-91.

深感地区差距问题的普遍性和严峻性。这些地区差距问题,不可能通过县域义务教育基本均衡发展得到解决,因为它并非县域义务教育基本均衡发展本身所需且所能完成的任务。①

(三)省域义务教育基本均衡发展是我国义务教育均衡发展必经阶段

在任何国家,真正到位的义务教育公平的"比较范围"都应当是"全国"。在这个意义上,真正到位的义务教育基本均衡发展的比较范围最终也应当是"全国"。只有在全国所有地区都同等实施基本均衡的义务教育,才可以说真正为所有适龄儿童少年开启了通向"同一片蓝天、同一个梦想"的大门。

不过,在我们这样一个幅员辽阔、地区间经济及社会发展的明显差距还很难在短期内消除的大国,义务教育基本均衡发展注定要经历一个比较长期的过程,且不可避免要经由三个阶段,即县域义务教育基本均衡发展、省域义务教育基本均衡发展、全国义务教育基本均衡发展。在实现县域义务教育基本均衡发展之后,不可能马上推进全国义务教育基本均衡发展。这既不合逻辑,更不切实际。顺理成章且不可逾越的一个阶段,是省域义务教育基本均衡发展。② 省域义务教育基本均衡发展阶段的主要任务,就是在逐步提高标准、保证教育质量的前提下,基本解决省域内县际义务教育发展的不均衡问题。

显然,我们不能等到所有省都全面实现县域义务教育基本均衡发展之后,才着手考虑省域义务教育基本均衡发展问题。由于到 2015 年全面实现县域义务教育基本均衡发展的省便会达到近三分之一,义务教育发展下一阶

---

① 有研究指出,我国义务教育发展推进中存在"马太效应","县域均衡"的发展策略虽然有利于增强县域发展义务教育的责任,但"以县为主"的分散式均衡发展保障乏力,不能从体制上解决更大范围内或更高层次区域内的义务教育发展差距问题。 详见严伯霓的《省域均衡——推进义务教育均衡发展的新视角》一文,发表于《当代教育论坛》2011 年第 10 期。

② 有研究者认为:"推进省域义务教育均衡发展是义务教育县域内均衡发展到后期为缩小区域差距的必然选择。"详见刘宝生的《推进省域义务教育均衡发展的思考与建议》一文,发表于《教育科学》2008 年第 1 期。

段向何处去的问题早已十分现实地摆在这些省面前;由于其他省随着推进县域义务教育基本均衡发展的力度加大、进程加快,不久也将面临这一问题;同时由于省域义务教育基本均衡发展作为国家促进义务教育公平的一个新的战略阶段,谋划起来也需要有细致的过程和充裕的时间,因此,有必要及早提到议事日程上来。

(四)省域义务教育基本均衡发展需要有国家战略

事实上,在已经全面实现县域义务教育基本均衡发展的省份中,有些省已先行一步,提出了本省义务教育发展新目标,其中就包括省域义务教育均衡发展方面的目标。这种积极性自然需要鼓励。但须指出的是,各个省再怎么制定规划、提出目标、推出举措,都只是关于义务教育发展的"地方思考"。而义务教育公平作为事关整个民生与国家发展的基础性战略工程,其任何推进阶段都需要有"国家思考",①需要有国家层面的通盘谋划、顶层设计及整体协调。任何省的发展目标都不能自动成为国家战略目标的当然组成部分,而是必须在国家的整体框架内,经过国家的审视、论证、权衡乃至必要修正后,才能真正成为国家战略目标的有机组成部分。

尤其是在不同省之间经济及社会发展差距依然十分明显的状况下,如果任由各省自行确定本省义务教育发展目标并相应配置资源,那么,各省实现各自制定的义务教育发展目标的结果,就有可能不仅不会缩小,反而进一步加剧省际(尤其是发达与欠发达省之间)义务教育发展的不均衡,从而给其后推进全国义务教育基本均衡发展增加难度。在这个意义上,可以说省域义务教育基本均衡发展阶段除了需要完成基本解决县际义务教育发展不均衡问题这一主要任务之外,其实还有一个重要任务,即防止已有的省际义务教育发展不均衡进一步扩大。这个任务自然就不是各省(主要是发达省份)在推

---

① 值得注意的是,对于义务教育均衡发展的推进从县域拓展为省域的问题,学界倒是有一些具有一定官方色彩的民间研讨。譬如,请见熊建辉的《"为过渡到在省域范围内义务教育均衡发展探讨一条合理的经费配置机制:中外经验与启示"研讨会召开》一文,发表于《世界教育信息》2010 年第 7 期。

进省域义务教育基本均衡发展时所会自觉承担的了,它通常不会在各省的"地方思考"视野之中。这个任务只能由国家通过对全国省域义务教育基本均衡发展加以通盘考虑、顶层设计及整体协调来完成。换言之,必须诉诸对全国省域义务教育基本均衡发展的"国家思考"。这也是尽管目前尚未在全国范围内全面实现县域义务教育基本均衡发展,却已有必要尽早谋划省域义务教育基本均衡发展国家战略的又一重要原因。

二、省域义务教育基本均衡发展国家战略的三项关键内容

无疑,省域义务教育基本均衡发展国家战略需要在充分调研、反复权衡各种因素的基础上务实谋划。以笔者管见,在这一战略中,以下三项内容尤为关键。

(一) 审定义务教育办学条件的标准区间

义务教育办学条件有国家标准。基于教育公平的原则,义务教育办学条件的国家标准应当包括两个尺度。第一,所有地区的义务教育办学条件均须达到的"最低标准";第二,任何地区的办学条件都不应超过的"最高标准",因为一旦超出最高标准,便会产生教育条件的不公平。也就是说,义务教育办学条件的国家标准应当是由最低标准和最高标准组成的一种"标准区间"。义务教育办学条件不光须有最低标准,而且应有最高标准,这其实也是义务教育公平的一种常识。① 罔顾这一常识,在最低标准之上过度"高配"办学条

---

① 有些教育一线有识人士在介绍当初初中教育均衡发展的经验时就强调: "即便是最好的初中,我们也不办成'尖子学校',不给它好于其他学校的办学条件。"详见刘玉的《孩子在哪上学家长不用操心——看辽宁盘锦 25 年来如何杜绝择校》一文,发表于《中国教育报》2010 年 3 月 22 日。

辑三
新教育公平的理论探讨

件,是导致义务教育不公平的地区差距乃至学校差距的重要原因之一。然而,迄今为止这一常识在制度与规范的层面鲜有反映。例证之一,便是以文本形式明确规定的义务教育办学条件国家标准从来都只是最低标准,而不包括最高标准。

在县域义务教育基本均衡发展阶段,考虑到我国教育发展不均衡的历史与现状,国家允许各省根据义务教育办学条件的国家标准,制定适应当地经济社会发展状况、不低于国家标准的省级标准。于是,31个省全都制定了自己的省级标准。欠发达省份的省级标准主要是对国家标准的细化,发达省份的省级标准则无一例外是在国家标准基础上的大幅提升,在校园建设、教育装备、教师队伍、经费保障等方面都远高于欠发达省份。

关键问题在于,由于发达省份的省级标准也只是本省义务教育办学条件的最低标准,而并未对在此基础上"高配"办学条件提出任何限定要求,这就为发达省份在资源(尤其是财力资源)允许的情况下超出省级标准而随时高配办学条件事实上开了绿灯。就笔者对一些发达省份义务教育发展情况的了解来看,超出省级标准而不时高配乃至过度高配办学条件的现象并不少见。①

这是十分自然的现象,也是可以理解的行为,而且它并不违规——因为并无对于办学条件最高标准的相关限定。但无论如何,这不利于缩小义务教育发展中的地区差距。倘若只要资源允许,便可在诸如"办人民满意的教育"的名义下"任性"地过度高配办学条件,那么,发达地区与欠发达地区之间的义务教育基本均衡发展就只能等到两者之间经济及社会发展差距完全消除时才能实现。这显然有悖于义务教育公平的根本理念与实践原则。促进义务教育公平的一个基本要求就是最大限度地缩小乃至消除因经济及社会发展的地区差距所造成的义务教育办学条件的相应差距,而不是任由发达地区任性地过度高配办学条件,并因此而拉大地区差距。

---

① 发达地区在规划与推进本地区义务教育高标准发展时通常会主张一种"峰谷观",即义务教育均衡发展不是要削峰填谷,而是要提谷齐峰。这种观点本身并无不妥,问题在于发达地区推进义务教育高标准发展的持续行动事实上已经在不断造出一个又一个新"峰",其"造峰"能力与"造峰"进程远非其他地区提谷齐峰的能力与进程所可相提并论。而对义务教育公平而言,持续且快速"造峰"具有不可忽视的负面作用。

还可顺便指出的是,从教育活动实际效果的角度看,就义务教育而言,不仅因为基于教育公平的理念而不应过度高配办学条件,而且也因为基于充裕就行、够用就好的性价比原则而无须过度高配办学条件。

为此,在谋划省域义务教育基本均衡发展的国家战略时,一方面应根据促进义务教育公平的需要和国家经济及社会发展水平,逐步提高、动态调整国家义务教育办学条件最低标准,不能一套标准多年不变;另一方面则有必要在暂时难以确定全国统一实行的国家义务教育办学条件标准区间的情况下,要求各省(尤其是发达省份)制定的本省义务教育办学条件标准应明确规定标准区间,即既包括最低标准,也包括最高标准,并由国家根据推进省域义务教育基本均衡发展的总体战略审定后准予实行。这是促进义务教育公平的工作迄今为止从未做过的一件事情,也是省域义务教育均衡发展阶段不能不尝试做的一件事情。

(二) 提供各级财政分担比例的法律保障

对于一个法治国家来说,不仅须做出义务教育经费全部由政府财政承担的法律承诺,而且须提供各级财政分担比例的法律保障,以确保各级财政对义务教育经费的具体分担在透明的、可预期的法治轨道上运行。基于这一缘故,西方发达国家对于义务教育经费中各级财政的分担比例都有明确、具体的法律规定。[①]

而在我国,虽然2006年修订的《义务教育法》已规定"国家将义务教育全面纳入财政保障范围……义务教育经费投入实行国务院和地方各级人民政府根据职责共同负担",但其后至今对于中央和地方各级财政究竟按何种比例进行分担并无相应法律规定。[②] 即是说,在中央和地方各级财政

---

① 黄崴,苏娜.发达国家义务教育经费投入体制比较及其对我国的启示:以美、英、法、日为例[J].比较教育研究,2009(10):80-85. 蒙丽珍,杨荣宾.西方发达国家义务教育经费分担经验借鉴[J].广西财经学院学报,2009年第3期.

② 马海涛,向飞丹晴.我国义务教育发展不均衡的财政原因及对策探讨[J].地方财政研究,2011(6):4-9.

的具体分担责任问题上,实际上处于无"法"可依的状态。诚然,政府部门出台的一些文件("意见""通知""办法"等)中有时也会提出一些分担比例,但这些文件终究不是法律。法律是刚性的,是以"必须"为原则的,法律的制定、颁布及修订均须经过严格的既定程序,对于不依法执行的行为可予依法追究;而通知则是可刚可柔的,是以"应该"为基调的,通知的拟定、出台及废弃都具有很大的弹性,且对于未按通知精神办理的行为也可因情而异地灵活处理。

由于无法可依,我国义务教育经费中各级财政的分担比例具有相当的随意性与不确定性。不仅中央和地方财政的分担比例容易因中央政府关注重心的变化而随时可变,而且按中央政府要求由各省分担的义务教育经费中省财政与地、市财政的分担比例也容易因省政府关注重心的变化而随时可变。在这种情况下,中央和地方各级财政对于义务教育经费的实际分担过程,就很容易成为中央政府与省级政府之间、省级政府与其属下地方政府之间为尽量减轻本级财政负担而相互推诿、相互扯皮、讨价还价、不断博弈的过程。①

同样由于无法可依,我国义务教育经费中各级财政的分担比例缺少清晰度与透明度。既然并无明确的法律规定,政府(尤其是中央政府)也就没有必须将义务教育经费中各级财政分担比例及时、全面、清楚地公之于众的压力,公众也就难以对各级政府的财政分担责任依法进行有效的监督检查乃至质询问责。于是,我国义务教育经费中各级财政具体分担比例竟然处于一种模糊不清的"保密"或"准保密"状态,以至于一般公众、研究专家乃至一定层次的政府主管部门都无从确切知晓。②

---

① 有研究表明:"中央政府与地方财政分担的比例不确定,'省级统筹'就很可能成为华而不实的空中楼阁。"详见夏雪的《地区经济分类下义务教育经费分析》一文,发表于《教育发展研究》2012年第13期。

② 为弄清各级财政支付在我国义务教育经费中所占比例,笔者查询了政府部门相关网站,查阅了相关调查与研究报告,未能获得能够准确反映义务教育经费财政支付全部构成情况的权威结论。于是先后向三位相关研究专家请教,得到的是相差较大的三种不同测算结果;遂再先后向三个不同省份相关政府部门咨询,均被告知我国义务教育经费中各级财政分担比例的具体数字只有中央政府相关部门才会有,但一般不对外公布,仅供内部掌握;无奈之下,再向中央政府相关部门求援,答复是不方便提供。

还是由于无法可依,我国义务教育常常难以充分体现其应有的"国家性"。1986年颁布实施的《义务教育法》虽然提出义务教育经费"由国务院和地方各级人民政府负责筹措,予以保证",但因并无关于中央与地方各级政府各须担负的具体筹措职责的相应法律规定,于是在具有中央集权显著特征的政府体制下,高位政府尽可能抽身而出、低位政府无奈苦力支撑便成为必然结果。事实上,在其后长达近20年的时间里,我国的义务教育经费主要由县级以下财政承担,中央财政和省财政在义务教育投入中严重缺位、严重不作为。就此而论,此时的义务教育很难说体现出多少"国家性"。这种状况自2005年《国务院关于深化农村义务教育经费保障机制改革的通知》(以下简称《通知》)发布后有了明显改变。按照《通知》提出的"明确各级责任、中央地方共担、加大财政投入、提高保障水平、分步组织实施"的基本原则,中央财政和省财政对义务教育——主要是农村义务教育的投入,尤其中央财政对欠发达地区农村义务教育的投入大幅增加,并就某些经费项目规定了分担比例。① 但如上所述,通知终究并非法律,缺少法律保障的各级财政分担比例随时可能发生变化。

这种变化的可能性甚至现在便可预料。佐证之一便是发达省份义务教育经费的财政支付状况。近几年来,虽然中央财政大幅增加了对欠发达省份的义务教育投入,但对发达省份的义务教育投入则另当别论。在中央政府的强势指令下,发达省份义务教育经费的财政支付中"国家请客、地方买单"的现象可谓家常便饭,绝大部分义务教育经费仍由省级及其以下各级地方财政承担,中央财政只支付很小一部分。在相当程度上,可以说发达省份依然是"义务教育地方办"。按照这种逻辑,当包括欠发达省份在内的所有省份最终都建成小康社会乃至初步实现现代化时,整个国家的绝大部分义务教育经费便可"顺理成章"地交由地方财政支付了,中央财政便可基本抽身而出了。果真如此,也就无异于"全国义务教育地方办"了,义务教育的"国家性"也就基本无从体现了。这样的逻辑出现在中央财政收入

---

① 譬如,该《通知》规定:"免学杂费资金由中央和地方按比例分担,西部地区为8:2,中部地区为6:4;东部地区除直辖市外,按照财力状况分省确定。"

几乎占据整个国家财政收入半壁江山的我国,①尤其令人匪夷所思。因此,在省域义务教育基本均衡发展阶段,这种状况不应再继续下去。县域义务教育基本均衡发展所须解决的只是县域内义务教育发展的城乡差距和学校差距问题,而省域义务教育基本均衡发展所须解决的是省域内经济及社会发展不平衡的几十个乃至上百个县义务教育发展的县际差距问题,而且还要防止已有的省际差距进一步拉大。因此,省域义务教育基本均衡发展的任务将更加艰巨,情况也将更为复杂。国家层面上正式推进县域义务教育基本均衡发展的过程,若从 2005 年发布《教育部关于进一步推进义务教育均衡发展的若干意见》之后算起,到《国务院关于深入推进义务教育均衡发展的意见》提出的 2020 年全国 95% 的县实现县域内义务教育基本均衡发展为止,花费时间为 15 年。由此来看,省域义务教育基本均衡发展可能需要花费更长时间。为此,在省域义务教育基本均衡发展阶段,应当在充分体现义务教育的"国家性"的前提下,进一步加大中央财政对义务教育的投入,在从长计议、从细测算的基础上,合理确定并以法律形式明文规定中央财政与地方各级财政的具体分担比例,②以确保各级财政对于义务教育经费的具体分担有法可依、稳定可期、公开透明,以便公众对于政府以及各级政府相互之间能够依法监督、依法问责。

(三)出台"特殊地区"师资配备的特别计划

义务教育基本均衡发展的三要素是财政拨款、学校建设(设备、图书、校舍等)及师资配备,而财政拨款及学校建设基本均衡的最终效益有赖于师资配备的基本均衡。因此,师资配备便成了深入推进义务教育基本均衡发展的关键。

---

① 2011 至 2014 年中央财政收入在全国一般公共财政收入中所占比例分别为 49.5%、47.9%、46.6%、46.0%。 数据来源:http://www.mof.gov.cn。

② 已有研究者对我国义务教育经费中的部分现行财政分担比例的合理性提出质疑,建议重新调整义务教育经费在各级政府间的分担比例。 详见夏雪的《地区经济分类下义务教育经费分析》一文,发表于《教育发展研究》2012 年第 13 期。

与许多地区近些年来通过采取多种措施而使县域内师资配备不均衡问题得到一定程度的缓解所不同的是，"特殊地区"（指革命老区县、国家贫困县、少数民族县、边境县以及海拔3 000米以上的县）①师资配置难的问题一直未能得到解决，哪怕是基本解决。由于始终很难招聘到优秀教师乃至合格教师，且已有骨干教师也在不断流失，致使教师数量严重不足、质量明显较低已成为"特殊地区"义务教育迄今为止的一种常态性困境。虽然近些年来"特殊地区"的一些县级政府或地级政府也出台了招聘教师的相关优惠政策，但因优惠力度有限而不足以吸引优秀的或者合格的应聘者，效果微乎其微。合格师资严重短缺已成为缩小"特殊地区"同其他地区之间义务教育差距的一个最大瓶颈。

在省域义务教育基本均衡发展阶段，应当在国家的战略部署下，各级政府协同联动，下决心逐步解决"特殊地区"师资配备难的问题。谋划省域义务教育基本均衡发展的国家战略，有必要考虑旨在促使"特殊地区"教师配备状况得以真正地大幅度实质性改善并可持续实施的一整套特别计划，诸如"特殊地区"教师招聘的特别计划，"特殊地区"教师进修培训的特别计划，"名师"、优秀教师（尤其是特级教师和省级教学名师）到"特殊地区"任教的特别计划等。

以"特殊地区"教师招聘特别计划为例，应当突破迄今为止思考与解决问题的局限，解放思想，实事求是。鉴于一般应聘者到"特殊地区"任教不只需要奉献精神，也需要足够回报这一现实，有必要大幅拓展政策空间，由省级政府统一制定政策，以超常规的优惠条件，吸引合格的乃至优秀的应聘者到"特殊地区"任教。鉴于"特殊地区"的财力本来就捉襟见肘这一现实，不应由"特殊地区"的地级乃至县级财政自行解决教师招聘的经费问题。在总体经济实

---

① 目前全国共有革命老区乡镇18 995个，涉及1 389个县（市、区、旗），其中90％以上的乡镇为老区的县有409个，50％—89％的乡镇为老区的县有486个（数据来源：http://www.cpc.people.com.cn）；有国家级贫困县592个（数据来源：http://www.cpad.gov.cn）；有少数民族自治县117个（数据来源：http://baike.baidu.com）；有边境县135个（数据来源：http://www.people.com.cn）。这当中多数县都是几种类型兼而有之，如既是革命老区县也是国家级贫困县，既是少数民族自治县也是边境县同时又是国家级贫困县。但即便如此，"特殊地区"涉及范围之广不容小觑。

力尚可的省份,应由省级财政专项解决;在欠发达省份,则由中央财政专项解决。在晋升晋级、进修培训、交流访问及课题奖项申报等机会享受方面,也有必要在省的层面出台相关优惠政策,以县为主管理实施,省和地级市共同监督。

总之,在改善"特殊地区"师资配备方面,如果不面对现实,加大力度,如果不以前所未有的决心和魄力推出一整套特别计划、实行特殊政策,那么,即便这些地区获得的财政拨款再多,学校建设搞得再好,最终也不可能产生应有的"教育效益",也仍将成为义务教育发展不均衡中的"洼地"。

(本章作者为吴康宁,原文《及早谋划省域义务教育基本均衡发展的国家战略》,载于《教育研究与实验》2015年第2期。收录本书时略有改编)

第十章　新性别差异：父母教育卷入对教育期望的影响

教育获得的性别差异一直是教育社会学研究和性别研究关注的重要议题。国内经验研究表明，20 世纪，男性教育获得的比例远远高于女性，但近十余年来，我国居民教育获得的性别差距不断缩小，在不同层次女性教育获得甚至反超男性。①②③ 笔者统计了 2004 年至 2013 年十年间高等教育录取人数的性别比，结果显示，女性高等教育录取率在 2008 年以后逐渐超越男性并保持增长态势（如图 10-1 所示）。国外研究也表明，西方国家高等教育入学率存在同样的性别反超趋势，④⑤乃至有学者认为女性在教育获得上这种趋稳的数量优势已经形成"逆转"的"新"性别差异（the new gender gap）。⑥

以上研究主要针对的是已获得高等教育的群体。在基础教育阶段，学界更关注对学生教育期望的研究。教育期望是学生理性认知自己可能获得的教育水平的主观信念。⑦ 国内外相关研究均认同，教育期望是有效且稳定的

---

①　叶华，吴晓刚. 生育率下降与中国男女教育的平等化趋势 [J]. 社会学研究，2011(5)：153-177.

②　李春玲. 高等教育扩张与教育机会的不平等——高校扩招的平等化效应考查 [J]. 社会学研究，2010(3)：82-113.

③　吴愈晓. 教育分流体制与中国的教育分层（1978—2008）[J]. 社会学研究，2013(4)：179-202.

④　Bob Adebayo. Gender Gaps in College Enrollment and Degree Attainment：An Exploratory Analysis [J]. College Student Journal，2008 (1)：232-237.

⑤　Claudia Buchmann, Thomas Diprete, Anne Mcdaniel. Gender Inequalities in Education [R]. Institution for Social and Economic Research and Policy (Working Paper 07-15), 2007.

⑥　Michael McGauvran. High School Males' Perception of Education：The New Gender Gap [D]. Johnson & Wales University，2011.

⑦　John R. Reynolds, Stephanie W. Burge. Educational Expectations and the Rise in Women's Post-secondary Attainments [J]. Social Science Research，2008 (2) 485-499.

预测教育获得以及地位获得的指标,对教育获得具有很强解释力。①② 因此,在基础教育阶段,学生的教育期望差异可以在一定程度上反映、影响乃至"决定"中学后教育(post-secondary education)获得的差异。

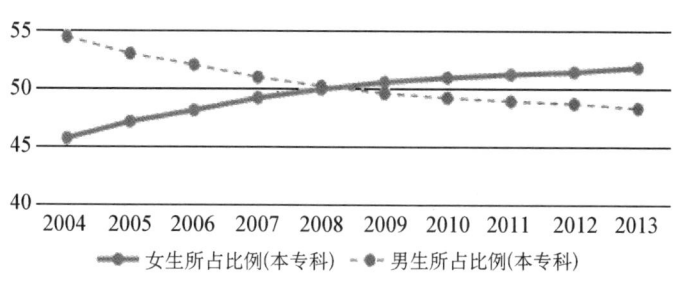

数据来源:据2004—2013年《中国教育统计年鉴》统计分析

图 10-1 高等教育获得性别所占百分比的发展趋势(2004—2013年)

与高等教育获得的性别发展趋势相似,国外针对中学生教育期望的研究也发现,男女生的高等教育期望随着时间的推移呈现出不同变化。20世纪50年代,男性对于获得大学学位的期望远远超过女性。③ 而当前的研究则表明,即使控制了种族和家庭社会经济地位等结构性变量的影响,女性的教育期望也远远高于男性。④ 美国国家经济研究局(National Bureau of Economic Research,NBER)2010年发布了一项考察20世纪70年代中期到21世纪早期不同群体教育期望的变化趋势的研究报告,该报告显示,20世纪70年代中期,白人女性高中生对获得本科学位的期望还远低于男性,但80年代初期女性开始超越男性并将此优势持续保持和扩大。⑤

---

① 王甫勤,时怡雯.家庭背景、教育期望与大学教育获得——基于上海市调查数据的实证研究[J].社会,2014(1):175-195.

② Robert Bozick, Karl Alexander, Doris Entwisle, et al. Framing the Future: Revisiting the Place of Educational Expectations in Status Attainment [J]. Social Forces, 2010(5): 2027-2052.

③ Margaret M. Marini, Ellen Greenberger. Gender Differences in Educational Aspirations and Expectations [J]. American Education Research Journal, 1978(1).

④ Cecilia Ceja, Ruth N. Turley, Martin Santos. Social Origin and College Opportunity Expectations Across Cohorts [J]. Social Science Research, 2007(3): 1200-1218.

⑤ Brian Jacob, Tamara Wilder. Educational Expectations and Attainment [R]. National Bureau of Economic Research, 2010.

以上研究说明,随着当代女性自我意识的觉醒,女性基本权利和地位获得在很大程度获得提高,这也是性别发展平等化在教育领域的反映。但与此同时,有学者对当前男性在教育期望和获得上的持续低弱态势也流露出隐忧。近年来,国际和国内社会所揭示的"男孩危机"在一定程度上反映了这一问题。当然,这种忧虑并非认为女性超越男性是一种"反常现象",更多是源于低教育期望和教育获得对男性群体本身及其可能带来的社会后果的忧虑。国外研究表明,与没有接受大学教育的个体相比,拥有本科学历的男性更倾向于选择婚姻生活,非婚育子的可能性更低;具有更高的阅读水平、更低的犯罪率,不易失业,且表现出更多的公民参与和纳税行为;少有吸烟等不良的生活习惯,也更健康。① 国内相关研究也指出,我国教育领域的性别比例逆转正在影响劳动力市场和婚姻市场的性别机会结构,进而影响男性和女性的个人生活机遇乃至整个社会的性别关系,而由此带来的社会冲击还会增强。② 由此可见,基于男性的生理和社会特征,不重视提升男生的教育期待和获得将是一种逆向的经济损失并将付出更高的社会成本,而男生较高的受教育程度在一定程度上可以降低社会风险。事实上,无论是男性还是女性,在尊重男女性别差异的前提下促进性别的均衡发展才会有利于社会的和谐与稳定。从这个意义上讲,研究中学生教育期望的性别差异有着重要的现实意义。本章以初中学生为研究对象,具体的研究问题是:① 我国初中生的教育期望是否存在性别差异? 存在何种形式的性别差异? ② 如果存在性别差异,如何缩小这种差异?

---

　　① Andrew Sum, Neeta Fogg, Paul Harrington. The Growing Gender Gaps in College Enrollment and Degree Attainment in the U. S. and Their Potential Economic and Social Consequences [R]. Boston, MA: Center for Labor Market Studies, Northeastern University, 2003.
　　② 李春玲. "男孩危机""剩女现象"与"女大学生就业难"——教育领域性别逆转带来的社会性挑战 [J]. 妇女研究论丛, 2016(3): 33-39.

一、中学生教育期望的性别差异及其形成机制

当前,国内关于初中生教育期望的性别差异机制尚无系统探究。而国外研究表明,近十年来学生的教育期望呈现出"女高男低"的"新"特征,相关领域的学者对这一现象表现出极大的研究热情,并提出不同的理论阐释。其中涉及三种最具代表性的理论:人力资本理论、社会强化理论和父母教育卷入理论。

(一) 人力资本理论

人力资本理论源于经济学的研究,指对生产者进行教育、职业培训等支出及其在接受教育时的机会成本的总和。其理论假设是对人进行教育投资将获得更高的价值回报。Diprete 等认为人力资本理论可以部分地解释教育期望的"新"性别差异:从回报上看,随着经济社会的发展以及高等教育的扩招,男性和女性对受教育程度的回报率的判断出现了差异,女性对受教育水平与劳动力市场选择及回报程度的价值判断要高于男性。① Perna 的经验研究也发现不同学历的回报率存在显著的性别差异,女性本科学历者比高中学历者收入高 55%,而男性本科学历者的收入仅比高中学历者高 17%。② 一项质性研究表明,相比女生,中学阶段男生更缺乏理性决策思维,往往容易夸大辍学工作的潜在收入水平,对舒适生活所需要的金钱概念知之甚少。这也可能导致他们过低判断接受高等教育的价值和回报。③ 另外,高等教育对女性

---

① Thomas A. DiPrete, Claudia Buchmann. Gender-specific Trends in the Value of Education and the Emerging Gender Gap in College Completion [J]. Demography, 2006 (1) 1 - 24.

② Laura W. Perna. The Benefits of Higher Education: Sex, Racial/Ethnic, and Socioeconomic Group Differences [J]. The Review of Higher Education, 2005 (1) 23 - 52.

③ Judith Kleinfeld. No Map to Manhood: Male and Female Mindsets Behind the College Gender Gap [J]. Gender Issues, 2009 (3): 171 - 182.

的回报不仅表现在劳动力市场,高教育水平也是女性拥有更高质量的婚姻、更高水平的生活以及防止陷入贫困的保障性因素。因此,对高等教育回报整体上更大的价值判断使女性对获得更高水平的教育具有更强的动机和期望。① 从前期的教育投入看,有研究指出,女性比男性在大学准备中所需要花费的努力更少。换言之,女性在中学期间比男性更易获得好成绩,因此上大学的可能性更大。② Charles 等人的研究也支持了这个理论,他们认为男性对上大学期望较低的原因可能正是由于对能否顺利通过考试的不确定以及具有大学学历男性并不乐观的收入趋势的判断。③ 总之,人力资本理论试图说明,正是因为男性和女性对人力资本成效的不同价值判断,导致了教育期望的"新"的性别差异。

(二) 社会强化理论

社会强化理论是关于社会政策、性别文化等对不同性别学生教育期望影响的理论假设。已有研究表明,当前的政策和法律更强调对女性的关注,也更鼓励女性去追求更高水平的教育,这使得男性比女性更多地感知到在教育中处于不利地位。④ 从性别文化来看,女生更易表现出对学校文化的顺应,她们对待作业更加认真,在班级中具有更少的问题行为,也更遵守纪律,并具有坚持性。而男孩中普遍存在一种反智文化(anti - intellectual culture),⑤

---

① Richard Fry, D' Vera Cohn. Women, Men and the New Economics of Marriage [R]. Pew Research Center, 2010.
② Claudia Goldin, Lawrence F. Katz, llyana Kuziemko. The Homecoming of American College Women: the Reversal of the College Gender Gap [J]. Journal of Economic Perspectives, 2006(4): 133 - 156.
③ Kerwin K. Charles, Ming-Ching Luoh. Gender Differences in Completed Schooling [J]. The Review of Economics and Statistics, 2003(3): 559 - 577.
④ David A. Hawkins & Jessica Lautz. State of College Admission [R]. National Association for College Admission Counseling, Alexandria, VA. 2005.
⑤ Christina H. Sommers. The War against Boys: How Misguided Policies Are Harming Our Young Men [M]. New York: Simon & Schuster, 2013: 121.

他们对待作业则更加消极,精力更易分散,也更易处于学业不利的风险之中。① 社会压力、不够成熟、发展问题、高发的多动症以及与强调顺应的学校文化不相符合的男孩文化使得许多年轻的男生似乎对自己在学业上成功的期待并不积极,从而导致了这一群体对高水平教育的期望不如女生那么强烈。②

(三) 父母教育卷入理论

父母教育卷入是家长在家庭和学校中做出的促进孩子取得更好学业成就的多种行为,其中就包含对孩子的教育理念、期望等。③ 根据该理论,学生对教育价值和期望的内化通过父母的教育参与和互动来实现。具体来说,经由三个方面的过程发生:第一是来自父母的鼓励和日常沟通;④第二是父母对子女学习活动的参与和介入;⑤第三是父母对子女的教育期望。⑥

基于父母教育卷入理论的研究认为,中学生群体中女孩比男孩拥有更高水平的父母教育卷入。在女孩中,父母亲至少有一位期望她们获得学士学位的比例为77%,而在男孩中这一比例仅为72%。⑦ Carter 等人对初中学生研究发现,在控制了年级、测量分数以及学生期望等变量后,父母对女孩具有更

---

① Mieke V. Houtte. Why Boys Achieve Less at School than Girls: The Difference between Boy's and Girl's Academic Culture [J]. Educational Studies, 2004(2): 159-174.

② Ricard Whitmire. Why Boys Fail: Saving Our Sons from an Educational System That's Leaving Them Behind [M]. New York, NY: American Management Association, 2010: 3.

③ Rachel Seginer. Parents' Educational Involvement: A Development Ecology Perspective [J]. Parenting: Science and Practice, 2006(1).

④ Kenneth I. Spenner, David L. Featherman. Achievement Ambitions [J]. Annual Review of Sociology, 1987(4).

⑤ Laura W. Perna, Marvin A. Titus. The Relationship between Parental Involvement as Social Capital and College Enrollment: An Examination of Racial/ethnic Group Differences [J]. Journal of Higher Education, 2005(5).

⑥ Simon Cheng, Brian Starks. Racial Differences in the Effects of Significant Others on Students' Educational Expectations [J]. Sociology of Education, 2002(4): 306-327.

⑦ Ryan S. Wells, Tricia A. Seifert, Ryan D. Padgett, et al. Why Do More Women Than Men Want to Earn a Four-year Degree? Exploring the Effects of Gender, Social Origin and Social Capital on Educational Expectations [J]. Journal of Higher Education, 2011(1): 1-32.

高的教育期望,与女孩互动沟通以及参与到他们学习中的程度高于男孩。①Muller 基于中学生的研究指出,父母在与女孩谈论学习计划、参与学校事务、对孩子的限制性活动等方面显著多于男孩。② 可见,在该理论视野中,父母对女孩的高教育卷入水平体现出其对女孩比对男孩具有更高的教育期望。

(四) 本研究的分析框架与假设

本研究欲探讨我国初中生教育期望的性别差异现状,并检验缓减性别差异的可能因素。上述三种理论视角均有借鉴意义,它们从不同的角度分析了初中生教育期望的性别差异中"女高男低"现象,既有共通之处,也有不同之点。本研究拟主要基于父母教育卷入的理论框架,立足中国社会"望子成龙、望女成凤"的特殊情境展开分析。与此同时,在一定程度上亦将人力资本理论与社会强化理论作为本研究相关假设推论的依据。这是因为,从人力资本理论的解释框架来看,国内相关研究也表明,女性接受高等教育的收益率明显高于男性;③从社会强化理论来看,虽然世界各国性别差距不一,但20世纪90年代以后,中国的性别文化和关于性别的社会政策亦具有与西方较为一致的话语体系和发展趋势。④ 故此,人力资本理论和社会强化理论的解释在一定程度上适用于中国情境。

父母教育卷入理论表明亲子教育互动与教育期望的关系。与国外不同的是,我国过去长期执行计划生育政策,学龄人口中大多数是独生子女。家庭资源分配理论认为,与多子女家庭相比,独生子女获得父母关注的概率是相同的。而且受传统父权制和文化观念的影响,即便在多子女家庭,对男孩

---

① Rebecca S. Carter, Roger A. Wojtikiewicz. Parental Involvement with Adolescents' Education: Do Daughters or Sons Get More Help? [J]. Adolescence, 2000(137): 29.

② Chandra Muller. Gender Ddifferences in Parental Involvement and Adolescents' Mathematics Achievement [J]. Sociology of Education, 1998(4).

③ 刘泽云. 教育收益率的性别差异分析 [J]. 妇女研究论丛, 2008(2): 28-34.

④ 李小江. 50年,我们走到了哪里?——中国妇女解放与发展历程回顾 [J]. 浙江学刊, 2000(1): 59-65.

的关注也多于女孩。① 因此,国外关于女孩父母卷入比男孩更多的论证可能并不足以解释中国的情况。此外,前两个理论与父母卷入理论具有一定的内在关联,例如,人力资本理论中不同性别的个体对高等教育回报的主观认知可以通过与父母之间的沟通和交流形成;社会强化理论中关于男孩性别文化及其对男孩教育的不利影响也可通过父母的学习管教和参与进行引导和弱化。因此,基于中国的现实情况以及三种理论的内在关联,父母教育卷入在一定程度上可能削弱造成男孩期望低于女孩的前两种原因发生的可能性。因此,父母教育卷入一方面可能促进不同群体的教育期望,另一方面也可能是调节教育期望的性别差异的特殊变量。

概言之,我们推论,基于人力资本和社会强化理论,女性对高水平教育整体回报率的乐观预期和相对轻松的成本投入、政策和法律保障、女性文化与学校文化的吻合,均可能促进女生的教育期望。此外,鉴于女生的高等教育入学率已持续超过男生,教育期望作为教育获得的强大解释变量,从理论上讲其性别差异会具有与高等教育入学率相一致的态势。据此,提出如下基本假设。

假设1:初中生的教育期望存在显著性别差异,女生的教育期望(包括受教育年限和获得本科教育的期望)高于男生。

进一步来说,父母教育卷入不仅对学生教育期望具有显著影响,而且可能对学生期望的性别差异产生调节作用。其中,父母与子女的沟通交流可以增强孩子的人力资本意识,使其理性客观地认识教育对个体未来发展的积极回报,从而缩小教育期望的性别差异。父母的参与管教在一定程度上可以改善社会强化所带来的孩子(尤其是男孩)在教育中的不利境地,父母对子女的学习参与和管教频率越高,越可能降低其学业风险,帮助其减少行为问题,获得更好的学业表现,从而产生更高的教育期望,这些变化对男孩的影响更大。而家长对子女的教育期望作为父母教育卷入的第三项指标,对促进男生的教育期望水平具有更大的提升空间。据此有如下具体的研究假设。

---

① 吴愈晓.中国城乡居民教育获得的性别差异研究[J].社会,2012,32(4):112-137.

假设2:父母教育卷入越多,个体受教育期望水平越高。

假设3:父母教育卷入在一定程度上可以缩减教育期望的性别差异。

假设3a:父母参与和管教越多,对男生受教育期望的正向影响越大。

假设3b:亲子沟通和交流越多,对男生受教育期望的正向影响越大。

假设3c:父母的教育期望越高,对男生受教育期望的正向影响越大。

二、数据与变量

(一) 数据

数据来源于中国人民大学中国调查与数据中心实施的"中国教育追踪调查"(China Education Panel Study,简称 CEPS)。该调查以 2013—2014 学年为基线,以七年级和九年级两个同期群为调查起点,采用多阶段的概率与规模成比例(PPS)的抽样方法,从全国随机抽取了 28 个县区市、122 所学校、438 个班级作为调查点,学生样本量为19 487。CEPS 收集了被调查学生的基本情况、学习成绩、教育期望等信息,还收集了家长、任课教师以及学校领导相关数据。调查内容较为全面,本研究所涉及的研究变量基本涵盖于内。

(二) 变量

1. 结果变量:教育期望

CEPS 中关于教育期望的问题涉及两类,其一是学生所期望的受教育年限。所设置的问题为"你希望自己读到什么程度",备选项为:现在就不要念了、初中毕业、中专/技校、职业高中、高中、大学专科、大学本科、研究生、博士。根据教育年限对以上变量进行赋值,得到取值范围 7—22 的连续变量。其二是依据"是否希望接受本科教育"获得一个二分变量(是=1,否=0)。

2. 自变量和调节变量

本研究的目的是检验初中生教育期望的性别差异状况,并考察父母教育卷入是否有利于缩减性别差异。因此,性别是本研究的核心自变量,父母教育卷入是调节变量。在本章的所有统计模型中,性别为虚拟变量(女性＝0,男性＝1)。

父母教育卷入从三个层面进行测量,包括亲子沟通和交流、学习参与和管教及父母教育期望。CEPS中分别询问学生"父母是否经常与你讨论以下问题",包括学校发生的事情、与朋友的关系、与老师的关系、心情、心事或烦恼,对选项得分进行加总平均,得分越高亲子沟通和交流越多。同时,CEPS询问学生"父母对以下事情管教是否严厉",包括作业考试、在学校的表现、每天上学、每天几点回家、和谁交朋友、穿着打扮、上网时间以及看电视时间等,对选项得分进行加总平均,分数越高学习参与管教越多。父母教育期望与学生教育期望问题选项设置相同,同样将其按教育年限重新赋值为7—22的连续变量。

3. 控制变量

已有研究表明,个体的户籍性质、民族、家庭经济状况、父母受教育年限、是否独生、所在年级、学业成绩等均会影响学生的教育期望,需要对其进行控制处理。另外,CEPS中有大量流动和留守学生样本,他们与普通学生在个体和家庭变量上可能存在差异,因此本研究将学生类型也作为控制变量。具体来讲,进行虚拟变量处理的包括户籍(非农户口＝0)、民族(少数民族＝0)、是否独生(非独＝0)、所在年级(七年级＝0)、学生类型(分为流动、留守及普通学生,普通为参照组)。父母受教育水平取父亲或母亲双方受教育程度较高者的受教育年限进行测量,按照没受过任何教育、小学、初中、中专/技校、职业高中、高中、大学专科、大学本科、研究生及以上分别赋值为0—19的连续变量。家庭经济状况按非常困难、比较困难、中等、比较富裕、富裕进行1—5分赋值。学业成绩使用学生自评的班内成绩排名,CEPS问卷中的题目是:"你目前的成绩在班里处于哪一类?"选项设置为不好、中下、中等、中上、很好,分别赋值1—5,将其作为连续变量加入模型。

本章所使用的所有变量的描述统计如表 10-1 所示。

表 10-1 变量的描述统计

变 量	均 值	标准差	最小值	最大值	有效样本量
性别(男性＝1)	0.52	0.50	0	1	19 487
个体受教育期望					
教育期望(年限)	16.29	3.53	7	22	18 636
是否希望上大学(是＝1)	0.66	0.47	0	1	18 636
父母教育卷入					
亲子沟通交流	2.02	0.51	1	3	17 672
父母参与管教	2.34	0.40	1	3	18 996
父母教育期望	15.76	3.27	7	22	18 645
学生类型					
普通学生	0.62	0.49	0	1	19 487
流动学生	0.23	0.42	0	1	19 487
留守学生	0.15	0.36	0	1	19 487
学业成绩	3.05	1.13	1	5	19 385
户籍性质(非农＝1)	0.45	0.50	0	1	19 487
民族(汉族＝1)	0.91	0.28	0	1	19 437
家庭经济状况	2.82	0.60	1	5	19 428
父母受教育水平	10.72	2.97	0	19	19 202
是否独生(是＝1)	0.43	0.50	0	1	19 482
所在年级(九年级＝1)	0.47	0.50	0	1	19 487

三、结果与分析

（一）相关分析

表 10-2 给出了本研究所含变量的相关系数。如表 10-2 所示，户籍、民族、家庭经济状况、父母受教育水平、是否独生、年级、学生类型、学业成绩等控制变量均与至少一类教育期望具有显著相关，因此本研究将其作为控制变量是有意义的。性别与教育期望两个指标均显著负相关，初步表明女生的教育期望高于男生，这与假设 1 的预测一致。父母教育卷入的三项指标均与教育期望具有显著正相关，与假设 2 的预测一致。

（二）回归分析

多层线性回归分析的结果如表 10-3 所示。为避免共线性问题，交互项中父母教育卷入三个因子事先进行中心化处理。模型 1 至模型 5 是非交互模型，目的在于估计各解释变量对因变量的净效应；模型 6 至模型 8 都是交互模型，分别估计性别与父母教育卷入的交互效应，从而检验教育期望的性别差异是否因父母教育卷入的不同而有所差异。模型 1 中只加入控制变量，结果显示，除学生类型外，其余控制变量均具有显著影响。为验证假设 1，模型 2 加入性别变量，结果表明，考虑了控制变量后，教育期望的性别差异同样很显著，初中女生的教育期望比男生高约 0.237 年。假设 1 得到验证。

模型 3 至模型 5 在模型 2 的基础上分别加入父母教育卷入变量。结果表明，学习参与管教、亲子交流沟通、家长教育期望对子女的教育期望均具有显著的正向影响。学习参与管教和亲子交流沟通每增加一个单位，子女期望获得的教育年限分别增加约 0.955 和 0.611 年；家长对子女的教育期望每增加 1 年，子女的教育期望增加 0.694 年。假设 2 得以验证。

表 10-2 变量相关系数数表

	1	2	3	4	5	6	7	8	9	10	11	12	13	14	15
1. 户籍	1														
2. 民族	0.00	1													
3. 家庭经济状况	0.18**	0.11**	1												
4. 父母教育水平	0.45**	0.10**	0.25**	1											
5. 是否独生	0.38**	0.11**	0.18**	0.40**	1										
6. 年级	0.02**	0.00	0.01*	−0.03**	0.01	1									
7. 留守	0.09**	−0.06**	−0.11**	−0.12**	−0.10**	−0.02**	1								
8. 流动	0.08**	0.04**	0.05**	−0.04**	−0.08**	−0.06**	−0.23**	1							
9. 普通	0.13**	0.02**	0.06**	0.13**	0.15**	0.07**	−0.70**	−0.53**	1						
10. 学业成绩	0.05**	0.06**	0.09**	0.18**	0.08**	−0.02**	−0.05**	0.01	0.01	1					
11. 性别	−0.01	0.01	−0.00	−0.12	0.07**	−0.03**	0.22**	0.01	−0.03**	−0.13**	1				
12. 参与管教	0.01	0.00	0.01	0.05**	0.03**	−0.09**	−0.06**	0.01	0.05**	0.06**	−0.06**	1			
13. 沟通交流	0.08**	0.04**	0.09**	0.18**	0.12**	−0.06**	−0.11**	−0.01	0.10**	0.18**	−0.07**	0.34**	1		
14. 家长教育期望	0.15**	0.03**	0.09**	0.28**	0.13**	−0.12**	−0.06**	−0.04**	0.05**	0.35**	−0.07**	0.16**	0.21**	1	
15. 教育期望年限	0.13**	0.00	0.07**	0.26**	0.13**	−0.10**	−0.05**	−0.01	0.05**	0.43**	−0.08**	0.15**	0.19**	0.73**	1
16. 是否想上大学	0.15**	0.02**	0.10**	0.26**	0.15**	−0.12**	−0.06**	−0.01	0.06**	0.39**	−0.12**	0.12**	0.17**	0.58**	0.78**

注：* P＜0.05（双尾），** P＜0.01（双尾）

表 10-3 估计个体教育期望(年限)的多层线性回归模型

变量	模型 1	模型 2	模型 3	模型 4	模型 5	模型 6	模型 7	模型 8
户籍(农业=0)	0.180**	0.172**	0.187**	0.196***	0.007	-0.187**	0.196***	0.006
	(0.054)	(0.054)	(0.054)	(0.055)	(0.410)	(0.054)	(0.055)	(0.041)
民族(少民=0)	-0.483***	-0.480***	-0.475***	-0.512***	-0.364***	-0.476***	-0.510***	-0364***
	(0.084)	(0.084)	(0.083)	(0.087)	(0.064)	(0.083)	(0.087)	(0.064)
家庭经济状况	-0.082*	-0.083*	-0.077	-0.112**	-0.097**	-0.076*	-0.111**	-0.097**
	(0.041)	(0.084)	(0.040)	(0.042)	(0.031)	(0.040)	(0.042)	(0.031)
父母教育水平	0.207***	0.207***	0.203***	0.194***	0.064***	0.202***	0.194***	0.064***
	(0.009)	(0.009)	(0.009)	(0.010)	(0.007)	(0.009)	(0.010)	(0.007)
是否独生(否=0)	0.172**	0.197***	0.181***	0.159**	0.114**	0.181**	0.161**	0.114**
	(0.053)	(0.053)	(0.053)	(0.054)	(0.040)	(0.053)	(0.054)	(0.040)
年级(七年级=0)	-0.603***	-0.611***	-0.545***	-0.578***	-0.088*	-0.543***	-0.578***	-0.089*
	(0.046)	(0.046)	(0.046)	(0.047)	(0.036)	(0.046)	(0.047)	(0.036)
留守(普通=0)	-0.087	-0.079	-0.025	0.010	0.010	0.026	0.009	0.010
	(0.057)	(0.057)	(0.057)	(0.059)	(0.044)	(0.057)	(0.059)	(0.044)
流动(普通=0)	-0.128	-0.121	-0.105	-0.052	-0.045	-0.106	-0.052	-0.044
	(0.067)	(0.067)	(0.067)	(0.068)	(0.051)	(0.067)	(0.068)	(0.051)
学业成绩	1.257***	1.244***	1.213***	1.185***	0.524***	1.227***	1.184***	0.524***
	(0.021)	(0.021)	(0.021)	(0.022)	(0.017)	(0.021)	(0.022)	(0.017)
性别(女=0)		-0.237***	-0.203***	-0.197***	-0.111**	-0.211***	-0.200***	-0.112**
		(0.047)	(0.046)	(0.048)	(0.036)	(0.046)	(0.048)	(0.036)

139

（续表）

变量	模型1	模型2	模型3	模型4	模型5	模型6	模型7	模型8
家庭管教			0.955*** (0.059)			0.630*** (0.084)		
交流沟通				0.611*** (0.048)			0.513*** (0.068)	
家长教育期望					0.694*** (0.006)			0.686*** (0.009)
性别×家庭管教						0.639*** (0.117)		
性别×交流沟通							0.190* (0.093)	
性别×家长期望								0.015 (0.011)
常数项	11.056*** (0.160)	11.218*** (0.160)	8.971*** (0.211)	10.387*** (0.181)	3.708*** (0.138)	9.756*** (0.255)	10.582*** (0.205)	3.835*** (0.168)
调整后的R^2	0.232	0.233	0.244	0.237	0.555	0.245	0.238	0.555

注：1. 括号里的数字为标准误。
2. * $P<0.05$，** $P<0.01$，*** $P<0.001$（双尾检验）。

进一步考察父母教育卷入与性别的交互作用。模型6在模型3基础上加入性别与学习管教的交互项,目的是检验不同管教水平下个体教育期望的性别差异的程度。结果显示,在这一模型中,性别变量的主效应为－0.211（$P<0.001$）,表明其他因素保持不变时,在管教水平较低的家庭中,女生教育期望水平明显高于男生。学习管教水平的主效应为0.630,在0.001水平上显著,表明控制了其他变量后,学习管教水平对女生教育期望水平有显著的作用。性别与学习管教水平的交互作用为正,而且在0.001水平上显著,表明学习管教水平对男生教育期望的影响作用比对女生的作用更大（对男生的影响为0.630+0.639=1.269,表明控制了其他变量后,学习管教水平每增加一个单位,男生的教育期望增加1.269年）。图10-2的结果更加直观地印证了这一模式。图10-2显示,男生和女生的回归直线（学习管教与因变量的关系）不是平行的,而是相交的。学习管教水平越低的家庭,女生与男生平均教育期望差距越大,随着自变量（学习管教水平）的增加,这个差距逐渐缩小。自变量取值在2.7左右的时候,男生和女生的教育期望相等,接近3时,男生的教育期望超越了女生。所有这些结果都支持研究假设3a,即父母参与和管教越多,对男生受教育期望的正向影响越大。

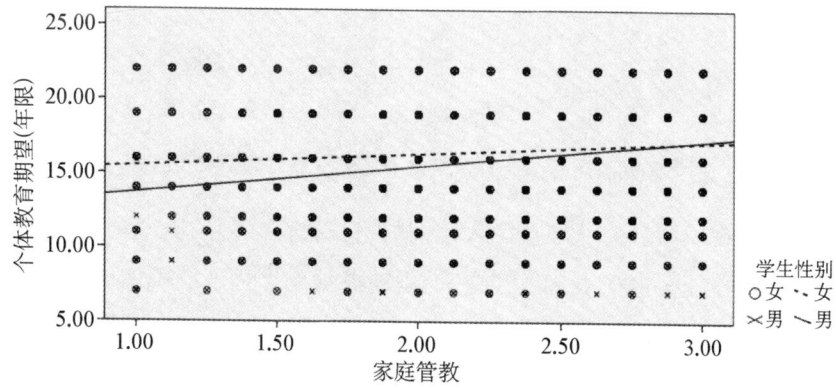

图10-2　学习管教水平与子女教育年限期望的散点图和回归直线图（分性别）

模型7在模型4的基础上加入性别与家长交流沟通的交互项,以检验不同交流沟通水平下子女教育期望的性别差异程度。可以发现,模型中性别主效应为－0.200,表明在控制了其他变量后,亲子交流沟通水平低的家庭中,男生的平均教育期望比女生低大约 0.200 年。亲子交流沟通的主效应为 0.513，在 0.001 水平上具有显著性，表明控制了其他变量后，亲子交流沟通对女生受教育期望水平也有显著影响。性别与亲子沟通交流的交互项的回归系数是 0.190，而且统计显著（P<0.05），表明亲子沟通交流对子女受教育期望的影响是有性别差异的，对男生影响更大（比对女生的影响大 0.190 个单位）。也就是说，其他因素保持不变的情况下，亲子交流沟通每增加一个单位，男生的教育期望增加 0.703 年（0.513+0.190=0.703）。图 10-3 可以直观地看到，当亲子交流沟通水平较低时，女生教育期望水平高于男生，随着亲子交流沟通水平的增加，男生和女生教育期望水平差距越来越小并趋于等同。总而言之，男生的教育期望更易受到亲子交流沟通水平的影响，亲子交流沟通越多，对男生教育期望影响越显著。研究假设 3b 得以验证。

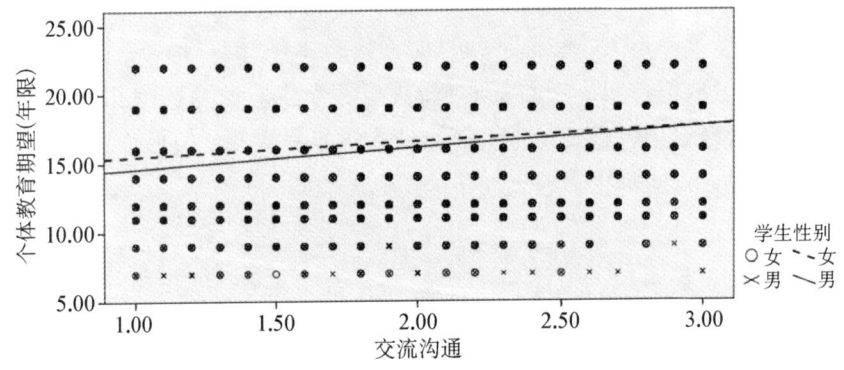

图 10-3　亲子交流沟通与子女教育年限期望的散点图和回归直线图（分性别）

模型 8 在模型 5 的基础上加入性别与家长教育期望的交互项，考察在家长不同的教育期望水平下，个体教育期望的性别差异程度。模型中性别主效应为 -0.112，表明控制其他变量后，家长教育期望低的家庭中，男生教育期望比女生低大约 0.112 年。家长教育期望主效应为 0.686，且在 0.001 水平上显著，表明家长教育期望对女生的教育期望具有显著促进作用。其他变量保持不变，家长教育期望每增加一年，女生教育期望增加约 0.686 年。性别与家长教育期望的交互项回归系数为 0.015，不具有统计显著性，表明家长教育期望对不同性别子女受教育期望的影响没有显著性别差异，对男生的影响仅比对女生大 0.015 个单位。图 10-4 的结果直观地印证了这一模式,家长教育期望与女生和男生的教育期望的线性回归直线斜率都较大,二者几乎完全重合,表明家长教育期望对男生和女生的教育期望影响都极为显著,影响效应不存在显著性别差异。研究假设 3c 未获数据支持。

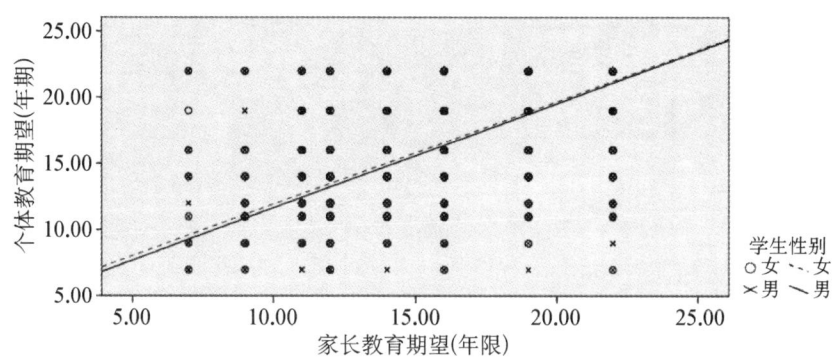

图 10-4 家长教育期望与子女教育年限期望的散点图和回归直线图(分性别)

(三) 稳健性检验

以上分析中因变量为"学生期望的受教育年限",将其作为定比变量,并使用线性回归模型进行参数估计,这样做的好处是回归系数更容易解释。但有研究认为,教育期望并非一个线性现象,即不同教育程度间的差异有可能是不一致的。例如,初中到高中和高中到大专,虽然都相隔 3 年,但是对于升学而言,两者的意义可能大相径庭。是否能上大学本科通常被看作一个分水岭,因此,许多研究将是否期望上四年制大学作为教育期望的操作化指标。[①]为检验统计结果的稳健性,本研究将表 10-3 中各模型的因变量换为二分变量(期望上本科或以上=1,本科以下=0),并使用二元 Logistic 回归模型进行参数估计,结果如表 10-4 所示。

---

① 吴愈晓,黄超. 基础教育中的学校阶层分割与学生教育期望 [J]. 中国社会科学,2016(4):111-134.

表10-4 估计教育期望(是否想上本科)的 Logistic 回归模型

变量	模型1	模型2	模型3	模型4	模型5	模型6	模型7	模型8
控制变量	已控制	已控制	已控制	已控制	已控制	已控制	已控制	已控制
性别(女=0)		-0.386*** (0.036)	-0.366*** (0.046)	-377*** (0.038)	-0.336*** (0.043)	-0.365*** (0.036)	-0.376*** (0.038)	0.384*** (0.050)
家庭管教			0.0558*** (0.046)			0.403*** (0.067)		
交流沟通				0.392*** (0.038)				
家长教育期望					0.586*** (0.011)		0.378*** (0.056)	0.608*** (0.016)
性别×家庭管教						0.295*** (0.093)		
性别×交流沟通							0.106** (0.075)	
性别×家长期望								-0.044 (0.023)
常数项	-3.345*** (0.125)	-3.095*** (0.127)	-4.420*** (0.170)	-3.727*** (0.149)	-10.475*** (0.211)	-4.057*** (0.205)	-3.700*** (0.168)	-10.803*** (0.272)
Cox & Snell R²	0.192	0.197	0.203	0.199	0.390	0.204	0.210	0.390

注:1. 表10-4中的控制变量即表10-3模型1中所有自变量。
2. * P<0.05, ** P<0.01, *** P<0.001(双尾检验)。

可以发现,表10-4中变量的估计结果与表10-3完全一致。具体而言,表10-4中模型2显示,男生和女生对上大学的期望有显著差异,女生比男生上大学意愿更加强烈。具体而言,控制相关变量后,男生希望上大学的概率(odds)比女生低32%左右($1-e^{-0.386}\approx 0.320, P<0.001$)。表10-4模型3至模型5显示,父母教育卷入对个体受教育期望具有较强的解释力,家庭参与管教、亲子交流沟通和家长教育期望系数均为显著正效应,表明父母教育卷入越高,子女期望上大学的概率越高。模型6和模型7则表明,家庭管教和沟通交流对男生和女生期望上大学的概率具有显著的性别差异,对男生的积极影响大于女生。即家庭管教和沟通交流水平每增加一个单位,男生期望上大学的概率分别约增加1.011倍($e^{0.403+0.296}-1\approx 1.011, P<0.001$)和62.3%($e^{0.378+0.106}-1\approx 0.623, P<0.01$)。表10-4模型8中家长教育期望与性别的交互作用也不显著,表明家长期望对男生和女生上大学期望的影响效应并不具备区分性的影响效应,而具有同等的重要性。以上结果再次验证了假设1、假设2、假设3a和假设3b。总而言之,研究结果虽未验证家长教育期望对子女的上大学的期望的性别效应,但家庭管教和交流沟通对子女上大学期望的显著性别效应,同样表明整体父母教育卷入的增加更有益于提升男生上大学期望的可能性。

四、总结与讨论

使用"中国教育追踪调查"(CEPS)2013—2014基线数据,本章探讨了初中生教育期望的性别差异、父母教育卷入的影响效应以及对受教育期望的性别差异的调节效应。研究发现:第一,与国外研究相似,我国初中生群体的教育期望存在显著的性别差异,女生的教育期望水平远远高于男生。第二,父母教育卷入对初中生的教育期望具有显著影响,即其他因素保持不变,学习管教、沟通交流和父母教育期望越高,子女的教育期望越高。第三,父母教育卷入对初中生教育期望的性别差异具有调节效应,家庭管教和交流沟通对男生受教育期望的正向影响比对女生的正向影响效应更为显著,父母的教育期望无论对男生还是女生的受教育期望都具有较强的促进效应。

长期以来,教育期望与教育获得的性别差异研究的关注点更多是针对女性,基于中国传统社会的性别偏好及女性的生理特征,给予女性更多的关注无疑对提高女性地位、促进性别平等具有重要意义。女性主义的努力和宏观政策的导向使得在诸多领域(包括在受教育机会上)女性逐渐获得甚至超越了男性的优势,这一进步值得肯定。但同时也应意识到,真正意义上的性别平等并非仅仅关注某一性别的发展却对另一性别视而不见,而是应努力使男女两性都能获得平等均衡的发展机会。因此,近年来男生在教育期望上的持续弱势也应引起足够的重视。

既有研究普遍认为,男生的教育问题更多是基于男生外向好动的性格特质和男生所特有的性别文化,以及身体和认知的发育整体比女生缓慢的生物学特征,使得他们并不适应学校的规训文化以及与女生同一年龄段的发展要求,由此带来一系列学业问题。那么,如何降低男生的学业风险以促进他们更好地发展?为此,本研究检验了父母教育卷入的作用效应,并获得了一些新的发现。一方面,研究验证了父母教育卷入对教育期望的影响效应;另一方面,发现了父母教育卷入对教育期望性别差异的调节作用。应当说,这一发现不无意义。它提示我们,教育卷入中父母的教育期望对男生和女生的教育期望都具有重要的促进作用,家庭管教和沟通交流对男生的教育期望具有更为显著的影响;同时父母教育卷入并不会使女生教育期望降低,而是更能促进男生教育期望的提高。因此,父母教育卷入的增加对缩小初中生教育期望的性别差异,促进性别均衡发展具有重要的政策意义。换言之,要提高男生和女生的教育期望,促使他们获得更高水平的教育机会,进而促进教育领域的性别均衡发展,应重视和鼓励发挥父母教育卷入在学生教育过程中的积极作用。

最后需要说明的是,在控制了人口统计学和父母教育卷入变量的情况

下,学生教育期望的性别差异始终显著。这说明,在父母教育卷入之外,还有其他变量影响着初中生教育期望的性别差异。这与我们基于人力资本和社会强化理论所提出的假设是一致的。但是由于数据限制,我们尚未提炼出与人力资本理论和社会强化理论相关的适切变量,因此这种差异是否能够确切印证研究所推论的以上两个理论在中国社会背景下的解释效度,尚待来日更完整的数据进一步检验。

(本章作者为周菲、程天君,原文《中学生教育期望的性别差异——父母教育卷入的影响效应分析》,载于《教育研究与实验》2016 年第 6 期。收录本书时略有改编)

第十一章 过程公平:新教育公平视野下的教师教育转型

在联合国教科文组织(UNESCO)2016年公开出版的研究报告《反思教育:向"全球共同利益转变"》(*Rethinking Education: Towards a Global Common Good?*)的开篇序言中就指出"教育以权利平等和社会正义、尊重文化的多样性、国际团结和分担责任为基础",并在第二部分中强调必须在最新的伦理和道德基础上制定综合性教育方法,呼吁包容的、不会简单地重演不平等的教育过程。① 联合国教科文组织的这一报告为全球21世纪的教育描绘出高瞻远瞩的思考蓝图的同时,也将为教师教育的发展带来从技能至上主义到注重公平的转变,尤其是倡导包容的、尊重文化多样性、构建人类命运共同体为终极目的转变。这种社会公平取向的教师教育不再仅仅聚焦于教师培养过程中的技能技巧的完善,更重要的是要通过扮演教育过程中的"对待性公平"的实践者来实现教育公平,并期待教育公平的实现能够促进社会公正。"新教育公平"观的提出与倡导要求教师教育要进行公平取向的转型与发展。

一、"新教育公平"观内涵的再释

教育公平是一个伴随着社会经济发展与教育改革深化而逐渐扩展和深入的动态过程,在不同时期,人们对它的认识与侧重也各不相同。尤其是进入新世纪以来,随着"以人为本"执政理念、办好人民满意教育的奋斗方向、努

---

① http://www.unesco.org/new/en/education/themes/leading-the-international-agenda/rethinking-education/

力让每个孩子都能享有公平而有质量教育的发展目标等的提出,这些美丽的词汇都表达出教育公平丰富内涵的时代转向,即由教育外部转向教育内部、转向"人"。以往的教育公平理论大多围绕着起点公平进行宏观的政策讨论,较少关注到过程公平的微观研究;更多注重对资源配置等外部条件保障的探讨,较少深入学校教育中关注教育内涵发展的过程性公平。而"新教育公平"观的提出呼唤以"人"为核心,提倡对教育公平的研究要下沉到微观过程,深入学校教育内涵式公平的研究中去,顺应了当今教育发展的时代内涵与主体需求。

"新教育公平"观是一种新的教育公平观,是教育公平认识论的转换。[1] "新教育公平"观指向教育公平的纵深发展,指出教育公平要从起点公平走向"教育系统内部"的过程公平。这一取向则要求教师在教育过程中扮演"对待性公平"的角色。"新教育公平"观也提出人与社会是一种互构关系,期待通过促进教育公平而推动社会公正的实现,使社会真正走出"偏见"、达成包容、尊重多元。

(一) 从起点走向过程

教育公平一直是教育研究界的热点问题。关于"什么是公平?""公平与平等有什么不同?"等问题的讨论一直是教育研究界占据知识话语体系的思考。虽然研究者众多,但公平仍然是一个备受争议的术语,各种准确界定公平的尝试可能都无法全面把握不同语境下的教育公平的含义。联合国儿童基金会(UNICEF)曾经给出的教育公平的定义是"公平意味着所有孩子不受任何歧视、偏见或者不公,享有生存、发展并充分实现其潜能的机会。而平等要求每一个人拥有同样的资源"。[2] 总结众多研究者所阐释的公平与平等的区别,大多是从机会、资源、投入、过程、直接效果或者长期效果来划定界限。从20世纪60年代开始,受《科尔曼报告》的影响,研究界开始使用教育机会

---

[1] 程天君.新教育公平引论——基于我国教育公平模式变迁的思考[J].教育发展研究,2017(2):1-11.

[2] UNICEF, Re-focusing on equity: Question and Answers. New York: UNICEF. 2010.

均等的概念来指代教育公平。科尔曼是从"投入"与"产出"的关系来界定教育机会均等的。科尔曼认为,学校不仅应该提供均等的教育资源,还应该使学生免于遭受出身和社会环境而带来的不平等。换言之,就教育公平而言,学校的作用在于帮助学生克服其家庭出身的不平等所带来的学习障碍。"新教育公平"观正是指出教育公平要纵深发展,教育公平要从起点公平走向"教育系统内部"过程公平的指向,倡导教育公平的理论与实践要从起点走向过程。

(二) 从"程序"走向"对待"

通过教育过程公平来实现教育公平需要区分两种不同的看待教育过程公平的价值取向。以往我们研究教育过程公平通常遵循着两种思路:一种是教育资源分配在教育过程中的"程序性公平",另一种是在具体教育实践过程中的"对待性公平"。"程序性公平"是教育的外部问题,而"对待性公平"是教育的内部问题。强调教育过程的公平的"新教育公平"观要求教育者与受教育者在互构教育过程的时候,能够相互平等地对待。平等对待也可以区分出两种情形:一种是对于所有受教育者在教育过程中的"平等"对待,另一种是对于自身资源不利的群体进行"差别性"对待。而差别性对待也分为两种:一种是放弃性的差别性对待,另一种是补偿性的差别性对待。以往在强调教育过程公平的过程中,更容易遵守的是第一种机会均等的价值取向,将教育机会"平等"地分配给班级里的每一个学生,即教育过程中每一个受教育者在占有课堂中的资源、机会中获得平等对待。这种形式上的"平等"平均地分配了机会,但忽视了机会获得者在能力上的条件差异,最后的结果是教育过程只能将更多的机会留给那些本身资源有利的学生,最后形成的就是教育中的"能力至上主义"。而"新教育公平"强调平等的分配带来的能力至上主义并不是真正的公平,因为"人际相异性(human diversity)是客观存在,教育公平

亦不是追求人人一样的教育'克隆'"。①

"育人是教育的首要目的,尽管人的差异性不可避免,但在以人为本的理念下,是人人平等的信念……才是教育公平应当坚守的底线。"②一度在普及基础教育作为教育发展的宏观目标的时期,在"穷国办大教育"的压力下,教师为了追求"效率性"的教育结果,用平等的形式造成了教育过程之中的"不公平",这在大量的对于教师的课堂互动等的教育社会学研究中被证实。"新教育公平"观正是倡导"人直接观照的复归",而在此观照下的教师要洞察并且关注学生们的差异,尊重与理解不同文化背景与社会阶层来源的学生,教师要采取行动去尽可能地帮助那些由于个人差异而导致教育过程中遭到"不公平"对待的学生们。在教师教育领域,明确针对多样化的学习者而培养教师代表着一种重要的进步。③

(三) 从"社会评估"走向"以人为本"

"新教育公平"观将以社会为核心评估域④的教育公平转向以人为核心评估域,并指出以社会为本的教育公平观和以人为本的教育公平观的最重要区别在于对人和社会关系的认知不同。前者观照下的人与社会关系是人隶属于社会,教育是社会的奴仆,社会至上,而"新教育公平"观下的人与社会的关系是互构的,并且是以人为本的。"新教育公平"观还强调,从注重效率优先的功利主义倾向转向强调社会基本制度公正,是新教育公平的核心。我们要重新反思教育公平的内涵,教育公平应是人发展的公平,是可以激发个人

---

① 程天君.新教育公平引论——基于我国教育公平模式变迁的思考[J].教育发展研究,2017(2):1-11.
② 程天君.新教育公平引论——基于我国教育公平模式变迁的思考[J].教育发展研究,2017(2):1-11.
③ 哈蒙.有力的教师教育 来自杰出项目的经验[M].鞠玉翠,译.上海:华东师范大学出版社,2009:183.
④ "评估域"是阿马蒂亚·森于《再论不平等》(阿马蒂亚·森著,王立文、于占杰译,中国人民大学出版社 2016 年第 1 版)一书中讨论不平等问题时所使用的概念,是人们在进行公平程度的评估时所选取的"域"(space),即评估的核心变量,是比较的"标准"所在,不同的人出于不同的立场有不同的选择与取舍。

能力,并使其能表达自己的感受,积极参与和决策的教育公平。[①] 人与社会是互构的,并且要使社会真正走出"偏见"、达成包容、尊重多元,就要在人与社会的互构中推动社会公正的实现。

追求公正的社会,当然可以通过政治、经济、法律等途径进行,但不可否认的是,教育公平既是社会公正的一部分,同时也是追求社会公正的基石。通过教育起点的公平,即受教育权利的保障,我国基本实现了在受教育者身份上的教育公平,但是如果没有过程的公平,我们仍然无法通过教育而感受到社会公正。在教育过程中,每一个社会个体都可能因为自己的民族、语言、性别、社会阶层而受到在教育过程中的"不平等"对待,这种对待往往并不是对于个体差异化的补偿,而是对于弱者的纠正、漠视甚至是放弃。正是这种在教育过程中遭遇的"不平等"的认知,使得受教育者作为社会公民没有意识到一个社会的公平和正义应该是每一个公民的责任,是社会进步的"应然"样态,同时他们也无法在教育过程中学习面对不公正的对待时所应该采用的理性反抗方式等等。教育过程中对于对待性不公正的忽视,对于平等的价值取向的不认可,是我们建设公正社会的个体化障碍,也在一定程度上成为社会和谐和进步的阻碍。

因此,"新教育公平"观要我们重新反思教育公平的内涵,重构人与社会的关系。充满差异的多样化的个体只有在教育过程中被"平等"地对待,不会因为自己的民族、语言、性别、社会阶层等而被"不平等"地对待,他们才会更愿意致力于共同利益的追求,才能够推动社会公正的实现。

二、"新教育公平"观对教师提出的新要求

现代教育制度的班级授课制的特点,使得其产生之初追求的就是"效

---

① 程天君.新教育公平引论——基于我国教育公平模式变迁的思考[J].教育发展研究,2017(2):1-11.

率之名"。夸美纽斯在《大教学》论中指出:"要寻找一种办法,可以使教员少教,但是学生可以多学。教师就像一个面包师,搓一次生面,热一次火灶,他便可以做出很多面包,一个砖匠一次可以烧出许多砖,一个印刷匠可以一次印出成千上百的书籍,所以一个教师一次也应该同时教很多学生,毫无不便之处。正如同阳光把光线照到一切事物上一样……一次打击,所杀的便不是一只苍蝇,而是许多苍蝇。"①在以前的教师教育中,教师的效率角色被认为是重要的,教师往往从自身利益和功利性的教育目的出发,以保证质量、追求效率为名,放弃对教育公平尤其是过程公平的追求。而为了坚守"人人平等"这一教育公平的底线,教师在教育过程中要扮演处理差异的实践性角色,即"对待性公平"的教师角色。如果教师不能够在教育教学过程中充当对待性公平的角色,无法理解不同民族、性别、文化程度和社会阶层来源对于学生学习和社会化过程的影响,就可能给某些受教育者带来教育过程中的"不公平"对待。

(一) 多元化的学生要求教师将伦理关怀作为自身责任

弗里兹·奥泽教授等在论及教师发展的时候强调,"教学论知识必须是责任、专业意向以及伦理关怀结合在一起的,有效性和责任同样重要或者说二者的结合给教学带来力量和卓越"。②"新教育公平"观照下的"教育系统内部"的公平,要求致力解决教育系统内部普遍存在的不平等、不民主以及等级化、边缘化、排斥、欺侮等现象。③ 如果教师不能够在教育教学过程中扮演好对待性公平的角色,没有很好地意识到并且致力于在教育过程中处理好学生们的背景差异,不但会给某些受教育者带来教育过程中的"不公平"对待,无法很好地使其从"社会再生产"中突围,而且自身也很难适应当今多元化受

---

① 夸美纽斯.大教学论[M].傅任敢,译.北京:教育科学出版社,1999:172.
② FritzK Oser, Andreas Diek, Jean-LuePatry, et al. Effective and Responsible Teaching: The New Synthesis[M]. San Francisco California: Joseey Bass Inc, 1992:1-3.
③ 程天君.新教育公平引论——基于我国教育公平模式变迁的思考[J].教育发展研究,2017(2):1-11.

教育者对教师们提出的需要与挑战。

每位教师在接触一群受教育者开始属于自己的教育历程的时候,他一定是和一定的社会因素在"交往"。每一个学生身上都刻画着他既有的家庭背景、阶层特色和资本积累,因此每一个学生在"边界性"明显的学校教育中表现出来的是"无边界性"的社会结构凝聚在行动者身上的意识和行为。中国学生的背景来源虽然没有西方非常突出的种族问题,但是其多样性带来的差异依然是非常明显的。从经济资本的角度而言,2009年,中国农村贫困人口为3 597万人,城市贫困人口达到2 345.6万人;从文化资本而言,根据第六次人口普查数据,中国受教育人口水平,每十万人中具有大学文化程度的为8 930人,具有高中文化程度的为14 032人,具有初中文化程度的为38 788人,具有小学文化程度的为26 779人,仅接受过义务教育的人口占总人口数的比例为66%;从民族而言,根据2010年全国第六次人口普查数据,中国少数民族人口共10 643万,占总人口的16.70%。学生家庭来源的背景的多样性使得教师在教育教学的过程中是否按照学生自身的能力与表现进行差异化对待成为一个重要课题。每一个受教育者都是不同的,那么学生具有哪些特定条件时需要教师进行差异性对待,哪些特定的条件是可以忽略的,而可以进行同样的对待呢? 如何判定相关的差异? 应该差异对待时,相同对待是不公平的;应该同样对待时,差异对待是不公平的。教师如果在教育的过程中没有相关的培养和反思,不强调伦理的责任和关怀,那么在面对如此的复杂情况时,通常会无所适从。

(二) 教师通过教育过程帮助学生从"再生产"中突围

再生产理论作为教育社会学理论的主要流派之一,对于教育社会学研究具有重要的影响。从鲍尔斯与金蒂斯的《资本主义美国的学校教育》到布迪厄的《继承人:大学生与文化》和《再生产:教育系统理论的要素》,都描绘了学校作为社会再生产的机构,教育起着延续和再生产社会主要结构的作用,正是由于这样的原因,教育不能充当促进更大程度平等与社会公正的力量。自20世纪60至70年代再生产理论兴起以来,在全世界产生了

辑三
新教育公平的理论探讨

巨大的影响，进而众多研究从各个方面验证了教育中存在的"再生产"现象。如美国保罗·迪马哥（Paul DiMaggio）的《文化资本与学业成功：身份文化对美国高中生学业成绩的影响》从阶层文化的教育说明阶层文化资本对于高中生学业成就的影响①；美国安妮特·拉鲁（Annette Lareau）的《不平等的童年》展示了不同阶层的家庭在子女培养策略上的不同，进而说明了家庭文化资本在子女成就以及阶层形成过程中的作用。②我国在20世纪90年代之后也开始运用再生产理论解释教育领域中的社会与文化再生产，研究理路既有从宏观的家庭文化资本、城乡文化资本差距、阶层与高等教育入学机会等剖析社会政治经济文化资本对于教育不平等的影响，也有从教学关系、语言运用、家庭对于学习方式和成绩的潜在期望等微观层面解释"文化剥夺"与"不利境遇"对于学生学业成就与学校适应的影响。再生产理论的出现使得我们解释教育过程的"不平等"有了更为全面的视角，但是无疑这样的解释是"悲凉"的。很多立志成为教师和已经成为教师的人在听到这样的理论时，常常有这样的发问："我们该怎么办？"再生产理论将教育的外延延伸到社会场域之中，教师即使理解并认同了这些教育社会学理论，他们仍然会觉得无力可为。

而"新教育公平"观则给我们提供了另一种思路。观照教育系统内部过程的对待性公平的教师角色，有可能帮助那些处于"不利境遇"的学生冲破"再生产"的桎梏，使之不再是一个无法从内部解决的问题。学生获取知识的途径虽然已经在信息社会中冲破了学校的围墙，但是他们选择知识的能力依然来源于教师，他们选择自己生活的能力仍然主要在学校中发展。学生们对于学校教育最普遍的批评是工作没有挑战性甚至枯燥无味。不同背景的学生在学校教育中的不同体验会限制他们学习和拓展知识的机会，那么我们需要考虑的问题即是在这样的关系中学校教育是否为他们提供了适应他们自身经验的机会。比如我们现在的能力分班、分层作业在一

---

① Paul DiMaggio. Cultural Capital and School Success: The Impact of Status Culture Participation on the Grades of U.S. High School Students [J]. American Sociological Review, 1982, 47(2): 189-201.

② 安妮特·拉鲁. 不平等的童年 [M]. 北京：北京大学出版社, 2010.

定程度上提升了教学效果,但是如果仅仅是给那些背景不利的学生接受更为简单的学习任务,那么教师这种对于学生能力的认识虽然看起来是以学生自身的天资和以往的学习基础为前提的,但是无疑为学生们提供了进一步的空间和机会。

(三) 在教学实践中建构反思性的社会角色

实现或者趋近"对待性公平"要求教师充当一个帮助不利境遇的学生突围的角色,尽可能在教育教学中消除经济和社会的外部障碍,使每个人的天赋能力得到充分发展,尽量减少历史和社会因素对学生发展造成的不利状况。教师作为教育过程中的行动者,其通过理解自身所处的结构化情境和自身的文化经历来理解自身和互动想象,同时在教师每日的例行化的行动中,也可以通过"实践意识"实践着"反思性观照"。只有教师能够承担并不断觉醒自身具有对待性公平的责任,并能够在实践中践行,才能形成公平的教育。因为教育作为整体性的具有结构化特征的过程,并不是外在于每一个教师的,"结构并不'外在于'个人;从某种特定的意义上来说,结构作为记忆痕迹,具体体现在各种社会实践中,'内在于'人的活动"①。

教师的工作在非常大的程度上受到学校、社会甚至社会文化的影响。教师通过变换教学组织形式、构建教育过程以及日常教学动态组成学校的"微观政治环境"。教师是否在过程中认同自己具有促进社会公正的任务,认同自我的社会角色是改善这种微观政治环境的要素,对于是否能够实现教育过程中的对待性公平至关重要。在教育过程中的"历史性""补充性"考虑"同而不同"地对待受教育者和教育问题,以能够营造公平公正教育空间,教师是其中的关键人物。学生在教育过程中不仅习得知识和文化,发展情感和社会性,更多是培养自身作为社会公民的公正感和责任心。如果教师仅仅是将所有的学生公平地对待,缺乏对于处在不利境遇的学生的关照,甚至是教师认为可以因为"顾全大

---

① 安东尼·吉登斯.社会的构成　结构化理论纲要[M].李康,李猛,译.北京:中国人民大学出版社,2016:23.

辑三
新教育公平的理论探讨

局"而"放任"每一个学生去竞争教育资源和教育机会,那么学生很难在教育过程中体会到社会责任感。即使在教育过程中会有部分的境遇不利的学生依靠自己的努力和天资克服外在历史和社会障碍,扭转自己不利地位,他们也很难将自身的成功归结为公正的教育,而在需要他人和社会负担责任的时候也常常会成为"精致利己主义者"。如此,"成功"的教育在改变部分人个体命运的同时并没有负担起促进社会公正的应有之责。

三、"新教育公平"观照下教师教育的转型路径

既然教师在追求教育过程公平与社会公正的过程中扮演着不可替代的角色,那么教师教育的社会价值取向就不仅要指向提升教师的教育能力、丰富教师的知识和塑造教师的专业性情,更要在教师的专业素养中涵盖对于社会公正的认识、态度和以此为标准审视实践的能力。为了在人与社会互构的关系中实现社会公正的目标,总结教师教育研究的相关文献,西方所运用的追求社会公正的教师教育采用了两种模式,最初为了追求多元文化,美国的一些教师教育项目主张招募有色人种的教师教育者和学生,以营造多元化的教育空间和文化,但是很快他们就看到了其中的问题,因此虽然行动者多元化了,但是层级性、隐蔽性的种族隔离和分化问题依然没有得到解决,其后追求社会公正的教师教育的项目开始注意关注教师教育中的社会关系和结构化策略和课程以实现社会公正的目标,特别是在最近二十年,教师教育者更为认可后一种方式。追求过程公平与社会公正的教师教育被认为具有社会再建构取向的教师培养项目。[①] 而这种教师教育的转型不是为了在教育理论界为教师教育划定一个理论界限或者提供一个全新的"理论套餐",而是提供一个联结教师教育理论和教师教育实践

---

① Kenneth M. Zeichner. Teacher Education and the Struggle for Social Justice [M]. New York: Routledge, 2009: 25.

的可供选择的"通路"。

"新教育公平"观照下的教师教育需要我们培养出具有社会公正感的教师,同时也要在教师教育的价值取向的选择过程中树立社会公正的观念。威利格斯(Villegas. A. M)和卢卡斯(Lucas. T)认为社会公正应该是教师教育中的必要准备。"培养教师能够为了社会正义而工作是教育专业发展的一个必要因素。为了社会正义的教师教育需要教师首先将自己的意识置于社会文化的背景之下,并认识到对于社会现实存在多重的认知方式,并且社会现实的认知方式受到个体社会文化的影响。"①

(一) 将培养教师的社会审辩能力作为培养目标

"新教育公平"观照下的教师教育需要培养教师对于社会的审辩能力。社会中的不平等和不公正通过细微的和隐蔽的方式渗入我们每一个人的生活,因此认识到社会不平等对于教育的影响,并进一步对社会不平等具有一定的审辩能力是具有社会取向的教师教育的目标。

社会中的不公正是结构化的,通过渗透性(pervasive)实践根植于历史、法律和经济政策、社会风俗和教育中的。不公正的渗透性特点使得个体和群体"理性化"看待层级中的每一个个体。个体通过教育完成社会化,内化社会规则和制度,并不断加以维持。行动者虽然有作为能动者的能力,可以影响和塑造结构,但是渗透化的不平等的实践通过个体的、人际的和结构化的实践相互作用去创造并维持一个包容所有的、渗透性的系统。越组织化的、成熟的和体现这些实践的教育系统,洞察到其中的建构性实践就越难,很多生活在其中的教师个体将其看成自然而然的、不可改变的社会现实。如果教师教育仍然理性地层级化地看待社会,教师将无法在渗透性的社会不平等的结构中挣脱出来。

社会公平教育的概念框架和教学方法为研究不平等如何在社会制度

① Villegas A. M., Lucas T. Preparing Culturally Responsive Teachers: Rethinking the Curriculum. Journal of Teacher Education, 2002, 53(1), 20-32

和来自不同社区的个人生活中运作提供工具。"新教育公平"观下的教师教育为教师个体提供一个审辩和反思的工具,使他们能够察觉并思考自己在压迫性结构中的社会化过程,这能够帮助教师参与者发展意识、知识和检验在他们个人生活、群际交往和结构制度以及更为广泛的社会领域内的公正/不公正的能力,同时也指向分析意识与行动,帮助教师发展行动者的责任和意识,以及技巧与工具,其根本目的是能和其他教师一起合作,挑战并改变目前的不平等的模式和行为。当然,很多教师也可能自己就是这种模式和行为的来源,或者自身即是这种不平等的教育甚至是社会结构的一部分。

(二) 建构具有包容性的教师教育课程

在以往我们对教育机会均等进行强调的过程中,教育机会均等的单一性强调往往伴随着"精英主义",而"精英主义"的最大问题就是实际上扩大了结果的不平等,并因此影响到了社会的凝聚力,造成了吉登斯所言的"人为的不确定性"(manufactured certainty)。吉登斯在论述"第三条道路"的社会发展观的时候提出,我们要在全球化时代的到来、知识经济的兴起以及人们日常生活中能动地、反思性地出现,人类社会的传统和习俗在很大程度上被消解的、面对"新风险"的时代,要寻求破解"人为的不确定性"随之带来的风险。人为的不确定性被吉登斯界定为"我们在以一种反思的方式组织起来的行动框架中要积极面对的风险",而教育对于机会均等的单一性价值的强调和伴随而生的"精英主义"成了现代教育改革过程中造成的"人为的不确定性"。因此,在教师教育的过程中,面对新的社会风险,我们要追求的社会平等的一个重要特征就是包容性(inclusion),而去抵抗以"排斥性"为特征的不平等。包容性意味着一种教师对于每一个学生发展资格的认可,并在此基础上赋予个体相应的机会以及鼓励学生对于学校公共生活的参与。包容性的教师教育课程设置的目的是最大可能地限定教师在教育过程中的"排斥性"。在目前的教育过程中存在着两种排斥现象,从范围而言,一种是"主动排斥",即社会中上层主动选择某一类学校使得自己的孩子能够排斥其他阶层的受教育者,另外一种是"被动排斥",一般是社会下层阶级在学校教育过程中因为没有更多的可以利用的资本被排斥出更好的教育选择之外,甚至造成了某一类相对弱势群体的教育"区隔"。而进入学校之后,如果教师没有包容性的精神,会在班级授课制的模式下自觉或者不自觉地将某一类孩子"排斥"出教育过程之外,使之成为"边缘性群体",这对于教育过程而言是非常明显的"不平等"。

(三)开展突破"偏见"的课堂教育教学实践

如果社会建构出来不同种类的社会群体,并被赋予不同的标签,这些标签只是种类不同,还不足以建构不平等的过程网络,不平等的关键是社会群体被划分到层级化的结构之中,进而社会位置、优势、资源、准入以及权力都可能被否定或者被划归到层级中的低阶位置。学校文化与不同阶层文化之间的吻合性是不同的。中上层家庭的子女因为其携带的文化与学校文化具有较高的一致性而更容易在学校教育中获得尊严、自信并取得学业的成功;下层家庭的子女则需要付出更多的努力来改造自身固有的阶层文化和生活习惯,学习、适应学校文化,特别努力、特别优秀者在逐步蜕变中会取得学业成功,但更多的人迎来的是学业失败。中上层社会的主流群体在社会结构中也会掌握权力和权威去控制他们自己群体的利益和重要的社会位置,并进而决定资源是如何被分配的或者定义社会标签中什么是自然的、好的和真的。因此,中上层群体中的人们被社会化去巩固他们自己群体的社会优势位置并将其认为是正常的和值得的,而不是将其看作社会不平等的进程所带来的结果。因此,中上层阶层家庭出身的学生在教育过程中的身份建构是隐蔽的,没有被标签化的。例如当一个汉族的、城市的男孩宣称自己是群体属性本身就会被认为是不必要的和不和谐的。一个城市的、中产阶级男孩,如果他在学习过程中表现得非常优秀,那么他会被定义为资质出众的个体,如果他表现得不好,那么责任也只是属于他个人。同时,下层或者边缘化群体被认为是不具有优势的或者是偏离的,那些被不平等对待中的个体不是被看作个体的集合而是表征为某些社会

群体的成员。(cudd 2006,young,1990)。一个农村留守儿童,如果他表现得非常优异,那么他会被认为是一个非典型的个案,但是如果他表现得非常不适应学校文化并且在学校标准中排在中位数之下,那么他就会被定为他所属群体的局限化的个体表征。对于从属群体的成员而言,社会群体资格往往战胜了个体性,他们几乎无法逃离被社会群体成员资格定义的命运和主流社会群体对于其失败的归因。因此,从属的群体被拖入一个二律背反的漩涡之中,一方面教育系统形同宣称他们是自由的个体,另一方面却按照社会群体位置去对待他们。一些身体机能不利的儿童则被以不够标准为名排除出标准序列之外。在教育过程的不平等对待中,权力是关系性的和流动性的,是一种福柯(Foucault)式的微观权力,而不是一种明显的自上而下的压迫。

如果教师教育中的教师培养一直采取技术能力至上的培养策略,那么处于文化蒙昧中的教师很难发现,那些学生学业成就差异表象背后潜藏着家庭文化与学校文化之间匹配程度的差异,更难发现或者认同他们自身在这种阶层再生产中的作用,于是他们和教育系统一起成为对待性不平等的一份子。因此,"新教育公平"观照下的教师教育要求教师能够警醒地看待其中的关联,并采取积极主动的立场,支持学校与社会中不同社会文化群体的历史、文化的发展以及包容不同社会文化群体的差异性。"新教育公平"观照下的教师教育,首先,要让教师明确学生是来源于不同社会背景的,而不是将差异看作教师教学中需要克服的问题;其次,教师将自己看作能够有能力带来教育变革的行动者,并且学校要为所有的学生做出积极的反应,并理解学习者是如何建构知识的,教师有能力和有必要提升学习者的知识建构能力,同时了解学生的生活历程,当课程要求伸展到超出学生所学的范围之外的时候,运用关于他们学习、生活经历的知识去设计课堂要求,将课程要求建立在学生所知的基础之上。只有这样,教师教育才能培养出肯定多元化,在课堂教学实践中克服存在的偏见与刻板性思维的教师,培养教师以涵盖了多重视角、叙述及理解方式的方法展开教学,如此一来,所有的学生才可能在教育过程中享受到平等对待。

总之,"新教育公平"观照下的教师教育是一种体现教育过程公平的教师教育取向,同时也是实现教育过程中的"对待性公平"的一种必要的准备和实践的策略,是联结了教育公平与社会公正的理论与实践的桥梁。教师要为培养具有社会责任感的公民来构建和丰富自身,通过反思性的审辩式的思维来审视社会与教育中的不平等的结构和关系,通过包容性的教师教育课程来实现对于社会公正取向的认同,并进一步在课堂中实践走出"偏见",实践公正、平等的教育策略,以此才能通过构建"新教育公平"观下的教师教育实现教育过程中的公平取向与追求。

(本章作者为石艳、崔宇,原文《"新教育公平"观与教师教育转型》,载于《湖南师范大学教育科学学报》2018年第5期。收录本书时略有改编)

第十二章 制度正义：教师交流中的教育公平

当教育均衡成为我国基础教育阶段的主要目标之一后，"教师交流（teacher flow）"或称"教师轮岗（teacher rotation）"便被视为实现教育均衡的重要手段，成为由教育行政部门推动和主导的地区间或校际教师资源重新配置的一项人事制度安排。① 当前我国各地的教师交流是一种教师"职业内流动"（即教师在不同学校或教育机构之间流动），多表现为强制性向下流动（如从城市到农村、从发达地区到边远贫困地区、从优质学校到薄弱学校），不同于市场机制下的自由流动（即教师根据自身条件，按照利益最大化原则，通过市场寻找条件更优越的学校以获得更多更好发展机会，多表现为教师个体性地向上流动）。教师交流制度建设虽初见成效，但要实现制度目标依然任重道远。② 从新教育公平的理论视角出发，深入审思这一制度的正义性将

---

① 自 1996 年国家教委提出"要积极进行教师定期交流，打破在教师使用方面的单位所有制和地区所有制，促进中小学教师在学校和地区之间的交流"以来，建立健全义务教育学校教师交流机制、促进教师资源合理配置成为一项重要的教育政策；《国家中长期教育改革和发展规划纲要（2010—2020 年）》明确提出"实行县（区）域内教师和校长交流制度"；《国务院办公厅关于开展国家教育体制改革试点的通知》（国办发〔2010〕48 号）将"义务教育学校教师校际交流制度"作为重大试点任务，指定北京、浙江、福建等地区进行先行试点；2014 年 9 月教育部等三部委联合印发《关于推进县（区）域内义务教育学校校长教师交流轮岗的意见》，提出力争用 3 至 5 年时间实现县（区）域内校长教师交流的制度化、常态化。可以说，我国教师交流政策已进入制度建设阶段，故本文聚焦于"教师交流制度"（而非"政策"）。

② 21 世纪以来国内教师交流研究主要涉及的比较教育研究（如彭新实的《日本的教师培训和定期流动》，发表于《外国教育资料》2000 年第 10 期；刘敏的《以教师流动促进教育均衡——法国中小学师资分配制度探析》，发表于《比较教育研究》2012 年第 8 期；等等）；我国各地教师交流实践研究（如吴玉琦的《上海市义务教育学校教师流动现状调查报告》，发表于《上海教育科研》2010 年第 7 期；蔡明兰的《教师流动：问题与破解——基于安徽省城乡教师流动意愿的调查分析》，发表于《教育研究》2011 年第 2 期；田汉族等的《北京市义务教育教师交流的现状、问题与对策建议》，发表于《教育科学研究》2014 年第 12 期；李茂森的《城乡教师交流制度实施难题破解探析——基于浙江省 A 县的个案研究》，发表于《中国教育学刊》2015 年第 6 期；等等）；（转下页）

有助于这项制度的改进与完善。

一、教师交流制度正义及其表现维度

  道德正当性(伦理)是任何一项教育制度的首要原则,也是其合法性与合理性的根本前提和保证;相比于制度的政治、经济、文化、技术等多重维度,道德维度具有绝对优先性。作为对社会政治、经济、法律、教育等领域中是非、善恶的道德认识和价值评价,"正义(justice)"意味着对个体及群体权利的尊重,"一视同仁"和"得所当得"是处理人际关系和利益分配最重要的正义原则(当然,只有在具体的社会历史条件和特定情境中才可能明确什么是一个人所"应得");制度正义(justice of institution,即制度的正当性或合法性)则是社会基本结构的正义,源于制度能够协调、平衡、兼顾各方利益,为社会各领域的秩序建构提供制度性保障,是真正实现个体自由、平等的必要条件。教师交流制度在追求"保护每个儿童的基本权利"的教育正义首要目标的同时,还必须能够保护每个教师的基本权利,能够协调、平衡,兼顾学生、教师、学校、地方、国家等各方利益,不偏袒任何一方。

(接上页)教师交流政策合法性、执行过程与效果及其完善对策研究(如郝保伟的《教师流动政策的合法性缺失及其重建》,发表于《中国教育学刊》2012年第9期;邓旭的《从教师交流政策看实施教育公平的政策逻辑》,发表于《现代教育管理》2013年第8期;王正惠的《教师交流政策目标悬置分析》,发表于《教育发展研究》2015年第18期;杨志的《公平与效率:省级层面教师流动政策主导价值取向》,发表于《现代教育管理》2014年第11期;操太圣的《从外在支援到内在发展:教师轮岗交流政策的实施重点探析》,发表于《全球教育展望》2014年第2期;等等)。 基于伦理学、经济学、管理学等不同学科视角的研究也日趋增多(如谢延龙的《教师流动伦理:意蕴、困境与出路》,发表于《现代教育管理》2014年第4期;等)。 本文尝试拓展政治学、社会学视角,聚焦教师交流制度的正义性。

（一）学生权利与教师义务相协调

正义的制度在分配社会公共善和负担时以平等的权利为价值取向。受教育权是最基本的人权，神圣、优先且不可侵犯、不可剥夺；义务教育阶段的受教育权更是属于基本教育权利，即按照人参与缔结和创建社会的最基本、最重要贡献而享受的"按需要分配"的、自然的教育平等权利；正义的教育制度首先必须从根本上保证每个人平等的基本教育权利。然而，现阶段我国最突出的教育问题便是个人平等的教育权利和教育自由尚未得到根本保证，义务教育还存在城乡之间、重点学校与薄弱学校之间在教育资源（特别是师资力量）及教育投入上的巨大差异以及由此衍生的"择校"现象、流动人口子女的教育歧视等诸多问题，导致了一定程度的"教育不正义"（包括部分学生基本受教育权利仍未得到基本保障、不能享有应有的教育资源甚至基本人权遭到践踏、学习自由被忽视等）。

教师交流制度正是为了改善乃至消除我国长期以来因"城市中心取向"和"精英主义取向"教育政策和制度而人为造成的教育不均衡和不正义的现状，通过城镇学校优质教师资源向下流动而实现区域优质教师资源共享，从而缩小区域内教育差距、推进教育均衡发展、遏制义务教育"择校热"现象、实现教育公平，依靠教师履行其应尽的义务而保障学生的基本教育权利。正义的教师交流制度应该能够保证学生权利与教师义务之间是协调一致的。

（二）教师义务与教师权利相平衡

为保障学生（儿童）的基本受教育权，教师必须履行其义务，但教师在履行义务的同时也需要得到权利的保障，因为只有"在平等基本自由权利基础之上实现权利、义务统一，公平分配社会基本资源"[①]并且保证制度之中每一个成员基本自由权利平等的制度才是正义和善的制度。正义是在调节人与

---

① 高兆明.制度伦理与制度"善"[J].中国社会科学，2007(6)：41-52.

人之间利益关系时"给予每个人其所应得"的德性,①与"权利"紧密相连,而"权利"又与"义务"须臾不可分,二者既是法律关系的核心,也是相互依赖、相互对立的法律关系内容。

"权利"是受权力和法律所保护的作为或不作为的自由,即"为社会管理者保护的权利主体必当从义务主体那里得到的利益"(又称权益);"义务"则是"必须且应该付给社会和他人的利益",是法律关系主体依法承担的责任,表现为义务承担者必须依法实施的作为或不作为(不同于"善行")。公正的核心意旨即权利与义务的平等交换,②"正义的主要问题是社会的基本结构,或更准确地说,是社会主要制度分配基本权利和义务,决定由社会合作产生的利益之划分的方式"③。正义的教师交流制度既应明确教师的交流义务,又赋予和保障教师应享有的权利,对教师交流的权益和责任做出明确规定,真正体现教师义务与权利的平衡。当前,我国各地对教师交流轮岗制度实施中的人员范围、起始时间等做出了相应的规定(如"在同一公办学校连续任职一般最长不超过12年""骨干教师不低于交流总数的30%"等),却少有对交流教师权利的保障措施,至多是有一些对交流教师的激励措施[如"对参与交流的教师,在评先评优、职称评聘等方面给予倾斜""城镇中小学教师评聘高级教师职务应有农村学校或薄弱学校任(支)教1年以上经历"等]。

这里,还需要特别强调保障农村教师的义务与权利相平衡。自全国各地纷纷开展教师交流以来,"支教""对口支援""送教下乡"等主要形式都仍未摆脱城乡二元结构背景下教师单向交流(即城市教师流向农村薄弱学校)的传统思路,在农村、薄弱学校连续任教的教师长期以来接受在职教育培训的机会原本就非常稀缺,这种支持性教师交流制度的思想认识虽初衷良善,但似

---

① 柏拉图认为,"正义就是给每个人以适如其分的报答";乌尔比安也指出,"正义是给予每个人应得的部分的这种坚定而恒久的愿望";穆勒亦认为,"坚持给予每个人应得之物的原则,不但是我们业已界定的正义理念中不可分割的一部分,而且也是正义感指向的正确目标"。(参见柏拉图的《理想国》,郭斌和等译,商务印书馆1986年版,第7页;博登海墨的《法理学——法哲学及其方法》,邓正来等译,华夏出版社1987年版,第253页;约翰·斯图亚特·穆勒的《功利主义》,叶建新译,九州出版社2007年版,第141页)

② 王海明.公正 平等 人道 社会治理的道德原则体系[M].北京:北京大学出版社,2000:20-36.

③ 约翰·罗尔斯.正义论[M].何怀宏,等,译.北京:中国社会科学出版社,1988:7.

含某种歧视性。教师交流轮岗的着眼点首先应该是这些农村、薄弱学校的教师,不应该剥夺他们通过到城市、优质学校交流工作一段时间从而增强工作热情、提升专业发展水平的同等机会。①

(三) 兼顾国家社会利益与学校群体利益

"各种社会制度的实质是利益制度,是为了一定阶级、阶层、集团和一定人的利益而制定的。"②"处理事情合情合理,不偏袒任何一方"的"公平"③即指相互间的给予与获取大致持平的平等互利,同时还包含对待两个或两个以上的对象时的一视同仁;个人劳动活动创造的社会效益与社会提供给个人的物质精神回报之间应该是平衡、合理的。

因此,以学生和教师的利益为根本出发点的正义的教师交流制度还应表现为国家社会利益和学校群体利益的统一,应该面向全体教师而非仅仅青睐于部分教师(比如精英教师群体),应该为全体教师谋福祉而非仅仅将权益赋予部分教师却忽视另一部分(甚至是大部分)教师的权益(比如制度对每一位教师在教育工作中的平等社会价值的尊重及激励作用等)。

二、当前我国教师交流制度面临的正义拷问

"正义"概念内涵丰富亦多有歧见,不同理论流派对社会制度应秉持的正义性原则仁智互见,④但作为一个典型的关系范畴,"正义"的标准只在具体

---

① 袁桂林.如何防止城乡教师交流轮岗制度空转[J].探索与争鸣,2015(9):87-90.
② 苏宏章.利益论[M].沈阳:辽宁大学出版社,1991:170.
③ 中国社会科学院语言研究所词典编辑室.现代汉语词典[Z].北京:商务印书馆,1996:436.
④ 例如:自由主义正义观强调个人权利和自由,社群主义正义观突出集体、社群、普遍善等公共利益;"分配正义"强调"自由交换""应得""需要""补偿"等原则,"社会正义"则凸显基于公民身份的"平等""认肯"等原则;等等。

境遇中才具有效力。对当前我国各地实施的教师交流制度进行深层次的正义考量将有助于制度完善。

(一) 是否每一位学生都真的能够从教师交流制度中受益

毋庸置疑,教师交流制度的正义性在于维护每一位学生的基本受教育权、彰显教师职业的公共性。然而,从保障学生基本受教育权的角度看,当前教师交流制度面临的正义性拷问即是否每一位学生(包括流出学校和流入学校的学生)都能够切实地从该项制度中受益？每一位学生享受优质教育的权利是否通过该项制度真正得到了保障？

从目前制度实施的情况看,对流入学校的学生而言,现实中由于主客观多方面原因,大多数交流教师并没有真正将流入学校作为自己履行义务、服务学生、施展才华、实现价值的舞台。主观方面,教师作为经济人,都有使自己行为最大化的倾向,交流教师参与交流的积极性、交流之后的工作主动性等并不强烈,普遍存在"过客"或"镀金"心理,甚至有相当一部分交流教师是出于晋级、评职称等个人利益原因而把参加交流作为手段,表现出明显的"生存战略"选择行为(即"比自己可能做的做得更少")。① 客观方面,交流教师真正执教的时间太短(特别是以支教、培训和相互交流等为纽带的教师交流模式,如城市教师到农村支教、通过网络信息交流平台对农村教师进行网上培训等),甚至只有 1—3 个月,很难在短时间内充分了解流入学校的管理制度、领导风格、教学环境、教师文化、学生特点等,从而开展有针对性的教育教学工作。甚至一些学校为了完成教师派出任务而选派那些在本校工作中业绩不佳者(访谈中很多校领导都坦言"出现这种情况是必然的"),也有调查发现"参与交流的城区教师并非理想中的优秀教师",而是以资历浅、职称职务低、非业务骨干的青年教师居多,农村薄弱学校更难有优秀教师流入。② 可

---

① 王正惠.教师交流政策目标悬置分析——基于国家试验区的调查研究[J].教育发展研究,2015(18)：27－34.

② 王凯.城镇优秀教师流动难的现状、原因与对策分析[J].教育理论与实践,2013(17)：13－15.

见,因学校不得不执行行政指令性政策而出现的"缩小地域型""锻炼青年型""末位淘汰型""见机谋利型""损弱补强型""排斥异己型"等形形色色"消极轮岗"现象,严重削弱了教师交流制度的实施成效。

另外,对于流出学校的学生而言,如果任教于自己班级的中高级职称教师或"教学能手"等优秀教师突然被强制性地调离,是否也有必要将其可能受损的权益及其补偿问题纳入制度设计的考量之中呢?总之,这种短暂性、临时性、功利性特点明显的教师交流能否真正惠及所有学生,是教师交流制度正义不得不面对的拷问。

(二)是否每一位教师的权益都能够受到制度的保护

不同教育阶段、不同类型学校的教师职业具有不同程度的公共性,需要对不同类型教师的权利和义务进行区别规定。我国的《教师法》规定,"教师是履行教育教学职责的专业人员""学校和其他教育机构应逐步实行教师聘任制""教师的聘任应当遵循双方地位平等的原则,由学校和教师签订聘任合同,明确规定双方的权利、义务和责任",但仅以"专业人员"来界定义务教育阶段公办学校教师的职业身份远未体现其所具有的强烈的公务性特征。义务教育是国家兴办的公共事业,义务教育阶段公办学校教师应遵守相关法律规定、自觉保障教育公平和提高教育质量,其待遇则由国家财政保障。

由于对义务教育阶段公办学校教师的职业身份缺乏明确的法律定位,我国的《教师法》只是笼统地规定教师享有教育和科研权、对学生的评价权、获得报酬待遇权、参与管理权、接受培训权等五类权利,并未清晰阐释义务教育阶段公办学校教师应该履行的义务和应该享有的权利,更没有能够前瞻性地规定教师交流轮岗的责任和权益。特别在学校实行教师聘任制的现行人事制度背景下,目前各地教师交流制度建设中对教师权利和义务的分配不可避免地存在不同程度的失衡,制度分配给教师的义务明显地大于教师所应享有的权利。

随着国家对推进教育均衡的决心和力度加大,各地在教师交流制度建设中亦越来越多地出现"刚性交流模式",即教育行政主管部门以颁布相关政策文件的行政命令方式,硬性规定教师交流的人员构成、条件、年限、程序等,甚少考虑教师的个人意愿。比如,一名教师在一所学校连续任教几年后,教育行政部门就安排其轮换流动到其他学校任教的"定期轮岗",这是教师刚性交流模式的典型做法,目前普遍采取差异补偿方式,对交流教师给予一定的经济补偿和荣誉奖励(如每人每月发一些交通费和生活补助费,在参评市级及以上综合性先进荣誉时优先照顾等)。然而,虽然制度实施中有补偿性措施,但由于在人生必经的不同阶段中,教师生活需求的内容、重心等都会有所不同;特别是那些在政策规约下被迫参与交流的教师,不得不离开熟悉的工作环境进入陌生的人际氛围,可能还会因工作地点变动而需要支付更多的交通费用等,其家庭生活和子女成长、教育等也受到影响,由此而遭遇包括物质、精神在内的利益损失。相比于政策提供的收益(如职称评聘、荣誉授予的优先权等),这些损失亦是教师应该享有的基本权利。又如,作为知识分子的中小学教师,对学校办学理念、组织文化、领导风格的认同以及对学校同事情谊的依恋等,往往都会转化为自我专业发展的精神动力。在目前教师交流制度推进过程中,各地积极探索的"教师全员合同聘任制""无校籍管理""教师由'单位人'变为'系统人'"等举措如何更好地顾及教师的精神需求(如学校归属感、自我实现的需要等),亦是对制度创新智慧的考验。若教师交流制度忽视了不同生涯发展阶段教师包括生活需求和精神追求在内的个人权利诉求,仅仅以刚性指标化的方式推动和实施制度,则很可能导致教师隐性流失,最终损害学生的受教育权益。

总之,教师交流制度能够兼顾交流教师的工作和生活实际、充分顾及教师的个人权利、体现"以人为本"的精神,不仅需要制度设计的智慧,更需要首先具有制度正义的胸怀。当然,教师权益的保障和获得又是以不侵犯学生权利为基本限度的。

(三) 是否兼顾每一所学校的利益

教师交流制度本质上是"一个教育利益再分配的社会工程",①不仅关乎

---

① 蔡明兰.教师流动:问题与破解——基于安徽省城乡教师流动意愿的调查分析[J].教育研究,2011(2):92-97.

辑三
新教育公平的理论探讨

教师个体利益的变化,而且关乎学校利益的增减,甚至还关乎教育主管部门的利益。

对学校而言,目前我国教师交流制度的主要目的是通过城镇、优质学校教师向农村、薄弱学校流动而推动城乡教育、区域教育的均衡发展。在这种目标导向的政策驱动下,城镇学校和优质学校将在一段时间内损失一部分优质师资和多花费一部分教育经费,并且还要承担教育教学质量有可能下降的风险。然而,目前在很多地方,考核学校甚至地方教育部门工作业绩的主要甚至唯一指标仍然是升学率,对于特定学校和地区来说,优质教师流出或薄弱教师流入都将有可能影响学校的教育业绩(或许还不仅仅体现为升学率),进而影响学校及地区的其他利益。如果教师交流制度本身不能兼顾学校、地区作为利益主体的利益诉求,那么,这些利益损失(哪怕是相对利益剥夺)都会引发学校自身以及地方教育行政部门的不配合、不支持甚至是抵制。有研究者指出,城市学校校长派遣教师的决策动机不是以实现"平衡城乡师资水平、提升农村教学质量"这一目标为基础,而是"力图使自己或学校的收益最大化","'农村学校成了城里年轻教师的练兵场'就成为农村校长对城市支教的普遍评价"。①

此外,目前我国各地实施的教师交流轮岗制度主要是在追求区域教育均衡发展的目标导向下由教育行政部门刚性推进和开展,显示出明显的城市学校教师向农村薄弱学校的单向流动特征,而非县域教师群体依照学校资源配置的需求和教师专业成长的需要实行柔性合理流动。"这样的流动或许能在统计学意义上获得教育公平的假象,但并不能在真正意义上推动教育的公平与均衡发展,这与实行校长教师交流轮岗的初衷是相背离的。"②

教师交流制度是国家为了缓解我国历史形成的教育严重不均衡现状而下决心大力推进的一项教育公平政策,正因为此,教师交流制度从一开始就表征出强烈的国家意志,更多地体现出国家和社会的利益诉求(具体体现为保障儿童的受教育权);虽然同时也兼顾了教师的某些个体利益,但制度本身

---

① 王正惠.教师交流政策目标悬置分析——基于国家试验区的调查研究[J].教育发展研究,2015(18):27-34.
② 陆福根.城镇化背景下教育公平热点问题刍议[J].中国教育学刊,2014(5):33-36.

171

并没有形成国家(社会)、学校和教师各方的价值共识。特别是当前中国教育场域存在极其复杂的利益博弈,要实现教师交流制度的良善初衷,则必须在摆脱既得利益束缚的前提下继续讨论"教师交流制度是否真实、准确地反映了大多数教师的共同利益""是否会迫使教师不得不隐藏自己的平等自由意志进而逐步丧失教师自主和制度民主""国家代言的社会利益如何才能真正转化为民众的共同利益"等深层次的问题。

三、教师交流制度正义的优化与提升

"正义"是对社会权利和社会义务的公平分配或安排,以及作为此种分配或安排秩序之前提的、对个体平等身份的承认与尊重,这是任何一项社会制度都必须葆有的最基本的道义品质,其核心旨趣是权利、义务与公平三者的内在统一。"权利"是一定社会制度尤其是法律所给予的人(自然人和法人)的自由和利益,"义务"是一定社会制度所确定的人(自然人和法人)对他人或社会必须做出的贡献,"公平"则是指社会制度的合理适当与个人的正当无私。囿限于利益主体的多元性和制度实施的复杂性,面对制度正义性拷问的教师交流制度只有健全法律法规、优化制度措施、完善激励工具、凝聚价值共识,方能化解困境、顺利推进。

(一)健全教师法规,明确教师职业身份

近年来虽然各级政府部门先后出台政策措施引导教师轮岗交流,但多以宣传鼓励为导向,并不具有法律效力。教师职业的法律身份是涉及教师权益保护的首要议题,但由于我国义务教育教师法律身份不明,教师交流政策甚至遭遇一定程度的合法性危机。① 义务教育阶段公办学校教师的权利应该

---

① 郝保伟.教师流动政策的合法性缺失及其重建[J].中国教育学刊,2012(9):5-8.

既包括基于公民身份而享有的权利和基于教育专业身份而享有的权利(即教育权),还应该包括教师同时具有国家公务人员身份而享有的权利;而教师交流制度则主要涉及教师作为国家公务人员的权利与义务。因此,加快修订《教师法》,明确义务教育教师的职业身份及其权利义务,是确保教师交流制度正义的前提。

世界上很多国家都在法律上明确义务教育阶段公立中小学校教师的职业身份为国家公务人员,并建立相应的职业保障法律机制,有效保障了义务教育优秀师资的充分供给。教师聘任合同的主体是作为自然人的教师和作为国家公共教育机构的义务教育学校,教师与政府(教育行政部门)双方构成平等法律关系;义务教育阶段公立学校教师充分享有国家保障的俸给权、退休金额领取权、抚恤权、保险权、职位保障权、福利互助权、出差请假及休假权、生活津贴权、年终考核晋级加薪权、获奖励权等合法权益,同时必须履行相应的义务。例如,日本的法律即规定公立基础教育学校(小学、初中、高中及特殊教育学校)的教师(包括校长)属地方公务员,其定期流动(又叫"转任")即属于公务员"人事异动"(如迁升、调离、流动换岗及自然减员、退休等人员变动)的范畴,有规范、完善的管理制度和法律。[1]

义务教育学校是国家运用强制手段通过公共财政来扶持发展的一种公共性服务机构;政府是义务教育的举办者和提供者,义务教育学校的教师是政府提供这种公益性产品的具体责任担当者,履行国家通过法律法规规定的教育教学义务。义务教育学校的特殊性质决定了其教师的法律地位,然而,目前我国相关教育法律"并没有明确规定义务教育阶段教师与学校的聘任合同属于何种性质,也由于义务教育学校没有独立的经费来源,尚不具有完全意义上的法人资格,造成了义务教育学校教师身份定位模糊"[2]。因此,修订《教师法》不仅是当前建设教师职业保障制度的重要环节,也是完善义务教育阶段教师交流制度的必要前提。国家应通过立法正确界定义务教育阶段公

---

[1] 彭新实.日本的教师培训和教师定期流动[J].外国教育研究,2000(5):49-52.
[2] 陈亮,等.义务教育学校教师法律纠纷预防省思[J].教育科学研究,2015(12):36-43.

办学校教师的法律身份,①明确其人力资本国家所有权并赋予其作为国家公务员所应享有的权利,规范其所应履行的义务,统一其聘任主体和人力资本的收益标准等,在维护教师职业自主权的前提下维护学生的受教育权,彰显义务教育教师执行国家教育公务的特殊性和教师职业的公共性;进而在明确的法律规范下逐步通过教师"无校籍"管理等制度,规避教师个体将晋职晋级、职称评聘等激励手段异化为利益追求目标,将支持、扶助、示范、引领薄弱学校教育工作的应尽义务("理应干好的本职工作")美化为"奉献""爱心",最终实现教师资源均衡乃至无差异。

(二) 兼顾各方利益,发挥制度激励作用

通过修订《教师法》等法律文本、建立义务教育教师公务人员制度的改革来保障教师交流制度的合法性,需要时间和成本。大多数制度变革也只能是调整现有利益格局,很难实现"帕累托改进"。但制度变革既不能停滞不前,亦不能因噎废食,因此,在修订、完善《教师法》的过程中还须兼顾各方利益、注重发挥制度的激励作用,力争达臻制度实效。

调节利益关系是社会制度的核心要义,国家教育制度的目标即实现教育权利和资源、利益的公平分配。我国教育改革已进入"深水区",改革焦点集中到制度变革,无法回避政府管理部门、区域、学校、教师、学生及其家庭等多方利益相关者之间的利益调整与权责博弈;教师交流制度建设的核心亦即重新调整和分配政府与学校、教师的权利、义务和责任。因此,在肯定义务教育教师交流制度是实现义务教育均衡发展目标的必然选择这一道德正义性的前提下,必须清醒地认识到当前我国城乡之间、不同学校乃至不同教师之间在经济、社会、文化等各方面都存在明显差距这一现实国情,充分考虑特定地

---

① 西方国家义务教育教师的职业身份有多种类型,如法国、德国、西班牙、葡萄牙、希腊等国的职业公务员(career civil servant),荷兰、芬兰、比利时、匈牙利、塞浦路斯等国的公务人员(public servant),英国、意大利、爱尔兰、丹麦、瑞典等国的雇员(employee)(参见李晓强发表的《欧盟成员国中小学教师职业保障制度研究》一文,《教师教育研究》2007年第6期)。本文暂不对我国义务教育教师职业身份的准确定位展开深入探究,但无论定位为何,只有明确法律身份,才可能切实规范教师义务和有效保障教师权益。

区的经济社会发展水平和人民群众实际心理承受力,采取渐进性制度变迁模式,兼顾各方利益(比如,交流教师的选择应充分考虑教师个人的身体状况、家庭负担等,交流服务期限应根据不同形式而给予弹性调整,交流教师的管理应加强教育行政部门、受援学校和支援学校三方有效衔接,以保持和提高教师的归属感等),最大限度地减少因强制推动教师交流而给学校、教师、学生等各方利益主体带来的心理冲击或不适。当前主要的激励工具(如评优晋级时优先评聘、发放轮岗津贴、惩罚不按要求完成轮岗任务者等)都是针对流出教师的,缺少对流出学校的激励,也缺少对受援学校教师的激励,比如,当前教师交流制度对流出教师的津贴补偿和其他激励措施,受援学校教师不仅觉得心里很不舒服("好像我们很无能、无用"),而且认为"不公平"("为什么他们来我们这里只需要工作一年甚至几个月就可以获得那么多特殊待遇,而我们长期在这里工作却没有呢?"),还有待完善(特别是增强对支援学校以及受援学校教师的激励力度);约束、补偿、利益协调、问责等相关机制也有待细化和优化,以使教师交流制度能够得到各方利益相关者的一致同意和拥护,切实发挥制度激励作用。

(三) 消除制度性羞辱,提升教师精神生活质量

耶路撒冷希伯来大学哲学教授阿维夏伊·马格利特(Avishai Margalit)提出的"制度性羞辱"指"来自制度的羞辱",这是让人最感无奈,也是最容易让人习以为常的、最严厉的羞辱,给被羞辱者不仅会带来物质利益损害,更会带来严重的心理伤害。在马格利特看来,"正派社会"的判断标准即"不羞辱"和"有自尊",即正派社会中的任何制度都不羞辱社会中的任何一个人,不会出现制度对人的自尊的伤害和羞辱,都能够"把人当人"、让人有自尊(而不是把人当物品、当机器、当动物、当次等人);不让制度羞辱社会中的任何一个人,这是正派社会的第一原则。[①] 借鉴这一思想,当前我国教师交流制度的完善还需要主流社会改变局外人、旁观者的心态,改变以居高临下、优越定势

---

① 应奇.当代政治哲学名著导读[M].南京:江苏人民出版社,2010:402-416.

的姿态形成的对农村或薄弱学校教师的模糊、消极认识甚至误解,更多地尊重他们的思想、需求与愿望以及困难、困惑与无奈。

比如,我国2001年开始执行的中小学教师编制标准存在城乡严重倒挂的突出缺陷,①造成我国农村地区、薄弱学校教师编制大幅减少,严重阻碍着教师交流制度的常态化与公平性。这种"城乡倒挂"的不合理教师编制标准亟待改变,应以公平、均衡和弱势补偿为基本原则,充分考虑我国农村地区薄弱学校的实际情况并向其适当倾斜,才有助于教师交流制度的完善。

又如,在教师交流轮岗制度建设中,不能错误地认为交流轮岗只是城市学校教师去"帮扶"农村学校教育(这其实根本无法实现城乡教育均衡),也不能片面地认为交流轮岗只是为了城市学校的教师队伍建设(这对促进城乡学校间教育均衡的助益也非常有限)。② 当前,在很多地方,由于农村教师没有机会到城市学校交流轮岗,导致原本就不安心于农村薄弱学校教育工作的教师感觉受到了"宿命论"般的歧视,更加无心增强工作热情、提升专业水平。若任由这种状况继续存在,其结果必然导致农村教师队伍结构性问题愈演愈烈,农村薄弱学校教育质量提高更加艰难,城乡社会阶层差距继续拉大,甚至社会阶层固化危机更加严重。农村、薄弱学校教师应该是教师交流轮岗的首先参与者,不应限制这些教师到城市、优质学校参与交流;在城乡一体化治理和公共服务均等化的时代要求下,需要科学决策"人人都要参与交流轮岗"的比例、进度、梯次等,切实采取多种配套措施,扎实推进城乡教师全员双向交流轮岗,真正扶持弱势地区学校和弱势教师,保证教师资源均衡配置,从而真正建立起公正的教师交流轮岗制度。

马格利特将"不羞辱人"作为正派社会制度的基础性价值,法兰克福学派第三代核心人物阿克塞尔·霍耐特(Axel Honneth)和美国女权主义理论家南茜·弗雷泽(Nancy Fraser)的"承认正义"理论思想同样主张正义的目标

---

① 尽快调整城乡倒挂的不合理的教师编制标准[EB/OL]. http://edu.jxgdw.com/rdht/2010/0108/5563.html.

② 有研究者指出,一些地区将教师到农村学校、薄弱学校任教1年以上的工作经历作为申报评审高级教师职务(职称)和特级教师的必备条件,"这其实是一种把在农村工作经历作为'镀金'和'练手'的过程,缺乏城乡统筹的设计和城乡一盘棋的思想"(参见袁桂林发表的《如何防止城乡教师交流轮岗制度空转》一文,发表于《探索与争鸣》2015年第9期)。

"不是消除不平等,而是避免羞辱或蔑视代表着规范目标;不是分配平等或物品平等,而是尊严或尊敬构成了核心范畴","人类尊严的承认是社会正义的中心原则",①强调"承认"比"再分配"更重要也更根本;当代社会谋求制度正义必须从关注物质资源的平等分配(分配正义)转向关怀人的心理情感、重视尊严和荣誉的平等承认(承认正义),而"分配不公必须被理解为社会蔑视的制度上的表达抑或更好的说法,理解为承认的不公正关系"②。可见,强调"自尊比物质分配更为根本"的正义观亦应成为我国教师交流制度完善的重要原则,从而减缓这项制度对弱势教师群体可能造成的心理伤害。

此外,当前我国各地学校、教师甚至学生、家长对在价值伦理优先次序上明显属于"社会共同善优先"取向(即更多地秉持"成就大我、牺牲小我"的价值取向)的教师交流制度尚未形成价值共识,也是出现政策失真和象征性虚假执行现象的重要原因,因为并非所有利益相关者都能够自觉、自律地以"社会共同善"作为自己的行为准则,特别是当触及对利益相关者既得利益的调整时,如果不是在各方取得一致认同的基础上,而是由政府主导、强制性地推动制度变迁,利益受损的个人或群体就很可能采取抵制行为,从而影响制度实效(比如教师在日常教育生活中对制度规范的隐蔽性抵制和不合作行为就从根本上颠覆了教师交流制度正义性的价值诉求和实现教育均衡、促进学生发展的制度变革初衷)。在教师交流制度的深度变革中有必要通过对"重叠共识"③的追寻来保障广大教师改革参与的话语权,使教师自我的价值观念和利益需求能够得到充分、自由地表达,从而主动自觉地成为变革行动者。

---

① 胡大平,陈良斌.承认与正义——多元正义理论纲要[J].学海,2009(3):79-87;贾可卿.作为正义的承认:霍耐特承认理论述评[J].浙江社会科学,2013(10):106-112.
② 弗雷泽,霍耐特.再分配,还是承认?——一个政治哲学的对话[M].周穗明,译.上海:上海人民出版社,2009:87.
③ 罗尔斯(Rawls, J.)强调的"重叠共识"并非指不同共同体或共同体内部成员之间简单纯粹的"临时协定",而是为寻求更为广泛的认同空间而选择、确立的一种底线价值共识。(参见约翰·罗尔斯的《政治自由主义》,万俊人译,译林出版社2000年版;约翰·罗尔斯的《正义论》,何怀宏等译,中国社会科学出版社2001年版。)

(四) 尊重教师自由权利，追寻新教育公平理想

任何一项教育政策在面对或处理各种关系、矛盾与冲突时所秉持的基本价值立场、态度、倾向，对政策制定、实施的过程与效果都会产生重要影响。教育政策作为各种力量博弈的结果，又常常是多种不同向度的价值观念相互冲突、妥协的产物，最终表现为某种价值取向为主导或多种价值观念整合。当前我国各省教师流动政策中，秉持公平取向价值立场的占绝大多数，公平取向的教师交流政策旨在通过公平对待全体教师、要求所有教师参与交流而实现教育均衡发展。① 各地除采取"津贴补偿""职称评聘要求""荣誉奖励评比优先"等保障措施外，还积极采取"编制保障"、建立"县管校用"管理制度等措施。显然，以每一位教师都必须参与定期交流为主要形式的公平取向教师交流政策对促进教育公平、实现教育均衡具有重大意义，这是值得肯定并需要继续坚守的，但同时也应看到其存在的一些潜隐问题，吸取效率取向教师交流政策"能够以最小代价换来最优效果"的优点，继续允许各地探索符合本地实际情况的教师交流政策，并进一步完善公平取向教师交流政策。

首先，在指导思想和制度理念上，注重保障教师自由②选择的权利与机会平等。针对当前一些地区采取强制性流动政策而导致教师抵触、进而削弱了教师交流政策实施效果的状况，进一步开展教师交流"轮岗"就需要认识到教师的自由权利不容忽视，需要尊重和保障教师自由选择的权利（即可以选

---

① 杨志.公平与效率：省级层面教师流动政策主导价值取向[J].现代教育管理，2014(11)：92-95.
② 人们常识意义上理解的"一个人的行为没有受到别人的强迫即为自由"，只属于"消极自由"；而一个人不仅行动不受别人的强迫，而且能够按其意图做出理性的行为选择、形成自己的行动途径，才是"积极自由"，即被阿玛蒂亚·森视为至关重要的"实质性个人自由"，"一个社会成功与否，主要应根据社会成员所享有的实质性自由来评价"（见阿玛蒂亚·森的《以自由看待发展》，任赜等译，中国人民大学出版社2002年版，第13页）；当一个人获得更大的实质性自由时，其个人的自助能力以及影响世界的能力都随之提高，展开某种合理合法行为的可行能力也随之增强，这种可行能力包括了个人"有可能实现的、各种可能的功能性活动组合"；一个人的可行能力就是其"实现各种可能的功能性活动组合的实质自由，也即实现各种不同的生活方式的自由"（见阿玛蒂亚·森的《以自由看待发展》，任赜等译，中国人民大学出版社2002年版，第62—63页）。

择不流动以获取生活安定等所得,但同时也就放弃了其他的利益;也可以选择流动,同样有失也有得)和机会平等,保障教师是根据自身需要做出选择的,而不是出于外力的强制干预。① 如此,交流到农村学校或薄弱学校就是教师基于自身选择的结果,教师也就很少会消极怠工或产生职业倦怠,而是心态平和地积极工作,从而能够对提高流入学校教育质量发挥重要作用,推动义务教育教师资源的均衡配置。

其次,在政策措施和实施办法上,侧重采取诱致性、倾斜性流动政策和教育资源配置方式。一方面,教育行政部门制定、实施包括物质激励(如提高农村教师的薪酬水平、增加农村教师的各项补贴、为农村教师建设周转房等)和精神激励(如提高农村教师按职称聘用的比例、"评优评先"中优先考虑农村教师等)在内的诱致性政策,促进诱致性自由流动,从而实现地区间、城乡间、学校间的教师质量均衡。另一方面,教育薄弱地区政府和学校则需要通过寻求更多的教育资源和上级政府的转移支付提高本地教师的社会福利水平,并吸引城市学校或优质学校的教师回流,从而实现区域内义务教育教师资源的均衡配置。

再次,充分考虑教师群体的特殊需要,完善各项配套政策,以契约保障教师和学校的权利与义务。教师交流政策规定必须考虑到教师群体的实际需求和特殊需要,不但要正面引导教师认识教师交流对教育公平的意义,还要尽可能消除教师交流的各种障碍,满足教师的基本需要。例如,建立校车制度、解决教师上下班的通勤困难;加大对交流教师及流入地教师的津贴补偿,调动教师前往农村、薄弱地区从事教育工作的积极性;要求教师与学校之间通过签订聘任合同的方式,以契约精神规范教师交流并保障学校及在校学生

---

① 目前,一些地区实行的强制性教师交流政策主要表现为:第一,城市、优质学校的教师流出本地、本校而流入薄弱地区和学校,包括优秀教师"支教"和新入职教师的流动;第二,农村等薄弱地区学校教师被限制流出本地、本校,也就限制了其追求更优发展空间和更高收入的机会;第三,从城市、优质学校派出的教师会受到各种政策性奖励或补偿,而流入地区、学校的在任教师却没有任何机会获得。这些都加剧了校际间、城乡间教师的不平等,也限制乃至剥夺了教师实现自我发展理想的自由选择权利,于是他们便会借助"怠工"等方式消极地应对教师交流政策,即使采取"补偿""奖励"等措施也难以对教师群体产生激励作用,难以提升他们的工作积极性、责任心。

的应有权利,督促交流教师承担相应义务。

最后,鼓励探索多样化的教师交流轮岗实施方案。近年来,某些县域采取的"教育联盟""名师资源共享""临聘教师"以及乡镇范围内教师"巡回走教"等县域内部教师资源共享方式值得肯定。但鉴于目前各地教师交流轮岗方案中所涉及的人员基本上都是公办学校聘用的在编人员,尚未将全体教职员工纳入其中,更没有涉及民办学校教师,今后还可以探索部分教师不完全隶属于学校的教师交流管理办法,比如,周课时相对较少的科目教师以及某些有特殊专长的教师,可以由县教育局统一管理,也可以被两三个学校分别聘为"非全职教师",在县域内部若干学校流动上课,以缓解学校教师编制较少与教学科目需求教师类别较多的矛盾。

总之,"只有敏感于个体的生命体验、生活感受以及意义赋予,学会平等换位的思考,新教育公平的理论建构才有可能"①。完善教师交流制度需要真正树立以人为本的理念,尊重所有教师的劳动,切实提升所有教师的专业素质,特别是承认身份的多样性并消除制度性羞辱和污名化倾向,尊重和保障教师参与流动的自由权利,通过制定、实施倾斜性政策,以市场化手段诱导教师主动流向教育薄弱地区和学校;为底层弱势教师打开通向更高发展空间的阶梯;重视教师生活待遇提高,更注重改善教师专业发展、进修培训的条件以及精神生活质量,提高教师工作满意度,激励教师不断学习和提升专业发展水平,使每一位教师都能够爱岗敬业、专心于教书育人、专注于进修学习、自觉提升精神修养。在阿马蒂亚·森看来,正义就是要求"可行能力"(即"实现各种可能的功能性活动组合的实质自由")平等,正义的制度即有利于人们实现自己的功能性活动、做自己认为值得做的事,增进人们"选择有理由珍视的生活的实质自由"。②

(本章作者为杨跃,原文《论教师交流制度的正义性》,载于《全球教育展望》2016年第9期。收录本书时略有改编)

---

① 贺晓星.聋教育改革与新教育公平的理论建构[J].教育发展研究,2017(2):18-24.
② 阿马蒂亚·森.以自由看待发展[M].任赜,于真,译.北京:中国人民大学出版社,2002:62。

第十三章　同伴互评:移动学习中的教育公平

移动设备和互联网技术的广泛应用为学生的学习创设了新的学习空间,也为多元化的学习评价提供了技术支持。在基于合作的学习、基于问题的学习、基于项目的学习等教学模式中,同伴互评作为一种重要的评价方式吸引了越来越多高等教育领域学者的关注。

在同伴互评中,学生一般要在群体中对同伴的表现进行评价。同伴互评有利于学生的认知和元认知能力发展,强调学生的主动参与,特别适合主动学习和自我调节的学习。同伴互评可以有效提升大学生的高级思维与学习动机,是成年学习者的一种有效的学习方式。设计良好的同伴互评活动能够促进学生的有效学习。

尽管同伴互评有诸多的优势,但也有研究表明:学生对同伴互评公平性的感知、学习环境、评价模式等因素会影响学习者的学习策略及学习结果,从而对同伴互评的有效性产生影响。

鉴于此,本研究基于移动学习环境,对大学生在小组学习中的同伴互评的模式进行设计,以期研究大学生对同伴互评的感知公平性及其评价行为模式。研究拟解决两个主要问题:① 大学生对同伴互评的看法如何?哪些因素影响他们对同伴互评公平性的感知? ② 基于移动学习环境的同伴互评模型是否能实现预期目标,并同时规避同伴互评的潜在缺陷?

一、教育公平视角下的同伴互评

随着教学中合作学习和小组合作的增多,同伴互评的应用也呈现增长趋势。学生和教师的关注点在于,小组合作中有些小组成员对团队的贡献很小,但最后统计成绩时,他们也能够得到小组的平均分数。因此,学生对小组合作学习中教师给每个小组成员相同的分数有不少意见分歧。由于合作学习中个人的贡献很难由教师来评定,而由团队成员之间进行同伴互评则更为方便,因而,同伴互评是评价小组合作学习中个人贡献的较好办法。同伴互评还有许多其他优点,维克曼(Vickerman)列出了同伴互评的优势,主要包括:激发动机、自主意识和责任感、发展终身学习技能、鼓励深度学习等。①同伴互评(包括自我评价)能提高学生的成熟度和自信心,能调节和监控学生的学习,因为它要求学生借助评价量表仔细审查同伴的工作,可促进个人批判性思维和反思性思维。

然而,同伴互评也存在潜在的缺陷。一个主要的问题是学生能否可靠地评估自己和他们的同伴。一方面,他们可能不具备评价能力;另一方面,他们可能存在主观偏见。已有的研究描述了同伴评价的典型评价偏差,包括"友谊打分"(学生高估他们的朋友),"共谋打分"(学生事先商量好,给小组成员打同样的分数),"能人打分"(小组中的意见领袖得分偏高),"寄生虫打分"(没有贡献的学生也能得到不错的分数)。已有研究提出了关于这些偏差对同伴互评结果的影响,研究的结论是学生有能力进行有效的评估,特别是如果他们有相关经验并得到适当的指导。为学生提供清晰和具体的评价标准和描述性量表对评价也很有帮助。②

另一个问题是同伴互评对小组同伴关系的影响。有学者提到同伴互评可能导致人际冲突,主要包括由于负面评论或被评较低分数而产生的伤害或背叛的感觉。小组的同伴互评中,占主导地位的学生往往会影响小组的意见,其他学生因不愿影响同伴关系而选择顺从,从而导致同伴互评结果的不公平。因而,在同伴互评中需适当运用自我评价及教师评价,在评价中如能注意保密性则对同伴互评会有所助益。对同伴互评的公平性问题的关注中,大多数研究集中在可靠性和有效性的问题上,这些研究可以作为同伴互评公平性的先决条件。虽然许多研究者认为公平性是同伴互评研究的一个重要

---

① Vickerman P. Student Perspectives on Formative Peer Assessment: An Attempt to Deepen Learning [J]. Assessment and Evaluation in Higher Education, 2009(2): 221-230.
② Fu-Yun Yu, Chun-Ping Wu. Predictive Effects of Online Peer Feedback Types on Performance Quality [J]. Educational Technology & Society, 2013, 16(1): 332-341.

的关注点,但很少有学者探讨学生对同伴互评公平性的看法以及哪些因素会影响同伴互评的公平性。

二、研究设计

(一) 基于微信的"口袋课堂"移动学习环境设计

本研究使用移动学习平台"口袋课堂"作为同伴互评的支持环境。它是在微信公众平台强大的推送功能基础上,增加了作业提交与展示、评分与评论等功能,使得学生可以用移动设备随时随地进行同伴互评。教师可根据任务的需要设定是否匿名、是否小组合作等。让学生自己对项目的评价进程和结果承担更多的责任,这对发展学习者的认知和元认知能力,使其成为积极主动的终身学习者至关重要。"口袋课堂"的微信端的界面如图13-1和图13-2所示。

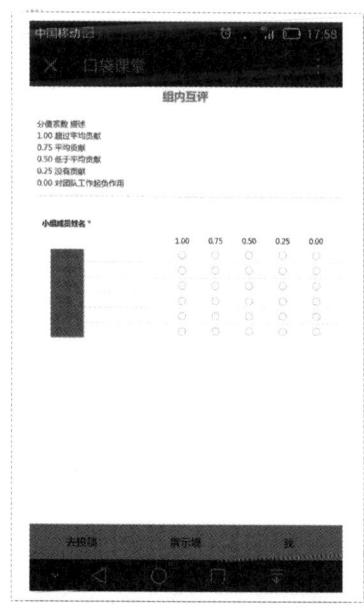

图 13-1 "口袋课堂"组内评分

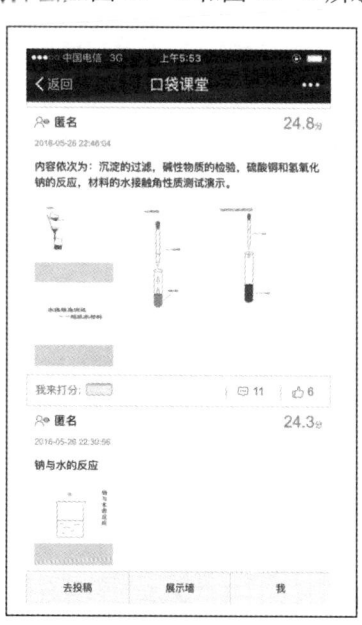

图 13-2 "口袋课堂"作品互评

（二）同伴互评模式设计

"现代教育技术"课程是我国高等师范院校为培养师范生信息化教学能力而开设的一门必修课程。该课程以培养学生掌握应用信息技术优化课堂教学和应用信息技术转变学习方式为主要目标，强调教学过程中学生学习的主动性和对知识的实际应用能力。"动画教学资源设计"模块采用基于项目的教学模式，目标是运用学到的教学动画的知识、工具，以小组的形式设计制作教学动画作品，并进行组内同伴互评。项目周期为4周。

学生以小组的方式展开合作学习，5—8人为一组，考虑到性别、计算机应用能力、学科能力等以组间同质、组内异质为分组原则。各小组独立工作，各自安排组内活动的日程和成员分工。最终学生的成绩由三个部分构成：① 小组作业的整体质量及其相关文档，占总成绩的40%，由教师和全班同学共同在"口袋课堂"中进行评分；② 小组汇报陈述，占总成绩的20%；③ 各小组内的同伴互评，占总成绩的40%。各人得分不尽相同，通过组内的同伴打分，系统自动计算最终得分。教师不单独对小组成员进行打分。

已有的研究表明：同伴互评的经验和事先培训对保证同伴互评的顺利进行非常重要。① 学生在学习本课程的过程中一直使用移动学习平台"口袋课堂"进行作业展示和评价，已具有同伴互评的经验，能够熟练且顺利地进行互评。

小组在进行同伴互评前要讨论他们的小组目标，形成团队契约，进行分工协作，建立工作程序和规则，形成决策机制并能及时处理问题和冲突。小组的每个成员都需要对自己及团队成员所做的工作进行评价，分别在第1周、第2周和第3周进行。这样可以关注各小组项目推进的过程，而不是等项目结束了才进行评估，并允许学生调整自己的行为以回应小组的过程性评价。为促使学生参与小组合作，在项目开始前，共同讨论并完善过程

---

① Lew Magdeleine D. N. , Alwis W. A. M. , Henk G. Schmidt. Accuracy of Students' Self-assessment and Their Beliefs about Its Utility ［J］. Assessment and Evaluation in Higher Education, 2010, 35(2): 135-156.

评价量规。形成的量规如表 13-1 所示。

表 13-1 过程评价量规

评价指标	描述
参加小组会议	准时参与小组会议
提出好的想法	对推进小组工作提供有价值的想法
任务参与	参与执行相关任务
作业	对需要提交的作业和任务的贡献
人际关系	对良好团队环境和人际关系的贡献
团队动机	对激励个人动机和团队动机的贡献
团队规则	遵守团队规则

学生参照量规匿名对小组各成员打分,这样可以让学生在互评时没有压力。评价的参考标准如表 13-2 所示。

表 13-2 小组成员打分参照

分值系数	描述
1.00	超过平均贡献
0.75	平均贡献
0.50	低于平均贡献
0.25	没有贡献
0.00	对团队工作起副作用

简单的分值系数用于测量每个成员与小组平均贡献的距离,具有计算简单并能直接转化成百分比的优点。由于小组的同伴互评中的评分可能与小组成员对项目的实际贡献不一致,如果有学生对小组互评的成绩有异议,教师承担最终的协调员和裁判员角色。由于自我评价能很好地激发元认知,因此过程中也使用自我评价。

(三) 研究过程设计

在 2015 年 2 月到 2017 年 1 月之间的四个学期中,共有 215 名学生选修了该课程。最终,通过问卷收集学生对同伴互评及同伴互评过程中同伴打分公平性的看法。本研究拟通过调查学生如何开展同伴互评,研究如下问题:① 他们是否认同同伴互评的具体模式?同伴互评结果是否公平? ② 学生在互评的过程中,知识与技能是否能同时得到发展? ③ 哪些小组活动与积极的同伴互评有关? ④ 学生对同伴互评模型的接受度及对其公平的看法如何? ⑤ 同伴互评过程中是否有诸如评估困难、打人情分及人际冲突等问题?

问卷分为两部分:第一部分为学生的个人信息,第二部分为学生对同伴互评及成员能力发展的看法。第二部分用 4 级李克特量表(Likert Scale)的形式来测试学生对具体问题的感知。选项为"非常同意、同意、不同意、非常不同意",对应分值依次为 4、3、2、1。选项忽略了中性选项。问卷通过班级微信群发布,通过使用在线调查工具"问卷星"评估学生对本课程各方面的看法。

调查日期为 2017 年 1 月。有 162 位学生填写了问卷,问卷回收率为 75.3%,汇总数据如表 13 - 3 所示。

对收集到的数据除了进行描述性统计和频率分析,还对相关性变量之间的关系进行了检验,并进行了聚类分析。因为调查中所收集到的数据是等级数据,优先考虑使用斯皮尔曼等级相关(Spearman Rank Correlation)检验和曼-惠特尼(Mann - Whitney)检验进行统计学差异检验。

表 13 - 3 调查数据汇总

学期	参与的学生数	调查回复的学生数	回复率	参与小组数
2014—2015 第二学期	44	29	65.91%	6
2015—2016 第一学期	34	22	64.71%	5
2015—2016 第二学期	45	31	68.89%	8
2016—2017 第一学期	92	80	86.96%	14

大多数小组使用同伴互评来区分个人表现,33 个小组中共有 28 个小组

(约占 84.8%)通过同伴互评区分小组成员的最终得分,只有 5 个小组选择不区分小组成员的组内表现。

三、统计结果与分析

(一)描述性统计分析

参与调查的 162 名学生中,有 129 名是女生,约占总数的 79.6%。调查的描述性统计如表 13-4 所示。结果表明学生对小组中通过评估个人贡献来区分小组成员最终分数最为肯定。大多数学生也对整体评价方案持肯定态度。意见分歧主要集中于评价权重的恰当性和评价模型的适当性上,有超过三分之一(35.8%)的学生对评价模型持否定意见。

意见分歧还在于同伴互评对最终分数的影响上,很多学生不同意小组同伴互评给自己打出的分数,当然大多数学生认为小组同伴互评给出的结果是公平的。

事实上,有接近二分之一(45.0%)的学生报告在评价他人时有困难,有 29.8% 的学生认为友谊因素影响学生的同伴互评,22.9% 的学生反映同伴互评过程中产生了人际冲突。

表 13-4 同伴互评的感知的描述性统计

变量	平均值	标准差	非常同意	同意	不同意	非常不同意
1. 我认为应根据小组成员对项目贡献的大小进行打分	3.65	0.51	67.2%	30.9%	1.9%	0.0%
2. 评价每个小组成员对项目的贡献是很重要的	3.62	0.52	63.5%	34.6%	1.9%	0.0%
3. 评价的方案是适当的	3.02	0.54	14.9%	72.8%	11.7%	0.6%
4. 评价权重是恰当的	2.93	0.59	13.0%	67.3%	19.1%	0.6%

(续表)

变量	平均值	标准差	非常同意	同意	不同意	非常不同意
5. 评价的模型是恰当的	2.74	0.65	10.5%	53.7%	35.2%	0.6%
6. 我们小组的成员得分对于成员的贡献来讲是相对公平的	2.87	0.71	16.6%	56.8%	23.5%	3.1%
7. 我们小组在整个项目中的同伴评价是相对公平的	2.85	0.70	16.7%	52.5%	29.6%	1.2%
8. 同伴互评导致了小组内的人际冲突	2.21	0.55	2.5%	20.4%	72.2%	4.9%
9. 我们小组中同伴互评更多反映的是友谊而不是对小组的实际贡献	2.06	0.88	8.8%	21.0%	43.8%	26.4%
10. 对我来说很难评估每个团队成员的贡献	2.34	0.75	67.2%	30.9%	1.9%	0.0%

大多数学生对同伴互评都有一个积极的体验与正面的评价。但是很明显，一些潜在的缺陷确实存在且比例较大。为了更好地理解这一点，我们分析了问题之间的相关性。

（二）相关分析

表13－5　同伴互评感知的相关性分析

变量	1	2	3	4	5	6	7	8	9	10
1	1.00									
2	0.22**	1.00								
3	−0.16*	0.11	1.00							
4	0.04	−0.08	0.26**	1.00						
5	0.01	0.22**	0.35**	0.30**	1.00					
6	0.15	0.16*	0.01	−0.01	−0.03	1.00				
7	0.18*	0.17	0.04	−0.15	−0.04	0.50**	1.00			
8	−0.18*	−0.11	−0.14	−0.108	−0.11	−0.32**	0.04	1.00		

(续表)

变量	1	2	3	4	5	6	7	8	9	10
9	−0.09	−0.14	−0.12	−0.10	−0.03	−0.45**	−0.01	0.40**	1.00	
10	−0.12	−0.10	−0.11	0.05	0.10	−0.15	−0.07	0.11	0.33**	1.00

注：1. **．在置信度（双测）为 0.01 时，相关性是显著的。
　　2. *．在置信度（双测）为 0.05 时，相关性是显著的。

表 13-5 给出了同伴互评报表的相关矩阵。关于同伴互评的接受度（题 1 和题 2）和所使用的具体模型的充分性（题 3 至题 5）密切相关。其中，"我认为应根据小组成员对项目贡献的大小进行打分"与"评价每个小组成员对项目的贡献是很重要的"这两题的结果呈显著正相关（r＝0.22，p≤0.01），学生对具体模型恰当性的看法（题 3 至题 5）也呈显著正相关。

呈现对公平的看法的两题（题 6 和题 7）相关度较高，并且与总体同伴互评接受度和评估模型呈正相关。

对公平的看法与同伴互评中发生的问题与困难呈负相关（题 8 至题 10）。具体来说，学生对同伴互评公平性的看法与对评价模型恰当性的看法呈显著的正相关，与对小组发生人际冲突（r＝−0.32，p≤0.01）及友谊因素（r＝−0.45，p≤0.01）呈显著负相关。后者与学生对最后的分数的公平性看法呈显著负相关（r＝−0.33，p≤0.01），学生对同伴互评公平性的看法与评价同伴的难度（题 10）呈负相关（r＝−0.15，p≤0.01），发生人际冲突与友谊因素之间呈显著相关（r＝0.43，p≤0.01）。

（三）聚类分析

相关分析表明学生对公平的看法与同伴互评的问题和困难呈显著负相关。统计分析表明，这些问题影响到了一部分学生。为了检验这部分学生是否具有典型性，我们进行了层次聚类分析，使用 Ward 的最小方差法。表 13-6 显示两类对同伴互评在统计上具有显著差异的学生的描述性统计。

两个群集的学生对同伴互评的公平性和同伴互评的问题有着不同的看

法。群集1中约27%的学生认为同伴互评的结果与最终的得分是不公平的,认为评价的模型不够完善;感受到在同伴互评的打分过程中友谊因素的影响,同伴互评中有人际冲突发生。群集2包括了大多数学生,认为同伴互评受人际冲突和友谊因素的影响较低,感受到同伴互评更公平,愿意接受评价模型。总之,群集1的学生对同伴互评比较消极,而群集2的学生则更赞成同伴互评。

表13-6 学生对同伴互评看法的聚类分析

变量	群集1($N*=43$)		群集2($N*=119$)	
	平均值	标准差	平均值	标准差
1	3.55	0.59	3.69	0.48
2	3.43	0.59	3.69	0.49
3	2.95	0.58	3.04	0.52
4	2.95	0.62	2.92	0.57
5	2.81	0.67	2.72	0.63
6[a]	1.90	0.29	3.23	0.42
7[b]	2.60	0.73	2.93	0.67
8[b]	2.48	0.63	2.11	0.48
9[a]	2.67	0.92	1.83	0.73
10	2.67	0.72	2.27	0.724

注:两个群集有显著性差异(a:$p \leqslant 0.001$;b:$p \leqslant 0.01$)

对这两个群集的学生关于小组的实践、小组的困难及能力发展的感知统计上的差异如表13-7所示。

表13-7的结果表明,两个群集的学生在小组实践和困难上有差异,但他们对学习和能力发展上的感知并没有显著的差异。具体来说,群集1的学生似乎较少重视团队合作规则和团队合作的重要性,较少与队友们相处得融洽,感知到的更多是小组冲突和误解,发现团队合作(在一个大团队)有很大的困难。他们也不太倾向于用足够多的时间来学习课程,对自己的学习状态满意度不高。

表 13-7 小组实践、困难及学生能力发展的统计分析

变量	群集 1(N^*=43)		群集 2(N^*=119)	
	平均值	标准差	平均值	标准差
1. 小组合作规则对于小组工作很重要[a]	2.62	0.73	3.96	0.57
2. 小组合理分工对小组工作很重要[a]	2.93	0.69	3.49	0.63
3. 我从开始就与小组成员相处融洽[b]	2.91	0.82	3.37	0.52
4. 我很享受在小组里工作[a]	2.64	0.72	2.02	0.68
5. 对我来说处理组里的误解很难[a]	2.76	0.67	2.22	0.64
6. 在大组里工作很困难[b]	2.26	0.77	2.70	0.62
7. 我在组里工作的时间是足够的[c]	2.43	0.83	2.67	0.67
8. 小组活动中我能用到课程中学到的知识与技能[b]	2.41	1.01	2.88	0.68
9. 我对我在小组里学习状态感到满意[c]	2.71	0.72	3.03	0.72
10. 课程让我对自己的能力更加自信	2.77	0.82	2.87	0.70

注:两个群集有显著性差异(a:$p\leqslant 0.001$;b:$p\leqslant 0.01$ c:$p\leqslant 0.05$)

聚类分析的结果表明,学生对同伴互评公平性的看法与同伴互评和团队活动的质量紧密相关。学生感知到他们的同伴互评结果和最终的分数不公平,同样会感受到同伴互评的问题及团队合作的困难。

四、结论与反思

本研究通过四个学期的同伴互评实践,对选修课程的 162 名学生进行问卷调查和数据分析,得到以下结论。

(一) 基于移动学习环境的同伴互评为大学生的小组学习提供了可靠有效的学习评价

基于移动学习环境的同伴互评让大学生可以随时随地地参与评价,有效

提升了大学生同伴互评的参与度,能让大学生在学习专业技能的同时,也锻炼沟通、合作、评价、反思等多种能力,还促使他们更好地开展同伴互评。同时,基于移动学习环境的同伴互评采用网上实名和匿名相结合的方式可一定程度上避免同伴互评中的人际冲突和小组中"能人打分"的现象。

  总体而言,大学生认可同伴互评作为评估合作学习中小组成员个人表现的方法和手段,大多数人有积极的学习体验。然而在这一过程中有相当一部分学生感知到不公平和问题的存在。例如,友谊因素及同伴互评中的人际冲突会对学生感知公平有消极影响。聚类分析显示:在本课程中,两个不同群集的学生对同伴互评有不同体验。一个群集的学生显然有不愉快的经历,另一个群体的学生则非常认可。这两个群体的差异不仅仅表现在对同伴互评的感知上,还表现在他们对小组合作的感知方面。同伴互评中遇到的问题是相互关联的,与团队合作的具体模式和团队合作的质量紧密相关。具体来说,团队人际冲突和友谊因素可能影响大学生对评价结果公平性的看法。

(二)友谊因素和团队的人际冲突是影响大学生进行同伴互评公平性的重要因素

  整体上,大多数学生愿意根据小组的个人贡献区分小组成员的个人成绩。他们赞成使用同伴互评的方式,并普遍赞成使用移动平台"口袋课堂",但对具体评估模型的看法并不一致,近30%的学生不赞成使用它。对于同伴互评的公平性与最终成绩的公平性的感知较低,约27%的学生不满意同伴互评的公平性,24%的学生不满意成绩的公平性。相关分析表明,认同同伴互评模型和公平性的学生与对同伴评价中友谊因素和团队冲突的发生呈负相关。的确,聚类分析显示两组不同的学生对同伴互评体验呈现显著的差异。

  在本研究中,对同伴互评有负面看法的学生受团队人际冲突和评价时友谊因素的影响较大,同时也认为同伴互评的结果是不公平的。尽管他们也认为小组合作学习需要根据同伴对小组的贡献区分同伴的成绩,但是他们认为评估模型须改进。这些结果表明,承认和处理这些问题对排除同伴互评的干

扰是非常重要的。这些问题对学生的学习作用消极,影响了他们对公平性的看法。

一些小组合作的做法对同伴互评起了积极的作用,特别是认识到团队角色分工的重要性、有团队契约,以及与队友友好相处和欣赏团队工作。采取这些做法的小组中,学生会毫不犹豫地认为经历同伴互评是公平的。相反,遇到团队困难和人际冲突的小组是典型对同伴互评持负面看法的学生群集,他们对同伴互评的不公平性感知度更高。

(三) 大学生总体上认可同伴互评模型的公平性,但需关注友谊因素及同伴互评经验缺乏的影响

研究结果表明:同伴互评和评估模型被大多数学生接受,多数学生(约占64.2%)认为同伴互评的模型是恰当的。对同伴互评的经历具有良好感知的学生达到了总数的69.2%。然而,学生对同伴互评结果不满的比例(30.8%)也足够高。

这些感知到同伴互评不公平的学生在同伴互评过程中会遇到评价困难及同伴互评的相关问题,对这些问题需要给予足够的关注。29.8%的学生认为友谊因素会影响同伴互评的结果,22.9%的学生报告小组中发生了人际冲突,45.0%的学生同意(强烈)很难评估队友。根据学生对小组同伴互评的经历和小组团队工作困难的看法进行聚类分析,结果表明,学生对同伴互评感知公平的层次与他们对小组的评价经历与评价的困难程度是一致的。

文献中较少提及关于时间管理与同伴互评的关系。学生只有很少的时间用于该课程的学习或学生的时间管理能力较差,都会导致学生很少有时间反思自己和同伴的表现,或者导致学生很少有机会观察或讨论小组成员的表现,这样会让同伴互评不能充分开展。到目前为止,团队合作、时间管理和同伴互评只是用来协助学生的学习,但它们从来不是专项训练的主体,学生的合作能力本身并没有引起足够的重视。因此,尽管这些学生以前有一些同伴互评的经验,但这并不能保证他们已具备了必要的技能。

至于同伴互评对于学生学业成就的影响,这里体现得不太明显。除了

那些对同伴互评特别认同、学习特别积极的学生外,学生在这两个群集中对学业成就的感知没有统计学差异。在对学业成就的感知中,学生可能更注重知识内容的学习和认知能力,而容易忽略交往的能力与元认知能力的发展。

五、建议

通过本研究的实践,为帮助类似的实践取得更好的结果,提出如下建议。

(一)关注同伴互评过程中具体的实施策略

奥多诺万(O'Donovan)等人指出,仅仅只有明确的量规并不能保证学生充分理解和对量规做出一致的解释。实践中,教师介绍、同伴讨论、同伴练习和精选示例等可以帮助学生清晰理解这些标准和规则;[①]如果学生学会处理人际差异和冲突,一些同伴互评中经历的问题可能会减少,学生对公平性的看法可能提高;每周与教师面对面讨论同伴互评结果,可能比打分或书面反馈更简单、更有效;专门对同伴互评进行训练,能让学生更好地理解评价是怎样影响学习过程的。此外,学习小组人数不宜过多,人数较多的学习小组更容易在同伴评价过程中遇到问题。

(二)关注同伴互评过程中影响公平性的更深层次的原因

本研究表明,同伴互评中的一些潜在的问题,如友谊因素和团队人际冲突等与该模式呈现负相关关系。尽管同伴互评被经常用来克服合作学习中

---

① Gwo-Jen Hwang, Hsun-Fang Chang. A Formative Assessment-based Mobile Learning Approach to Improving the Learning Attitudes and Achievements of Students [J]. Computers and Education, 2011, 56(1): 1023-1031.

成员成绩的公平性问题,但如果它的结果被学生认为是不公平的,则同伴互评就失去了价值。此外,如果学生认为同伴互评的结果不公平也可能对其学习产生负面影响,从而减少同伴互评对学生潜在的价值及其作为合作学习的独特优势。如果学生对同伴互评的公平性有很积极的正面感知,则其前因和后果更值得密切关注。具体而言,在同伴互评遇到的问题中,学生到底扮演一种什么样的角色,值得进一步探索。

这些复杂的关系,通过数据分析可管中窥豹。未来的定性研究须聚焦于学生对同伴互评的观点和具体评价行为。采用个人或小组访谈的形式可能会更深入地了解各因素在同伴互评行动中的复杂关系。

(本章作者为柏宏权,原文《基于移动学习环境的大学生同伴互评的公平性研究》,载于《教育发展研究》2018年第7期。收录本书时略有改编)

辑四

新教育公平研究的历史借鉴与域外比较

第十四章　教育奋斗：北宋寒门学子的社会上升

教育社会学兴起于欧美，其在诞生时便很重视教育公平研究。至今教育不平等更是在西方教育社会学的"集体关切"（collective mind）榜单中高居第一。[①] 就理论建构而言，很容易看到，20 世纪六七十年代以来，在布尔迪厄、伯恩斯坦、卡茨、鲍尔斯等的努力下，西方教育社会学在研究教育公平时，早已十分擅长在当代西方社会中考察导致现实教育不平等的宏观机制，当代西方政治、经济及文化等领域的诸种分化及冲突结构由此得以揭示，正是西方社会中这些宏观的分化及冲突结构造成了"工人阶级"等下层社会群体的教育不平等遭遇。另外，还应注意到，从昆丁·霍尔（Quintin Hoare）1965 年在《新左派》发文批判英国教育改革起，西方教育社会学界开始意识到，除了宏观社会结构，学校里的课程或所教内容也有问题，也在制造教育不平等。[②] 西方教育社会学的教育公平研究即由此转向考察学校课程，形成迈克尔·扬所谓的"新教育社会学"。

中国国内教育理论界从 20 世纪 90 年代开始提出教育公平问题，不过当时仅是强调提高教育质量之余，还应考虑"如何让所有人受到更多、同时又是更好的教育"[③]。21 世纪初，在杨东平的推动下，教育理论界兴起从经济社会转型造成的城乡、阶层等宏观社会"差异"出发分析现实教育不平等。[④] 同一时期，教育社会学界也将教育公平列为集体议题，且特意由"社会变迁"入手考察教育公平，从而在理论建构上也能像布尔迪厄、伯恩斯坦等那样致力于考察导致教育不平等的诸种社会关系结构。[⑤] 不仅如此，对于西方"新教育

[①] Steven Brint. The "Collective Mind" at Work: A Decade in the Life of U. S. Sociology of Education [J]. Sociology of Education, 2013 (4): 273–279.

[②] Hoare, Q. Education: Programmes and Men [J]. New Left Review, 1965(32): 40.

[③] 谈松华. 论我国现阶段的教育公平问题 [J]. 教育研究, 1994(6): 14–19.

[④] 杨东平. 对我国教育公平问题的认识和思考 [J]. 教育发展研究, 2000(8): 5–8.

[⑤] 郑春生. 探讨社会变迁的教育公平展望"后现代"的教育社会学——中国教育学会教育社会学专业委员会第七届学术年会综述 [J]. 广州大学学报(社会科学版), 2003(3): 99–100.

社会学",本土教育社会学界也有所注意。20世纪90年代吴康宁、吴永军等建构的"课堂教学社会学"随之修整为"课程社会学",其旨趣也由最初意在分析课堂教学的社会影响因素,促进"学生的个体社会化",①"探讨提高课堂教学质量的新途径",②变成揭示"社会主流价值观及社会中的权力关系格局"如何对课程及知识进行"控制"与"分等",③因此也大体开拓出了以学校教学机制为考察对象的教育公平研究微观路径。

上述学术史梳理表明,相比于西方教育社会学界,本土教育社会学界的教育公平研究尽管起步稍晚,但也早就能够从社会、学校等层面对当前教育不平等的宏观结构及微观机制展开剖析。问题就在于如何从理论路径、主题等方面丰富推进本土教育社会学既有的教育公平研究。本章将历史社会学视角引入本土教育社会学既有的教育公平研究,即是一次理论丰富的推进尝试。具体而言,本章将以魏晋至北宋时期的相关历史经验作为研究对象,通过对这一漫长历史时段衍生出来的难得一见且意义不凡的教育公平现象即"寒门出贵子"展开考察,分析其背后的成因及意义,解释魏晋以来权贵社会体制中长期难以出人头地的寒门学子,到北宋时为何不仅可以依靠教育奋斗获得显著社会上升,而且重塑了此前过于自私的"贵子"形象,使之成为真正"心系天下"的新型"贵子"。此项研究不仅有利于开拓教育公平研究的历史社会学进路,推进本土教育社会学的教育公平研究,而且能为近些年热议的"寒门难出贵子"问题提供有益的历史参照。

一、中古权贵社会及难以上升的寒门学子

文献中的相关历史经验可追溯到春秋末年,其时孔子曾开创有教无类的

---

① 吴康宁,等.课堂教学的社会学研究[J].教育研究,1997(2):64-72.
② 吴永军.课堂教学的若干社会学分析[J].南京师大学报(社会科学版),1992(2):114-118.
③ 吴康宁.知识的控制与分等:课程结构的社会学释义[J].教育理论与实践,2000(11):24-26.

辑四
新教育公平研究的历史借鉴与域外比较

教育实验,但孔子本意似乎不是为了解决寒门学子的社会上升问题,而是旨在改造人心,培养一批弘扬"仁道"的士人来重建当时大乱的政治社会秩序。孔子即使有心,也没法使教育取代当时盛行的暴力与战争,成为广为认可的社会上升途径。至秦汉之际,陈胜、刘邦等社会底层的经历表明,最显眼的社会上升途径依旧是暴力与战争。到汉武帝建立经学教育体制,推行地方举荐制,通过教育奋斗实现社会上升才成为众多寒门学子首选的晋身之路。公孙弘、卜式等原本以养猪、养羊为业的卑微之士皆因苦读《春秋》《尚书》等经学教本,并依靠地方举贤及汉武帝亲自策问,得以翻身成为宰相、御史大夫,位列三公,堪称缔造了汉代寒门学子"教育改变命运"的传奇。不过,如班固所言,公孙弘、卜式等皆是一时幸运之人,所谓"非遇其时,焉能致此位乎?"① 其幸运博得高位并不能证明教育及社会体制从汉武帝起发生了质变,相反,汉武帝以降的社会上升仍被皇室、外戚及宦官等权贵群体控制,寒门学子仍缺乏稳定有效的通过教育奋斗实现社会上升的制度途径。

汉末魏初曹操崛起,曾让权贵体制发生过有利于寒门学子实现社会上升的大变动,尤其发明"九品中正制",理论上更能为寒门学子通过教育奋斗追求社会上升提供权威公正的制度保障。然而自司马氏联合权贵家族夺取曹魏政权建立西晋起,"九品中正制"便走样流变为"世家大族控制仕途的工具",② 中古时期极其不平等的权贵社会体制,所谓"上品无寒门、下品无势族",③ 由此得以诞生。此后,西晋残余南渡,司马氏亦是依靠王、谢等权贵家族才得以建立东晋皇权,形成所谓"王与马共天下"的"门阀政治"体制。④ 在此体制中,教育及社会上升仍被几大权贵家族控制,汉时倍受推崇的经学教育也因权贵家族喜好玄学、文学、佛教等新文化而式微,寒门学子即使跟在后面努力学习流行的新文化,也难以改变卑微的社会地位。最终孙恩、刘裕等寒门士子还是依靠暴力与战争方式,对"门阀政治"发起挑战,才得以出人头地。

---

① 班固.汉书[M].北京:中华书局,1962:2633.
② 王晓毅.曹魏九品中正制的历史真相[J].文史哲,2007(6):62-69.
③ 房玄龄,等.晋书[M].北京:中华书局,1974:1274.
④ 田余庆.东晋门阀政治[M].北京:北京大学出版社,1989:1.

在孙恩、刘裕等人的军事暴力冲击下,司马氏、王、谢等权贵家族纷纷走向末日,此后南北朝时期的社会重新回到汉时的皇权独尊体制。遗憾的是,此次皇权体制重建实际也未能改变西晋以来的权贵社会格局,而是使历史陷入一轮又一轮的皇权争夺,其中扮演主角的仍是依靠军事力量起家及政治文化资本雄厚的权贵家族,寒门学子依旧是即使努力学习权贵家族推崇的文学、佛教等新文化,也难以翻身进入社会上层。以南朝梁代时的刘勰为例,史载其"早孤","家贫不婚娶",可谓赤贫之士。多亏尚有佛门可依,刘勰得以在寺院中苦读十余载,积累起社会上升必需的文化教育资本。但见已过而立之年仍无显著突破,刘勰又改以撰写《文心雕龙》的方式,企图跻身政治、文学精英控制的社会上层。因为位卑言轻,书写成后"未为时流所称"。刘勰知道,要想成名必须争取赢得政治文学领袖沈约的首肯,却没办法接近。"自重其文"的刘勰最后竟然"负其书,干之于车前",斯文扫地以至"状若货鬻者"。①这一招倒也博得了沈约器重,刘勰随之被任命为九品"奉朝请"。但之后刘勰挣扎了三十年,也没实现儿时"彩云若锦"的社会上升梦想,最终还是回到了佛门。

刘勰尚因《文心雕龙》得以身后赢得"文学"之名,中古时期大多数寒门学子则连身后虚名都没有,更妄谈在世时能在极其不公的权贵社会体制中实现上升,翻身进入政治文化精英阶层。事实上,中古权贵社会结构直到唐代也未发生显著变化,即使有了崭新的教育制度即科举制,其在社会上升方面的杠杆作用亦大不过家族门第背景。如史家统计的那样,相比"西晋、南朝和隋代最高级官员出自大族所占比例的平均值接近 74%",唐代推行科举制虽然有一些影响,但仍不足以改变唐代的"寡头政治"格局,社会上升以及能否跻身政治文化精英阶层仍主要取决于出身。"唐代前期,最高官员中大族出身的比例降至 56.4%,后期则为 62.3%。"②韩愈、白居易等寒士曾试图发起自下而上的政治教育改革,使门第主宰的社会体制转向以孔孟之道及儒学为本,但其改革努力很快就被老牌权贵集团扼杀了。到头来和前朝一样,唐代

---

① 姚思廉.梁书[M].北京:中华书局,1973:712.

② 姜士彬.中古中国的寡头政治[M].上海:中西书局,2016:4.

亦是直到遭遇来自社会底层的军事暴力反抗,也没有自动变革权贵体制,为寒门学子通过教育奋斗实现社会上升提供公平的制度途径。

二、北宋时的社会变革与"寒门出贵子"现象

历史上中国社会真正迎来体制变革是在宋代,对此史学界曾称之为"唐宋转型",涉及政治、学术、文学及日常生活等社会诸领域。就本章议题而言,首先值得留意的是钱穆的发现。如其言:"中国古今社会之变,最要在宋代……魏晋南北朝定于隋唐,皆属门第社会……宋以下,始是纯粹的平民社会……其升入政治上层者,皆由白衣秀才平地拔起,更无古代封建贵族及门第传统的遗存。"①其他史家也发现,不同于唐代后期最高官员中大族出身的比例仍高达62.3%,"在北宋第一个世纪里,宰相来自这个大族群体的比例非常之小,大概只有2.5%",由此可见,"唐宋之间统治阶层的本质,显然发生了剧烈的变化"②。诸如此类的历史发现均表明,中古权贵社会结构在北宋时期发生了巨变,教育及社会上升随之不再被权贵家族掌控,魏晋以来的中国社会经过数百年演变,终于出现难得一见且意义不凡的教育公平现象即"寒门出贵子"或钱穆所谓的"白衣秀才平地拔起"。

进而言之,相比于此前数百年在权贵社会中挣扎的寒门学子总是难以通过公平的教育奋斗获取社会上升机会而成为政治文化精英,北宋以来的寒门学子则不会因为出身贫贱而无法通过教育奋斗实现社会上升,或无论怎么努力求学,都不能跨越权贵家族在社会上升之路设置的门第鸿沟。相反,北宋寒门学子大可以通过教育奋斗收获刘勰、韩愈等前朝寒士无论怎么努力也达不到的造极社会上升。即如范仲淹"二岁而孤",少年求学时常常"食不给,至

---

① 钱穆.理学与艺术.[C]//宋史研究集.台北:台湾书局,1974:2.
② 姜士彬.中古中国的寡头政治[M].上海:中西书局,2016:4.

以糜粥继之,人不能堪",①欧阳修"四岁而孤","家贫,至以荻画地学书",②他们皆是北宋初期的寒门学子。王安石少时家境稍好,父亲系"都官员外郎",③但亦远谈不上是权贵大族。这些寒门学子都和南朝时的刘勰一样刻苦读书,但因不是生活在南朝权贵社会体制中,均未重蹈刘勰的悲剧命运,他们后来都通过教育奋斗在适当年龄脱颖而出,乃至皆位至宰相,成为北宋政治文化改革中的领袖人物。

何以北宋会出现"寒门出贵子"这一史无前例的教育公平及社会上升现象?这一历史现象究竟有何值得提炼的非凡意义?从相关文献来看,要想认识北宋"寒门出贵子"现象的成因及其意义,须从两大变革力量入手。首先是国家层面启动了系列政治及教育改革措施,包括:① 反思唐末五代政治体制结构及危机,将皇权稳固及统治重任托付于新一代读书人及文官,形成所谓"王与士大夫共治"的崭新政治体制;④② 在全国广设学校,皇帝带头向社会宣传"万般皆下品,唯有读书高",同时采取"罢公荐"、糊名、誊抄、增设皇帝亲自主持的殿试等措施,改革完善容易徇私舞弊的唐代科举,建立欧阳修所谓"比于前世,最号至公"的教育及科举体系,⑤且尤其体谅寒门学子,连科举路费开销都由国家承担,如时人王栐所见"远方寒士预乡荐,欲试礼部,自初起程以至还乡费皆公家";⑥③ 改革唐代时每届仅取三四十名进士,大幅增加进士录取数量,仅太宗时期便"取士5 816人,其中大多数出身微寒",且放宽进士出路,直接授官,无须像唐朝时那样再参加吏部面试,同时提高文官待遇⑦。

以上政治及教育制度创新本意是为笼络士人,维护赵宋皇权统治,而非专门旨在解决长久以来的寒门学子社会上升难题,但也不可否认,正是上述

---

① 脱脱. 宋史. 范仲淹 [M]. 北京: 中华书局, 1977: 10267.
② 脱脱. 宋史. 欧阳修 [M]. 北京: 中华书局, 1977: 10375.
③ 脱脱. 宋史. 王安石 [M]. 北京: 中华书局, 1977: 10541.
④ 余英时. 朱熹的历史世界: 宋代士大夫政治文化的研究 [M]. 北京: 生活·读书·新知三联书店, 2011: 8.
⑤ 欧阳修. 欧阳修全集 [M]. 北京: 中国书店出版社, 1986: 894.
⑥ 王栐. 燕翼贻谋录 [M]. 北京: 中华书局, 1981: 5.
⑦ 卜正民. 宋的转型: 儒家统治的时代 [M]. 北京: 中信出版集团, 2016: 119-134; 钱穆. 国史大纲 [M]. 北京: 商务印书馆, 1991: 543.

辑四
新教育公平研究的历史借鉴与域外比较

制度改革使原本讲究门第出身的社会结构转变为以教育奋斗及文化才能为重的新型社会,从而为范仲淹、欧阳修等众多寒门学子通过教育奋斗实现社会上升,提供了史无前例的公平制度途径。不过,需要特别留意的是,上述制度创新只是北宋"寒门出贵子"现象得以产生不可或缺的外部力量,倘若北宋以来的寒门学子自身不争气、不努力,即使有再好、再公平的政治及教育制度,寒门学子也不会自动成为"贵子"。尤其如果北宋寒门学子仍像公孙弘、刘虪等汉时寒门学子那样,多是将"位列三公"乃至夺取皇位(如王莽)当作梦想,或像东晋末没落大族子弟那样,为证明其"贵族"身份,只知"摆出傲慢、排他的姿态,以图显示其家族仍具有居官从政的资格和独特的社会地位",①则北宋寒门学子即使借助优越制度成了"贵子",也不会有值得进一步提炼的非凡意义,不过是重复此前常见的自私"贵子"形象,所谓教育公平随之也仅表现为换一群人享受荣华富贵而已。

由此便可引出北宋寒门学子在新体制结构中的行动,即本章所说的另一大力量。正是这一源于北宋寒门学子自身的行动力量,不仅使北宋国家层面推出的系列政治及教育新制度切实起到了让寒门学子变成"贵子"的教育公平效果,而且使北宋"寒门出贵子"现象具有值得进一步提炼的特殊内涵。简单说就是,经由寒门学子自身努力,北宋社会诞生了新型"贵子"。就此而言,又得提及韩愈的改革尝试,因为正如柳宗元所见,面对魏晋以来数百年大族"贵子"言行多着眼于维系自家地位及富贵,唯独寒士出身的韩愈曾不顾触犯众怒推广"师说",试图以孔孟之道重建长期以来被门第束缚的不公教育体制及自私士人形象。② 只可惜韩愈生不逢时,其改革努力终究无法穿破彼时的权贵社会体制,更妄谈可以改造长期以来的自私"贵子"形象。然而谁能想到,到北宋时,竟有一批寒门学子将韩愈未竟的事业接了过来,长期以来的自私"贵子"形象也随之迎来新生。

这批寒门学子中,领头者正是范仲淹。得益于北宋以来的政治及教育制度革新,范仲淹不仅通过教育奋斗一路上升为位居副宰相的"贵子",而且以

---

① 田余庆.东晋门阀政治[M].北京:北京大学出版社,1989:327.
② 柳宗元.答韦中立论师道书.[C]//柳宗元集.北京:中华书局,1979:871.

一系列旨在造福国计民生的政治文化改革行动重新界定了"贵子",使社会见识了何谓"先天下之忧而忧,后天下之乐而乐"的新型"贵子"。接着,欧阳修、王安石、苏轼等也加入,他们同样以旨在使国家富强、社会安定的政治文化革新实践,激励包括寒门学子在内的新一代士子努力超越一己私利,成为真正"心系天下"的国家栋梁与社会精英。"寒门出贵子"即因这些人的争气与努力得以形成值得提炼的崭新内涵。进而言之,相比此前寒门学子企图成为"贵子"往往是为分占权贵家族的荣华富贵,范仲淹、欧阳修等人的教育奋斗与社会上升才称得上是更有意义的"寒门出贵子",其争气与努力可以向世人昭示何谓真正的"贵子",贵在何处。与之相对应,思考教育公平或"寒门何以出贵子"时,就不能只关注怎样为寒门学子提供最公平的教育及出路安排,还须考虑试图引导寒门学子成为什么样的"贵子"。后一问题倘若不理,围绕寒门学子社会上升所展开的教育公平探讨便会迷失终极意义。

三、历史经验与当代"寒门难出贵子"问题

所谓"有得有失",北宋政治教育改革在给寒门学子带来显著社会上升可能的同时,自然也会顾此失彼,乃至付出惨重代价。其中论及最多的损失与代价便是武官因文官崛起而备受歧视,进而造成国家军事力量严重削弱。其次,国家以及范仲淹、欧阳修、王安石等新起士人领袖均把儒家文化列为最重要的教育内容,并以之来解决国计民生问题,让全国学子围绕它们展开才能积累与竞争,这一教育运作机制设计同样存在"失灵"风险。说到底,就当时国计民生所需而言,何谓最有价值因而全体学生都应接受的知识,国家以及范仲淹等都未有创新思考,以致教育固然发展迅速且日益公平,却无以应对当时逐渐加重的经济、军事及政治危机。再如,北宋时尽管出现显著的教育公平现象,但如果从"士农工商"这一古代社会阶层结构来看,就会发现北宋教育公平其实主要是在解决"士"阶层之内的教育及社会上升不平等问题,并未将其他社会阶层涵盖一尽。

辑四
新教育公平研究的历史借鉴与域外比较

教训还可继续列下去,但此刻更应做的乃是回到本章目标,总结之前的历史考察。如导语所言,本章之所以引入历史社会学的理论视角,首先是想丰富推进本土教育社会学的教育公平研究。现在或可说,这一目标在一定程度上已得以实现,因为从本土教育社会学既有进展来看,无论从"社会变迁""社会关系"等宏观层面入手考察教育不平等的社会原因,还是围绕学校课程分析教育不平等的微观机制,都是针对当下种种教育不平等现实,而未考察历史上的相关事实。近些年,社会学界开始流行从城乡、阶层差异入手,分析中华人民共和国成立以来的教育公平演变情况,[1]但本章所考察的历史时段仍不在其视野之内。总之,在探讨教育公平时,本土教育社会学乃至社会学界至今仍缺乏本章勾勒的历史社会学视角,本章的历史社会学考察因此可产生一定的弥补作用。不仅如此,本章专门针对寒门学子,考察该社会群体自魏晋以降至北宋时期通过教育奋斗实现社会上升的总体情况,还能给本土教育社会学的教育公平研究贡献新鲜的理论框架与经验事实,这同样能起到丰富推进效果的作用。

至此该交代,本章更想达成的目标其实还不是以历史考察丰富推进本土教育社会学的教育公平研究,而是为探讨近些年热议的"寒门难出贵子"问题提供历史参照。2012年,《中国青年报》发文揭示当下"普遍的社会观感",即"农村子女"为代表的"寒门子弟"就读北大、清华等"一流高校"的比率越来越低,"寒门如何再多出贵子"由此成为学界及社会的热点议题,刘云杉、余秀兰等教育社会学者也参与了讨论。从中可以看出,众多对教育公平感兴趣的学者皆认为,"寒门子弟离一流高校越来越远"是当前无法回避的事实。[2] 不仅如此,如余秀兰所见,当前甚至还出现这样一种更令人担忧的动向,众多寒门子弟不再相信教育奋斗可以改变命运,导致"越来越多的社会底层家庭的孩子放弃高中、大学",即使接受教育,也是"直接选择技

---

[1] 梁晨,李中清,等.无声的革命:北京大学与苏州大学学生社会来源研究(1952—2002)[J].中国社会科学.2012(1):98-118;李春玲."80后"的教育经历与机会不平等[J].中国社会科学,2014(4):66-77.

[2] 叶铁桥,田国垒.寒门子弟为何离一流高校越来越远[N].中国青年报,2012-4-16(7).

工学校,学门手艺和技术"。① 这也可以解释为何"职业院校学生多来自社会经济地位低下的家庭"②。

据现有讨论,当前"寒门难出贵子"问题可细化为:一方面,寒门学子传统的教育奋斗上升途径即努力考上好中学、好大学,已越走越窄;另一方面,寒门学子对职业教育抱有价值认同与期望,但职业教育又不被社会重视。近些年国家已采取动员一流大学设法多招农村学生、高度重视职业教育等措施来解决这两方面的问题,但现有措施力度仍不够大,有的"不过是'脚疼治脚'的局部治疗法"③。从北宋时的历史经验看,激励学校及教育体系自动做出调整尚难解决"寒门难出贵子"问题,国家或许应亲自出场,打开地域、阶层、家庭等因素对当前教育体系的钳制,为各类寒门学子通过教育奋斗实现社会上升重建公平且符合国计民生需要的"国立"教育机制。无论从历来被看好的普通教育入手,还是选择优先发展职业教育,国家均可在运行机制及出路安排等方面发起大力改革,让寒门学子依靠教育奋斗及出色成绩,有机会上升为政治、经济等社会各领域的精英。探索体制改革之余,国家还得不忘考虑引导激励寒门学子超越自私或追求一己之利的社会上升观,树立更有意义的"贵子"或精英身份认同。当前国家在政治、经济、军事及信息等方面均比北宋时更有优势,应能拿出更胜一筹的改革行动,让寒门再多出"贵子"。

[本章作者为周勇,原文《寒门学子的教育奋斗与社会上升——历史社会学视角》,载于《南京师大学报》(社会科学版)2017 年第 4 期。收录本书时略有改编]

---

① 余秀兰.底层放弃教育,中产过度焦虑,上层不玩中国高考[OB/EL].http://learning.sohu.com/20160904/n467555179.shtml.
② 沈有禄.谁上职校?为什么上职校?有何差异?[J].教育学术月刊,2016(7):57-66.
③ 叶铁桥,田国垒.寒门子弟为何离一流高校越来越远[N].中国青年报.2012-4-16(7).

第十五章　拔擢寒俊:南宋初年登科进士的社会流动

我们生活在一个考试无处不在的世界中。考试不仅用于教育,而且还用在挑选工作人员和鉴定人们的工作技能上。在日益追求公平的社会中,这是再寻常不过的了,因为公平是与竞争选择制度形影相随的。考试竞争已经是当今中国教育中几乎无人不晓的问题,是当今中国教育改革中不容忽视的特殊场域。[①] 在追求教育公平的道路上,我们不得不对考试制度进行一定的公平性研究。尽管我们生活在一个考试无处不在的世界中,而且中国考试的历史十分久远,但考试却常常被淹没在更为久远的历史发展长河中,从考试与社会的关系来投射教育与公平的话题也并不像考试本身那样能够引起人们的兴趣和关注。人们更感兴趣的是我们身处的社会正在考什么、如何考、怎样考得好,也就是更侧重于考试的工具性。从历史资料来看,我国古代亦如此。

中国是世界上首创用文学考试选拔官吏和政治精英的国家,科举考试的制度化及其广泛运用出现在宋代(960—1279 年),因此宋代可以称为历史上第一个具有考试取向的社会。在宋代就已经遇到现在我们遇到的教育公平问题,而且宋代官府早就注意到科举考试的公平性对社会稳定发展的重要性,因此尽力采取一切措施,以最大程度保证科举考试的公正性,使得科举实现拔擢寒俊。宋代虽然结束于七百多年前,其考试制度在今天仍然值得探讨,笔者认为有以下几点理由。首先,宋代作为科举考试制度的发展繁荣期,其代表的考试制度延续至 1905 年才废止,是中国封建考试制度的一个重要阶段。殿试、在京城外举行初试、唯有殿试后才授予唯一的学位——进士、授予州试及第者以举人地位、三年考试周期以及贡院的发展,这些明清考试的特征都可以追溯到宋代。在学校方面,虽然早在唐代就已经设立了州学、县学以及书院,然而,明清两代的学校与书院在组织结构、课程内容、财政来源、

[①] 吴康宁.制约中国教育改革的特殊场域[J].教育研究,2008(12):16.

校园布局以及政府学校统一纳入考试制度体系等基本要素上,在宋代就已经初现端倪。最重要的是,封建社会后期士大夫阶层致力追求教育和考试竞争主要是宋代的发展。① 邓广铭曾评价宋史时说过:"宋代是我国封建社会发展的最高阶段,两宋期内的物质文明和精神文明所达到的高度,在中国整个封建社会历史时期之内,可以说是空前绝后。"② 可见,宋代考试和学校史对于整个中国教育历史意义重大。

不论历史研究怎样被人们赞扬(或嘲讽)为一种寂寞的冒险,至少在笔者看来,这样的研究是有意义的,尤其在社会性方面。赖特·米尔斯在他的著作《社会学的想象力》中强调任何研究都需要一种历史范围的构想与充分利用历史资料,③清华大学社会学系严飞强调"历史想象力"对研究的重要性,并指出历史社会学采用解读而非解释的分析框架。④ 立足于教育学学科及教育社会学研究方向中,我们在立足于"学科之眼"的同时,也要注重教育学各分支学科及与其他学科之间的"分"与"合",以便达致对教育现象或教育问题的整体把握与协调解决。⑤ 本章将南宋初年科举制度与社会流动作为研究内容,以《中国历代登科总录·宋代登科总录》作为史料来源,立足于教育社会学对教育公平问题的重视,分析探讨宋朝科举考试制度在阶层流动、职业流动等方面产生的影响,以此来丰富教育社会学关于教育公平问题的史学研究,为当今中国教育改革提供历史经验。

一、文献综述

科举制度针对中国古代社会而言具有重大意义,其能够打破自魏晋以来

---

① 贾志扬. 宋代科举[M]. 台北:东大图书股份有限公司,1995:3.
② 邓广铭. 谈谈关于宋史研究的几个问题[J]. 社会科学战线,1986(2):137-144.
③ 赖特·米尔斯. 社会学的想象力[M]. 陈强,张永强,译. 北京:生活·读书·新知三联书店,2016:160.
④ 严飞. 历史、社会与历史社会学[J]. 清华社会学评论,2017(2):5-14.
⑤ 程天君,吴康宁. 当前教育学研究的三个悖论[J]. 教育研究,2006(8):20-25.

辑四
新教育公平研究的历史借鉴与域外比较

形成的世家门阀特权垄断桎梏,以皇权专制政体为前提,将政权最大限度地面向民众开放,是为"天子与士人共治天下"①。通过参与科举考试,大量的平民得以迈过封建官僚体制门槛,入仕为官,这极大地增强了社会流动性,达到相对公平,维护了社会稳定与发展局面。科举制度在发展当中先后经历过创立与完善的过程,在隋朝之前有过世卿世禄制、征辟制、察举制以及九品中正制,入仕为官的资格是由门阀世族所掌控,对此虽然隋唐时期创立了科举制度,然而当时还未走向成熟与完善,元朝统治时期,且对科举不甚重视。而在明清时期科举制度发展到了顶峰,但是因为受到命题范围以及应试模式的限制,科举制度陷入僵化局面,极大地桎梏了当时人们的思想,已经成为阻碍社会发展进步的藩篱。而只有两宋时期采用的科举制度才相对合理,使得中国古代社会进入了一个空前完善的科举社会。② 所以,针对宋代科举制度进行研究一直以来都是中外史学界的重点方向,并取得了丰硕的成果。

(一)科举学的相关研究

中国拥有上下五千年的文化历史,如果选择一个从古至今延续的遗产,则必然会是考试。自隋朝确立的一种制度化的考试——科举,被西方借鉴创立了文官考试制度,中国因之被尊称为"考试的故乡"。研究科举制度,不论在历史学领域、社会学领域,还是教育学领域,都具有重要意义。因此,科举学在多个领域当中形成研究热潮。

科举学主要是指在东南亚各个国家存在的以科举考试制度为研究内容的领域,该研究最开始是由刘海峰在1992年倡议进行。③ 随后,刘海峰在2005年出版《科举学导论》一书,使得科举学开始作为一个研究课题被提到更高层次。另外,科举学的研究内容也被确定下来,形成明确指向性,之前的各项科举研究成果都能够被统一纳入科举学体系之中。

---

① 李焘. 续资治通鉴长编[M]. 北京:中华书局,1979.
② 钱穆. 国史新论[M]. 北京:生活·读书·新知三联书店,2001:38.
③ 刘海峰. "科举学"刍议[J]. 厦门大学学报(哲学版),1992(4):89-96.

211

（二）科举与社会流动的研究

伴随科举考试的正式确立，"以文取人"已经成为新的用人标准，这使得统治阶级之前的单一封闭的社会成分结构遭遇重大冲击。该问题在宋代之后表现得更加突出，科举的实行使得社会的统治阶级发生了改变，深刻影响了当时的教育和政治。历史学界与社会学界将目光聚焦到了科举和社会流动之间的关系上。为了对考试和社会流动的关系进行充分研究，学术界开始对历代统治阶层的社会成分进行总结，相关研究主要是通过统计平民入仕的比例来分析科举或考试引起的社会流动。鉴于科举在古代已经成为人们改变社会地位的重要渠道，其带来的社会流动也受到很多研究学者的关注，国内外相关著作基本都对该问题有所涉猎，其中部分研究采用了定量研究法，在此只综述一下具有较大影响力的研究成果。

何炳棣在对明清两代数万份资料进行研究的基础上，采用定量与定性研究法做出分析，发现明清科举产生了较大的社会流动，与其他朝代相比，明初平民出身具有最高的进士比例，这是现代西方社会精英流动所无法比拟的。① 张仲礼通过对我国相关历史文献资料进行分析得出以下结论：35%的绅士出身平民家庭，这体现了社会地位的可变动性较高。② 潘光旦与费孝通针对清代915份朱卷作者居住地以及家庭出身做出了统计分析，结果显示：有13.33%的贡生、举人和进士出身于平民阶层。针对上述统计结果，笔者认为尽管比例并不高，但是结合我国当时的社会发展状况来看，科举对社会流动的作用看起来不大，但是实际上已经是难能可观。③ 我国还有大量的关于科举对社会流动影响的研究，总体上看，这些研究大致可以分成流动派、非流动派和中间派。流动派以潘光旦、柯睿格（E.A.Kracke）、费孝通以及何炳棣等为代表，他们认为科举促进社会的流动。非流动派代表人物有哈韦尔

---

① 何炳棣.明清社会史论[M].台北：联经出版事业股份有限公司，2014：101.
② 张仲礼.中国绅士——关于其在19世纪中国社会中作用的研究[M].上海：上海社会科学出版社，2002：235.
③ 潘光旦.潘光旦文集10[M].北京：北京大学出版社，1999：112.

(Robert A. Hartwell)、韩明士(Robert P. Hymes)以及艾尔曼(Benjamin A. Elman)等,他们认为科举对社会流动的影响并不明显。中间派的观点则不明确,既肯定科举对社会结构的影响,又提出这个影响极有限,代表人物有贾志扬、张仲礼以及李弘祺等。

通过研究相关文献史料可知,科举制度对唐朝社会流动量的影响并不大,但是科举制度对流动的幅度以及流动的速度产生的影响却非常大。柯睿格在统计了南宋《绍兴十八年同年小录》(1148年)之后发现,在能够考证家庭出身的279名进士之中,有157人父祖二代非官宦人员,所占比例为56.3%;按照《宝祐四年登科录》(1256年)统计结果显示,在能够考证家庭出身的572名进士之中,出身于平民家庭的达到了331人,所占据的比例为57.9%。① 萧启庆认为,元代虽然很看重家庭"脚跟",但是仍有很多进士出身于平民。通过统计元统元年(1333年)100名进士之后发现,其中有35%的进士来自平民家庭。② 当代中国研究者大部分主张科举制度促进了唐朝的社会流动这一观点,部分学者提出近一半的清代状元来自平民之家,分析上述结果可知,科举制度从一定程度上体现了社会竞争的公平性。科举制度促进了社会不同层次人员之间的流动,促进了社会发展结构的不断变化。在明清时期,人员的绝对流动比值在10%至60%之间,平均值在30%左右。在科举制度停止后又重新开始的一段时间内,社会流动性达到最高极限,接近60%。但是在科举逐渐发展为一项非常固定的社会制度之后,社会流动逐渐趋缓。基于我国现阶段的历史研究结果而言,很多学者开始重视科举与社会流动关系领域的研究,但从研究状况来看,在量化分析方面开展的研究不论是范围还是深度都有待加强。

(三) 宋代科举与社会流动的相关研究

学术界针对宋代社会的上下阶层之间的纵向流动,利用统计方法进行研

---

① 柯睿格.中国思想制度论集[M].台北:1976:293-318.
② 萧启庆.内北国而外中国:蒙元史研究[M].北京:中华书局,2007:187.

究,源于美国宋史研究的奠基人柯睿格,其运用南宋《绍兴十八年同年小录》等研究进士录取人员情况,统计在进士中"新血"占据的比重。孙国栋在1959年发表《唐宋之际社会门第之消融》一文当中选择《新唐书》《旧唐书》以及《宋史》当中的列传人物作为研究对象,对其家世资料进行分析,对比中唐至北宋时期重要人物的出身背景,认为唐代以名族贵胄为政治、社会之中坚;五代以由军校出身之寒人为中坚;北宋则以由科举上进之寒人为中坚。① 1971年,台湾政治大学政治所研究生陈义彦发表《以布衣入仕情形分析北宋布衣阶层的社会流动》,统计《宋史》列传中北宋人物的出身背景。② 1977年,他的硕士论文《北宋统治阶层社会流动之研究》出版。1986年,韩明士在研究宋代江西抚州的专书 Statesmen and Gentlemen: the Elite of Fu - Zhou, Chiang - His, in Northern and Southern Sung 中,从婚姻和家族背景的关系出发,对地方精英展开分析,包括拥有官员或者是士人身份的人员,认为柯睿格高估了平民子弟进入仕途的速度,宋代没有社会纵向流动可言。③ 徐红在其2009年出版的《北宋初期进士研究》一书中指出,尽管朝廷选拔官员不再关注家庭出身和门第高低,但家世对士人能否及第仍然有着隐性的、间接的影响。④ 有关宋代的科举与社会流动研究,亦有流动派与非流动派之争,而且当时所采用的资料都较为稀少,基本依据《宋史》《绍兴十八年同年小录》和《宝祐四年登科录》,其中所含进士的家世信息有很大缺失。韩明士的研究虽然考虑到家族和姻亲因素,将抚州进士放诸家族、姻亲的网络中,但进士录中对家族、姻亲信息是语焉不详的,而且有夸大家庭凝聚力的嫌疑。

(四)《宋代登科总录》研究综述

《宋代登科总录》,全称为《中国历代登科总录·宋代登科总录》,是由

---

① 孙国栋.唐宋史论丛[M].上海:上海古籍出版社,2010:215.
② 陈义彦.以布衣入仕情形分析北宋布衣阶层的社会流动[D].台北:台湾政治大学政治研究所,1971.
③ 周鑫.韩明士:《官宦与绅士:两宋江西抚州的精英》[J].中国社会历史评论,2006:411-419.
④ 徐红.北宋初期进士研究[M].北京:人民出版社,2009:77.

辑四
新教育公平研究的历史借鉴与域外比较

浙江大学的龚延明教授和祖慧教授主编,于2014年出版的一套总数达14册之巨、弥足珍贵的宋代登科进士录,是目前国内最大的宋代精英人物数据库,为多视角研究宋代与宋代社会提供了宝贵的大数据,为查阅宋代精英人物提供了便捷检索,为宋代科举与宋代社会研究助上了一臂之力。① 断代科举史研究在制度和个案研究的基础上进一步深化,需要重要的历史资料基础,即有关该时代各科登第人的记录。宋代作为科举发展最为重要的时代,《宋代登科总录》即采纳了便于利用的第一手原始文献,又对其进行了系统整理汇编,弥补了宋代科举史料缺乏的遗憾,为宋代科举史研究提供了便于利用的、权威的、全面的登科人资料库。② 宋代科举重要史料《宋登科记考》与《宋代登科总录》,都是龚延明教授带着他的助手来完成的。王瑞来将两者进行比较后发现,《宋代登科总录》对登科人数和登科人文献资料征信,进行了增补与修正,在注明资料出处之外,又增加了书证。此外,编撰者还不断留意和追踪最新学术信息,及时将相关史料采录到《宋代登科总录》之中。③ 除此之外,在庞大的登科总录之后,《宋代登科总录》还在本册书后面附上了25万字的《宋代科举研究总论》,包括科举考试的方方面面。

具体围绕《宋代登科总录》展开的研究,笔者跟踪到两篇文献。周佳、汪潇晨和平田茂树对宋代科举宗室政策和童子科政策进行了研究。首批大规模登第宗子出现在南宋高宗朝绍兴年间,主要集中于太祖、太宗的第六、第七代孙。宗子登第的人数、甲第、举数逐渐上升,至南宋时形成专门从事举业的宗子族群,并出现连续三代登第的宗室科举家族。④ 通过《宋代登科总录》统计分析得出,除118位文科状元外,宋代还诞生了72位武科状元、12位贡士及第状元。宋代文状元有近八成来自底层官员与平民家庭。而且,宋代武科

---

① 龚延明.《宋代登科总录》与创新的宋代精英数据库[J].浙江大学学报(人文社会科学版),2017(1):29-35.
② 潘晟.宋代科举史研究的基石[N].光明日报,2015-11-10(11).
③ 王瑞来.宋代科举人数的渊薮[N].中华读书报,2015-11-25(15).
④ 周佳,汪潇晨,平田茂树.《宋代登科总录》与宋代科举政策变化研究[J].浙江大学学报(人文社会科学版),2017(1):42-56.

状元仕途不显,文科状元近六成曾在政府机构中担任宰执与侍从官等重要职务。① 这反映出宋代政府"重文抑武"政策导向的结果,也验证了进士科举取士在人才流动方面的推动作用。

二、宋代选官制度及科举考试制度变革

在中国历史上,魏晋南北朝被称为门第社会时期。这一时期以世族为核心形成了鲜明的社会等级,政权掌握在少数高门大族手中,而寒门士人则少有机会上位。在隋唐时期之后,因为世族受到皇帝所压制,选拔人才由原先的九品中正制逐渐变为科举考试制度,逐步将阶级性社会破除,门第势力开始没落;到了五代时期,战乱残酷地打击过去的世家大族,使得它们完全消失。宋代建立之后,皇权地位变得更加高涨,在继续实施科举考试制度的基础上更加注重对考生和考官间私人关系的监督,防止出现影响人才选拔公平的现象。而印刷术的不断推广,使得教育普及得到大力支持,相比于唐代,社会治理水平提高,历久不衰的高门现象不复存在,阶级界线逐渐弱化;在科举考试体系之下,只要是读书人则出身不分高下,均有机会参与到政治核心中,社会逐渐进入科举社会。而在新社会形态逐步形成的过程当中,科举考试制度起到了不可替代的推动作用。

(一)宋代选官制度

在任何一个社会,上升的路径都不是只有考试这一条路,在当今日益追求公平的社会是如此,在宋代社会亦是如此。公平的考试制度为寒门子弟敞开一条升迁之途,拔擢寒俊,但也存在其他入仕途径,在宋代社会便存在以下途径。

---

① 祖慧,杨竹旺.《宋代登科总录》与宋代状元研究[J].浙江大学学报(人文社会科学版),2017(1):35-42.

1. 科举

科举,即"分科举人",依科举考试成绩选拔人才。宋初科举考试科目设置依据唐朝、五代时的设置,大体可分为常科与非常科。常科,包括进士、诸科与武举;非常科,主要包括制举和童子科。常科,顾名思义,"经常进行考试的科目",特点是考试时间稳定,规模较大;非常科与之相反,开科时间须皇上下旨,时间不稳定,规模也比较小。与唐代有所不同的是,宋代贡举常科考试流程遵循解试到省试再到殿试的次序。宋代贡举的频率也经历了演变过程:从初期的每年举行一次,到仁宗时期的两年一次,再到神宗时期的三年一次,并逐渐定型。制举也名"制科",在《宋史·选举志》当中记载着"制举无常科,所以待天下之才杰,天子每亲策之",[①]可见制举无固定时间,由皇帝临时下诏而定,是贡举的一种补充。而武举在宋代"重文轻武"的政策环境下鲜少举行。童子科是对不足 15 岁的童子进行儒经和诗赋考试的一种无定制特科,因不成型而在宋代未得到连贯实施。制科考试更是反复无常,而后逐渐被词科所代替。宋代恩科,包括特奏名和特赐第,是常科与非常科之外的补充形式,设置的主要目的是笼络多次赴省试落地的年高举人或嘉奖有功之人。上舍释褐,是宋代学校选士的特殊制度,其虽与进士待遇相同,但有时又高于进士。

2. 其他入仕途径

宋代统治者看到了科举考试制度的优势,通过科举制度可以使得广泛的社会底层才子参与到入仕的竞争浪潮之中,这样一来选拔了有真才实学的人,形成"重文轻武"的局面,有利于国家稳定。但同时,统治者也要考虑到已经在朝很多年的王室贵族和为国家做出贡献的人们,保证他们能够一直一心为统治者服务,保证国家稳定。因此,宋代便有荫补、进纳补官、摄官补官和流外补官。[②]

荫补是授予中级和高级官员的特权,允许这些官员在他们退休或者死亡时把他们的官位授予他们的亲人或者是门客。接受荫补的人也要通过职位的考试,即铨试,他们最初的职位很低。还有一种荫补,被称为大礼荫补,是皇帝在

---

① 脱脱,等.宋史·选举志二[M].北京:中华书局,1977:3646.
② 贾志扬.宋代科举[M].台北:东大图书股份有限公司,1995:281.

京师郊外举行典礼时进行的荫补,在人数上,这一种形式占有极大的比例。进纳补官,是授予在战争或饥荒时献出巨大粮食或现金的人低级官位,然而得到这一授官的人数很少,并且他们的提升空间受到严格的限制。摄官是一种非正式的官员,允许在广南担任低级官职的广南举人。他们在一定的服务期限后可以取得正式身份。流外补官是指服务满二十年的吏员通过特殊考试可以从流外进入国家行政机构而获得官位,但在998年开始,限定人数为每年二十人。

3. 南宋科举考试科目及录取人数分布

由于史料的不完整性,除进士科外,宋代科举其他各科录取人数已无法确切统计,根据《宋代登科总录》不完全统计,南宋历代科举各科目录取人数及所占比例如表15-1所示。常科科目占据51.92%,其中进士科占据了大部分份额。南宋科举考试科目的设置体现了其稳定性最高和录取比例最高的特点,也由此成为宋代科举重心,即"选拔人才皆以进士为重",①也正是宋代科举的最大特色。

表15-1 南宋历次科举考试各科录取人数

科举考试科目			录取人数(人)	所占比重(%)
常科科目	文科	进士科	23 176	51.92
		明经科	2	
	武科		991	
非常科科目	制举		2	0.27
	童子科		80	
	词科		43	
	刑法科		1	
恩科	特奏名		22 065	47.76
	特赐第		167	
上舍释褐			21	0.05
合计			46 548	100

---

① 何忠礼.宋史选举志补正[M].北京:中华书局,2013.

（二）宋代科举考试制度变革

在中国古代社会科举考试制度历经的一千三百多年的历史长河中，宋朝科举考试占有重要地位。科举制度始建于隋朝，确立于唐朝，而后在宋朝逐渐趋于完善。宋代科举制度虽大体上沿袭隋唐制度，但又在此基础上对其进行了一系列改革，使其得到了进一步的发展和完善，并呈现出与前期不同的特点。

1. 门第社会：宋代以前的选官制度

宋代以前的选官制度大都按照嫡长子继承制度来做出评判，两汉时期形成了察举制，而科举制度则是发展到宋代才开始走向成熟的。对科举之前统治阶层社会成分的研究主要集中在汉代、曹魏和两晋时期，常用的方法是对统治阶层的家世进行分析，比较其出身不同阶层的比例，进而分析科举之前的人才选拔制度（主要是察举制和九品中正制）所造成的社会流动。和对科举的研究相比，对科举之前人才选拔制度的研究成果要少得多。各项研究所得结论虽因取材不同而有所差异，但总体上有一定共性，即认为科举之前，统治阶层的社会成分主要为官宦富豪所据，虽然社会底层也并非毫无仕进机会，但由于没有制度的保障，贫民入仕比例仍带有较强的随机性，进入高层的机会更是微乎其微。

黄留珠在《秦汉仕进制度》中，将两汉察举制最主要的科目孝廉作为研究对象，考察其任用情况及被任用官员的家世出身。研究结果显示，两汉孝廉中来自官贵和富豪家庭的比例高达75％以上，意味着能通过察举这条途径获得较高社会地位阶层者，多来自官宦富豪之家。因此，在黄留珠看来，两汉时期的察举制度也属于一种嫡长子继承制度，通常拥有察举孝廉权益的都是一些官宦子弟，很少有民众能够拥有这项权利。[1] 阎步克则对曹魏和两晋时期由察举入仕的人进行了统计分析。汉代官僚子弟，在曹魏时有较多应察举的机会，但家族在汉代无官位族望者，也依然有相当的得举可能其中，在汉代无官位族者，当朝父祖亦没有担任官职的有23.9％，与黄留珠的平民以下子弟

---

[1] 黄留珠.秦汉仕进制度[M].西安：西北大学出版社，1985：141-142.

比例 24.4% 大致相当。可见,曹魏时察举在从各阶层广泛取人这一点上,大致承袭了汉代的传统。西晋时察举一途之中,下层士人的比例有较大增加。如不考虑蜀吴人士,官僚子弟占了 24.2% 的比例,中级官僚子弟占 29.7%,下层士人则占了 46.1%,下层士人几乎占据一半,若将当时蜀吴人士与下层人士相加,比例则高达 62.6%。可见,此期察举这一途径吸纳了相当数量的普通人士。而与之相对比的是,高门权贵子弟由察举入仕者,比例却明显下降,即对于官僚权贵而言,其越来越不看重察举地位和能力。①

毛汉光做出的研究跨度与黄留珠、阎步克做出的断代史研究相比,前者更加广阔,研究内容最早涉及东汉献帝建安时代为 197 年至 906 年间的"中古"时期,区间达到了 709 年。统计显示,士族出身的官吏所占比例大多数时期均处于 50% 以上,虽然在第 1—4 期和北魏第 8—9 期,士族出身官吏所占比例不足 50%,但处于上升状态。即使在唐朝科举制度确立以后,由于科举程序中存在着察举色彩的公荐、行卷等制度,以及科举之外的门荫等入仕途径,士族出身的官吏比例仍然居高不下。尤其是第 26 期(847—873 年),士族比例更是高达 88.7%。与士族相对的是寒素在统治阶层成分中所占比例的升降。当士族低落时,寒素则高扬。这一时期,除第 1 期(196—219 年)汉朝寒素比例为 56.5% 外,其余各期均在 40% 以下,且多在 10%—30% 徘徊,而到第 7 期(345—370 年)即东晋后半段门第最森严的时期,更是跌落至 1.8%!只有当政权交替或战乱时,寒素有较多凭军功出仕的机会,在统治阶层中所占比例才会有所上升。

唐代的考试每年在京都举行。取得考试资格有两种途径:通过州官的推荐(乡举或贡举)和通过在京都的几所学校之一学习来获得校举。这几所学校除了一所以外都只对官员的亲戚开放。后一条路几乎占考试录取者的大多数。② 宋代以前的科举制度构成了一条进入官场的狭小而颇有威信的通道。尽管登科的人数仅占文官的百分之六,③但他们是很有发展前途的,而且他们往往在最高级政府中占着优势。由于把文学成就作为衡量政治才能的重要因素,科举制度可能对大世族的地位起了破坏作用。但是和某些历史

① 阎步克.察举制度变迁史稿[M].沈阳:辽宁大学出版社,1997:27.
② 贾志扬.宋代科举[M].台北:东大图书股份有限公司,1995:24.
③ 孙国栋.唐宋史论丛[M].上海:上海古籍出版社,2010.

辑四
新教育公平研究的历史借鉴与域外比较

学家的见解相反,科举制度并没有促进社会的流动,因为这种制度保证学衔的取得者要出身于大世族或地方上具有官宦传统的名门世族。

2. 重视科举:宋代科举考试制度的主要特征

(1)"殿试不黜落"

尽管在武则天时期就已经出现了殿试,但当时却缺乏一套行之有效的明确的制度体系。而到了宋代,宋太祖重新开设殿试,明确提出参考人员要参加殿试,由皇帝亲自评阅审核之后才能够为官。经过省试获得的名额是会有变化的,因为皇帝可以在殿试过程当中根据参考者的能力对排名重新安排,拥有至高无上的权利,由此出现了所谓的"天子门生"。尽管殿试的排名可以变化,但是参考人员在殿试过程当中都能够获得统一对待,不会出现黜落现象。宋朝还避免了过去士人录取之后结党营私的现象,要求座主和门生不再有任何联系,获得官职的士子,皇帝会亲自摆设"琼林宴",从此以后所有的士子都直接对皇帝负责。

《宋会要辑稿·选举》一之一六《贡举》:"(绍兴)十八年二月二十日,以权吏部侍郎边知白知贡举,权礼部侍郎周执羔、右正言王仉同知贡举,合格奏名进士徐履以下二百三十二人。"由此可得知,徐履为省元。但从绍兴十八年登科进士榜中发现,徐履排名在第五甲第一百四十二人,即殿试最后一名。南宋人祝穆撰《方舆胜览》卷九载,徐履,绍兴为省元,时相秦桧欲妻与女,因阳狂,廷对不答一字,乃附第五甲末。时人语之约:"殿榜若还颠倒挂,一一依前作状元。"①因此,可以猜测,徐履在殿试廷对中违犯不回答问题或有冒犯考试规则。殿试是由皇帝亲自主持的,为防止黜落考生对皇帝不满,也为体恤远方寒士前来赶赴考试,于是实行"殿试不黜落"的政策,故徐履虽有冒犯考试规则的嫌疑,也只是被排在了进士榜最后一名。徐履累迁国子博士,官至朝请郎(正七品),相当于现今的县处级正职。②

(2)照顾士子,"有官人不得第一"

宋朝降低了应试门槛,从而能够吸引更多寒门弟子参与进来,不管其家

---

① 祝穆.卷九:瑞安府·事要·人物[M]//方舆胜览.北京:中华书局,2003:153.
② 蒋建中.古今官职诠释[M].北京:中国书籍出版社,2013:2.

庭地位、阶级地位如何,年龄多大,皆拥有参试资格,而且还重点照顾了西北偏远地方的士子,为其设置名额比例保障,减小考试难度。西北地区的士子有相当部分不擅长诗词歌赋,对此也会做出特殊关照。这就使得东南地区出的进士比较多,而西北地区出的经学者比较多。有的应试者身处西北地区,物质条件匮乏,在这方面给予适当的鼓励和帮助,会吸引越来越多的士人参与考试。

考虑到前朝科举考试出现过很多作弊的状况,宋朝采取了多项整顿措施,安排主副考官彼此督促,避免出现座主门生连成一线的状况。在考试过程中采用封闭式的考试环境,阻止同外界串通,派专人负责一日三餐的派送,所有人都必须等到考试结束之后才能离去。试卷当中的姓名一栏不可泄露,由专门人员负责监督。为避免考官依据考生字迹查出考生身份,还会有专人负责重新誊写。若是考生与考官之间存在亲属关系,需要重新安排其他考官单独进行监考。

考试当中如果发现有官宦子弟参与,则需要特别注重考试结果。比如董德元,绍兴十八年进士榜第一甲第二名。宋洪迈《夷坚志》卷五《董参政》云:"庐陵董体仁参政德元,累举不第,用特恩得州助教……绍兴丁卯秋试……董年事已高,无复有功名奋飞志,不肯往,(诸生)强挽以东……是岁预荐选,次年南省奏名,廷对第一,以有官之故,诏升王宣子(王佐)居上,而董次之,恩例与大魁等,得左承事郎(从八品)、佥书镇南军判官。"①宋人吴曾《能改斋漫录》卷二《殿试有官人不得为第一》云:"本朝殿试,有官人不为第一人,自沈文通始。迄今循之,以为故事。"②因此,董德元虽然殿试成绩第一,但因其原本就有官职右迪功郎,而退居进士榜第二名。

"恩科""特科"在宋朝比较流行,平民士子拥有二次应试的权利。所有出身市井的士人被礼部罢黜,或者是在朝堂不被录用,若人数较多,考虑到入仕年限区别对待,如若有亲策士被罢黜并提交名字,经皇帝许可之后允许参加二次考试,也就叫"特许奏名"。通过实施这样的制度,激发了学生学习的积

① 洪迈.夷坚志[M].北京:中华书局,2006.
② 吴曾.能改斋漫录[M].上海:上海古籍出版社,1960.

极性,在宋代开始出现全民学习的繁荣景象,而且皇帝也能够选拔出高水平的人才,这更有利于天子的统治。而在社会崇拜的大环境下,士子考取功名可谓是名利双收,满足了虚荣心,统治者达到了笼络人心的目的。以绍兴十八年科举考试为例(如表15-2所示),特奏名人数比例竟达到55.81%,超过进士科录取人数比例。

表15-2 绍兴十八年科举考试各科录取人数统计表

科举试	进士科	特奏名	武举科	博学宏词科	合计
录取人数(人)	353	457	7	2	819
所占比重	43.10	55.81	0.85	0.24	100

(3)废除公荐

宋朝时期,公荐制度被废除。公荐制度即官僚干部根据自身社会地位给朝廷推荐自己信任的士子,这些士子无须考试可直接获得录取资格。这种制度开始实施时能够发挥出作用,但是后来缺点也越发明显。首先,一个人的道德品质本身就是较难客观评价的,只能通过言行加以考察。而言行又不能代表一个人的真实思想品德,在被举荐的过程中,可能会存在矫言饰行、弄虚作假。其次,德行本身很难被客观考察,何况以公心推荐者少之又少,这是阶级社会中私有观念占统治地位的必然现象。加上推荐者所知范围有限,无法广泛得知真正的德才之士。被推荐的人才大多是与官员存在关系的,也就是所谓的"门生"。贵族拥有绝对的势力,对皇帝的权力造成威胁,再加上氏族的没落,该制度被人们所普遍抵触,于是宋太祖时公荐制度被废除。

3. 程序完善:宋代科举考试程序

科举考试,又名贡举、乡贡,意思是地方(乡)将人才进献(贡)到中央。贡举是常科,此外还有制举,是特科,由皇帝特别下诏书举办,例如贤良方正能直言极谏、才识兼茂明于体用萃等科,自宋初以来已有。凡内外职官、前资现任官或无官职者,并得由诸州及本司解送吏部送试,录取人数很少。此科虽然受时人推崇为大科,但整体上的重要性不及贡举。宋代贡举需先后经过解试、省试、殿试三个程序,前两个程序在唐代已经存在,最后一个程序到宋代才确立。

(1) 解试

解试由州军举行,之所以被称为解试,是由于考生在录取之后,由本州岛军"发解"到京师参加中央政府的省试,通过解试而获得发解者被称为"得解人"或"得解举人"。考试时间在秋天,又称为秋试、秋解或秋赋。士人参加此项考试,被称取解或取应。解试通过,才能由地方政府解送到中央,参加礼部的考试。

参加解试的士人,需要先在本籍贯投纳家状、保纸和试纸。家状上包含应举人的姓名、年龄、家庭状况、三代、举业、举数,以及乡贯。保纸是考生互相担保符合应考资格和应考规定,在解试时三个人结成互保。试纸则是考试用纸,由官府加盖印信后发还,到考试时使用。从宋初以来,就规定应贡举人必须"各归本贯取解,不得寄应"(《续资治通鉴长编》卷六十一"景德二年七月丙子"),所谓寄应是指寄在别籍取应。这项规定含有乡举里选的意义,但是执法不严,寄于开封府考试的士人尤其多,原因在于开封府的解额比较宽。所谓解额,是指全国各州军都有中央给予的发解名额,虽然多寡不均,但是至少能分配到一个数额,用意是让各地士人都有参加省试的机会,具有维系地方对中央向心力的意义。

学历方面,在宋代绝大部分的时间也没有限制,只有庆历改革时曾规定在国子监或州县学入学满一定日数才能取应,可是这项规定很快就遭到废除。宋徽宗时实施地方学校(州、县学)三舍法,废除解试及省试,取士全由学校升贡,这项制度也只实施了十八年便失败。所以整体来讲,只要没有严重的道德过失(主要是家庭伦理方面),也不曾触犯法禁,士人便可以应考。这就给有志于此者提供了广泛参加竞争的机会。

除了由州军举行的解试之外,在这一阶段还有一些特殊的解试,主要有锁厅试和别头试。锁厅试是宋代科举中专门为有官职的官员所举行的考试。马端临《文献通考》卷三十《选举考》载:"凡见任官应进士举,谓之锁厅试。"《宋史》卷一五五载:"凡命士应举,谓之锁厅试。"锁厅是"锁其厅事而出"的意思,即锁其官府的办公厅而参加科举考试。锁厅试因为占用地方解额,不利于寒门士子上进,改送转运司考试,单独设立解额解发。别头试是宋代科举考试中为了限制官僚子弟和士族子弟应试的特权而建立的一种回避制度。

应举人有亲戚在本州岛任官,或者担任发解官,或者侍奉父母任官距离本州岛二千里以上,由转运司选官另行考试,又称转运司类试,南宋时称为漕试。宋代宗室在神宗熙宁年间以前均可授官,自熙宁二年(1069年)起,疏远亲属必须经过科举考试才能授官。解试阶段,在京城者参加国子监试,在各路者参加转运司试,有官人则参加锁厅试。国子监试原为国子监生员举办,他们都是中高级官员的子弟,宗室应举,自然也有特别的优待。而且并非所有的贡士都要先参加解试,在某些特别情况下可以免解,宋太祖时曾下诏:"贡士之下第者,特免将来请解,许直诣贡部。"(《续资治通鉴长编》卷十六"开宝八年岁末")这个办法到宋太宗时取消。从宋真宗时起,贡士如果曾经多举不中(三举或更多),特免取解成为惯例。此外,经由皇帝特恩也可以免解,例如由于战争受到罹难的地域性免解,个人也可以获得特恩免解。南宋时,太学生升到上舍,也可以免解。

(2)省试

通过各种解试或者获得免解资格的举人,在次年春天到京师的礼部参加考试,由于礼部属尚书省,所以这种考试被称为省试。省试的时间,北宋时期一般在正月,到二月底或三月初奏明发榜。南宋淳熙十六年(1189年)以后,由于考虑到正月初春严寒,改为二月初考试。省试时间在春天,所以又称春闱。参加省试的举人,除了像参加解试时一样要缴家状、保状和试纸外,还要缴纳解状,亦即地方官府的解送文书,另外互保也增为十人结保。省试也和解试一样,有为现任官而设的锁厅试和为考生避考官亲戚嫌疑而设的别头试。

省试不仅在京师举行,南宋时各路又有类省试,四川维持的时间最为长久。南宋建立之初,由于朝廷逃避金军追击,政治中心还未确定,同时宋、金交战和盗贼作乱,使得交通困难,士人要远赴行在也不容易,朝廷曾经在宋高宗建炎三年(1129年)和绍兴元年(1131年)两次将省试合取名额分给各路,在各路转运司的所在州举行考试,称为类省试,第一次是由提刑司差官主持,第二次则分别自各路漕、帅、宪、茶盐四司中选择词学之臣主持。这两次类省试的情况都不太好,加上南宋局势也逐渐稳定,于是在绍兴三年(1133年)下诏停罢类省试,只有四川类省试没有取消。所谓四川类省试,实际是川陕类省试,涵盖地域除了四川地区之外,还包括陕西没有沦陷于金的部分。四川类省试之所以继续保存,是因为离行在太远,朝廷担心当地举人不能如期抵达行在参加省试。除了绍兴四年(1134年)第一次举行地点在川陕宣抚处置使所在州军外,以后各次均在四川制置使所在州,亦即成都举行。考试制度同于省试,略有变通,录取名额也比较宽。但是也并非所有四川得解举人均参加类省试。朝廷规定,四川帅臣、监司、郡守、通判的亲属及门客,必须前往行在参加省试,这是为了防止请托弊端。至于其他得解举人,如果愿意赴行在省试,也发给驿券,解决他们的旅费问题,以示鼓励。

(3) 殿试

礼部正奏名与特奏名均须参加殿试。殿试由皇帝亲自主持,一般认为始于前述宋太祖开宝六年(973年)的覆试,当时宋太祖御讲武殿亲自阅视。但是这一次覆试只是针对下第人举行,和后来殿试以奏名者为对象不同。殿试成为常例从开宝八年(975年)开始,这一年覆试礼部合格举人,以奏名者为对象,同时礼部试第一人和殿试第一人也不同,从此有省元、状元的分别。殿试成为定制,皇帝所以要亲试举人,防止考试不公应该是原因之一。但是原因并不仅止于此,另外一个也许更加重要的原因是皇帝要将取士的权柄收之于己。唐代科举考试,导致主考官和考生之间结成座主、门生的关系,彼此在朝廷中往往互相援引,结成政治势力。这种关系,自宋初以来即加以严禁,宋太祖建隆三年(962年)"诏及第人不得拜知举官子弟,弟侄及目为师门恩门,并自称门生"(《文献通考·选举考三·举士三》)。在否定恩出知举官,斩断座主生的关系后,进一步就要显示恩出人主。人主之恩,正是由殿试表现出来的。皇帝和登第者之间的这种关系,到南宋初年,就出现了"天子门生"(《宋史》卷三八一《赵逵传》),此语出自宋高宗之口,显示出皇帝心中的想法。

殿试从宋太祖时代以来,除特殊情形外,一般在三月举行,后来为方便四川类省试举人远道前来参加,时间一度推延至五月。宋仁宗嘉祐二年(1057年)以前,殿试常有黜落,即使省试通过也未必就能及第,例如宋真宗咸平五年(1002年)礼部解进士七十二人经过殿试及第仅三十八人。从嘉祐二年起,进士参加殿试皆不黜落。之所以有这样的改变,宋代有人认为是因为远道而来的寒门学子在殿试中黜落之后往往贫穷至无法回家,甚至有人会跳河自尽,宋仁宗不忍看到士子如此,于是决定殿试不黜落;也有人认为是因为一

个名为张元的士人多次被省试录取,但最后在殿试阶段被黜落,心中不忿,于是投靠元昊,成为宋朝一个隐患。当代学者则有人认为是受到庆历二年(1042年)富弼上言的影响,既然省试长于殿试,省试已经录取之人到殿试自然不应该再黜落。除了省试制度已经完备这一个理由外,还有人认为,如果省试通过而殿试黜落,将会造成"恩归有司"而"怨由主上"。这些理由,都不无道理。不过虽有殿试不黜落之制,实际上此后一直到南宋,仍有人在殿试中遭到黜落。之所以如此,是因为这些人的殿试试卷中有些文字触犯了当时皇帝或先帝的嫌名庙讳,或有不押韵、文理荒谬等情况。

三、绍兴十八年科举考试的经验研究:拔擢寒俊的制度因素

在科举与社会流动之间关系的议题下,学者们指向的都是一种经典式的算法,即计算各类中试者出身于平民或官宦家庭的比例,以此来说明科举与社会流动之间的关系问题。但在具体的统计方法上又略显不同。有统计中试者前三代功名的统计口径,也有采用中试者前五代功名来论述科举所造成的社会流动。鉴于此,笔者也采用了多种算法,试图通过对各种口径统计结果的比较,对科举造成社会流动做出更全面的阐释。

(一)绍兴十八年登科进士样本描述统计

绍兴十八年科举考试共录取330名进士,其中宗室子弟16人,分布在第三甲和第四甲。祖上官衔统计不完整,便无法描述祖上功名信息,因而也就不能对这类进士进行代际流动分析。绍兴十八年登科进士中祖上三代官衔不完整的有47人,应排除在研究对象之外。因此,本研究最终选取的样本统计量为283人。详细见表15-3。

表 15-3 《宋代登科总录》绍兴十八年登科进士数据统计

	一甲	二甲	三甲	四甲	五甲	合计
总人数	10	19	37	122	142	330
宗室	0	0	4	12	0	16
三代官衔不完整	0	2	2	14	29	47

1. 积极向学:登科进士之年龄统计分析

宋代的读书人往往把他们的职业称为考进士,即为科举考试做准备。①努力为科举考试做准备的既有成年人,也有青少年。根据绍兴十八年登科录记载,登科进士年龄最小的是兴化军莆田县龚孟良,年龄为17岁,年龄最大的是处州丽水县章驹,年龄为64岁,登科进士平均年龄为35.63岁。

在宋代,人们想要考中进士要花费十几年甚至更久的时间来准备。这些时间都花费在掌握令人生畏的课程上,包括历代历史、诗赋和儒学经典。南宋时期,不论是考经义或考诗赋的进士考生,都必须通过三个部分的考试。所有考生都必须写一篇关于政治或哲学原理的理论文章(称为"论"),并回答三个政策性问题(称为"策"),这些问题往往都是复杂、高度技术性的政治问题。而要通过这两门考试,需要积累大量的历史知识和经书知识。此外,诗赋考生必须按照指定的题目运用复杂严格的写作规则写一首诗和一篇赋。每一个经义考生都必须回答关于专业经书的三个问题和《论语》及《孟子》中的问题各一个。这些都需要对儒家经典、经书典籍原文及其意义有准确的理解。

2. 百折不挠:登科进士之参加科举考试次数分析

从参加考试次数来看,有一举成功的,也有参加7次考试才考中进士的,而平均在2.26次。由此可见,考取进士这条向上流动之路并非坦途,却还是吸引着万千学子。尽管我们说,这些进士考取功名很不易,但他们是少数且幸运的。绝大多数读书人花了一生中的许多时间或大部分时间而未能成功。由科举考试广泛的范围来看,科举考试次数平均在2.26次也变得可以理解了。很多考生并不是穷尽一生在追求科举考试,在这期间,他们也会成家立

---

① 贾志扬.宋代科举[M].台北:东大图书股份有限公司,1995:5.

业。大多数人是在迫近考试时,才开始回到学习上来。漫长三年的等待,与伴随考试发榜而来的痛苦失望,这种生活使人蒙受精神上极度的紧张与焦虑,我们现在只凭猜测便可以得知。

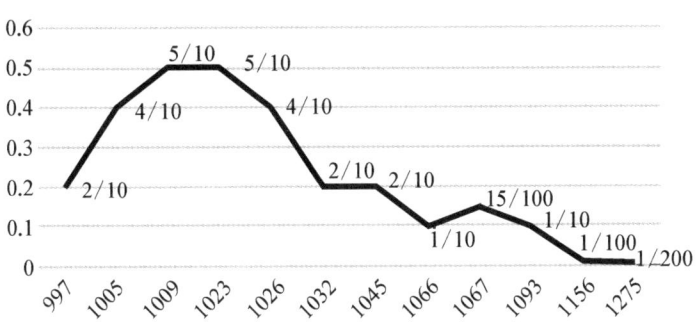

图 15-1　宋代历次解试配额比率统计图①

以上我们所谈论的,都是止于这 330 位取得成功的人,但其实失败的人数远远超过这个数量。那么这个数量到底是多少呢?竞争到底有多激烈?我们可以通过解试配额和省试通过率来看。以绍兴十八年为例,省试录取南宋初年为 14 人取一人的比例,州试配额比率采用 1156 年的 1/100,可以推算出参加省试的人数约为 4 620 人,参加州试的人数约为 462 000 人。单由宋代州试法定配额比例的变化,亦可看出配额比例从 2/10 降到 1/200,科举考试的竞争力在宋朝一代中增加了许多倍。

(二) 万般皆下品,唯有科举高:登科进士的种种特例

1. 有官人锁厅应举及第

锁厅试是宋代科举中专门为有官职的官员所举行的考试。马端临《文献通考》卷三十《选举考》载:"凡见任官应进士举,谓之锁厅试。"《宋史》卷一五五:"凡命士应举,谓之锁厅试。"锁厅是"锁其厅事而出"的意思,即锁其官府的办公厅而参加科举考试。这意味着,在宋代不仅是普通士人可以参加科举考试,有官职者也可以参加考试。宋代社会对登科进士很是器重,进士出身升迁为一

---

① 注:数据援引自贾志扬《宋代科举》,东大图书股份有限公司 1995 年版,第 56 页。

路,而非进士出身升迁为另一途。在官职方面也有所区分,登科进士出身人在官职前面加"左",非进士出身人加"右"。以此来保证进士出身人迁转速度优于其他人之特殊地位。① 宋代社会进士出身地位高于与之同地位的非进士出身官员,进士出身高人一等的社会地位,可见一斑。因此,即使已经靠家族门荫得官者,还是希望通过科举考试来获得较高社会地位和较快升迁之路。虽然有一些势家子弟侥幸通过锁厅试,但锁厅试设置之初衷是劝导恩荫、进纳等出身的官员勤于学习,整体提高官员群体素质,拔擢治国安邦之栋梁。

据《宋代登科总录》统计,绍兴十八年登科录330人中,通过锁厅试考取进士的有27人,约占总登科人数的8.2%。现将该27位通过锁厅试登科及第者信息统计如表15-4所示。

表15-4 绍兴十八年科考试锁厅试进士信息统计表

序号	登科名次	原有官职	姓名	年龄	举数	家庭背景信息
1	第一甲第二	右迪功郎	董德元	53	6	曾祖为都官员外郎,祖父和父亲均为赠官
2	第一甲第三	和州助教	陈孺	31	1	三代均不仕
3	第一甲第四	右修职郎	莫汲	26	1	曾祖太中大夫(从四品);祖父右奉议郎(正八品)
4	第一甲第七	右承务郎	葛邲	35	2	祖左宣奉大夫(正三品);父迪功郎(从九品)
5	第二甲第十五	右迪功郎	陈丰	39	2	祖朝请大夫(从五品上);父左朝奉大夫(正五品)
6	第二甲第十九	右迪功郎	秦渊	36	2	父右朝奉大夫(正五品)
7	第三甲第二十八	承信郎(从九品)	赵不愧	30	1	宗室
8	第四甲第九人	右通直郎	陆升之	34	3	父左朝请大夫(从五品)

---

① 龚延明,祖慧.宋代登科总录[M].桂林:广西师范大学出版社,2014:7770.

辑四
新教育公平研究的历史借鉴与域外比较

(续表)

序号	登科名次	原有官职	姓名	年龄	举数	家庭背景信息
9	第四甲第三十七	右迪功郎	鲍安行	42	2	祖赠宣教郎，父任左朝奉郎（正六品上）
10	第四甲第六十三	右奉议郎	钟离松	48	1	祖武略大夫（正七品），父右通直郎（从六品）
11	第四甲第八十八	右迪功郎	方颜	34	3	父左中大夫（从四品）
12	第四甲第八十九	吉州助教	张溥	30	2	三代均不仕
13	第四甲第九十六	保义郎（正九品）	赵不悔	26	1	宗室
14	第四甲第一百零二	承节郎	赵彦龄	25	1	宗室
15	第四甲第一百零八	右奉议郎	韩彦直	18	1	父见任太保（正一品）、云南武安宁国军节度使
16	第四甲第一百十	右宣议郎	张宗元	18	1	祖见任太傅（正一品）、充静江宁武静海节度使
17	第四甲第一百十二	成忠郎	赵公懋	34	1	宗室
18	第四甲第一百十四	承节郎	赵伯术	28	1	宗室
19	第四甲第一百十九	承节郎	赵公斌	24	1	三代均不仕
20	第四甲第一百二十	忠训郎	赵伯茂	48	1	宗室
21	第四甲第一百二十一	承节郎	赵师孟	21	1	宗室
22	第五甲第五	右承事郎	王允功	26	1	父见任左中大夫（从四品）
23	第五甲第二十七	右迪功郎	黄璋	55	6	三代均不仕，疑为特奏名

(续表)

序号	登科名次	原有官职	姓名	年龄	举数	家庭背景信息
24	第五甲第七十	右承务郎	吴邵年	24	2	父左中奉大夫（正四品）
25	第五甲第八十四	右迪功郎	林思永	25	1	父左朝奉大夫（正五品）
26	第五甲第九十三	忠翊郎	方师尹	49	3	三代均不仕
27	第五甲第一百十八	贵州助教	叶衡	27	2	三代均不仕

由表15-4可以看出，这些进士原有官职大致可通过三种途径来获得。右修职郎莫汲、右承务郎葛邲、右迪功郎陈丰、右迪功郎秦渊、右通直郎陆升之、右迪功郎鲍安行、右奉议郎钟离松、右迪功郎方颜、右奉议郎韩彦直、右宣议郎张宗元、右从事郎王允功、右承务郎吴邵年和右迪功郎林思永共13人；以宗室授官者是承信郎赵不愧、保义郎赵不悔、承节郎赵彦龄、成忠郎赵公懋、承节郎赵伯术、忠训郎赵伯茂、承节郎赵师孟等7人；由于年龄较大、参加科举次数较多而获得特奏名的是右迪功郎董德元和右迪功郎黄璋二人；而平民出身的和州助教陈孺、吉州助教张溥、忠翊郎方师尹、承节郎赵公斌、贵州助教叶衡共5人。

首先，我们可以看出宋代科举考试的开放性与包容性，既允许像韩彦直与张宗元这样父亲在朝廷中仕至太保、太傅的人参加，允许像赵不悔等宗室出身的人参加，也允许像和州助教陈孺等闲职人员参加。

其次，锁厅试中宗室占比25.9%，官宦家庭出身的进士（包括宗室）占比74.1%。可见锁厅试为宗室和官宦子弟开通了便利之道。尽管如此，我们还是可以看到平民出身的进士在锁厅试中取得了很好的成绩，锁厅试也的确选拔到了优秀的人才。例如和州助教陈孺官至知江陵府，吉州助教张溥历知邵武军、知岳州；贵州助教叶衡初授宁德县主簿，累迁户部尚书、签书秘书院事、参知政事，最终进拜右丞相兼枢密使。若非锁厅试，他们可能终生在琐事缠身的低官阶或闲职上碌碌无为。由此看来，锁厅试在选拔人才方面也起到了积极的作用。

2. 宗室应举

宋代社会被称为"科举社会",意味着科举制度打破了贵族集团对权势的垄断,其考试的规模性、公平性使得无数中下层阶级的读书人看到了向上流动的希望,进而纷纷投入科举考试大军中无法自拔。宋代宗室作为皇家势力的一部分,一开始被排除在科举考试的大门之外。直到宋神宗开始,不再只给宗室子弟一些闲散高俸禄的闲职,于熙宁二年颁布《宗室法》,允许宗室子弟参加科举考试。以绍兴十八年为例,在330人的进士榜中,录取了宗室子弟16人,约占该榜总人数的4.85%。在前文中提高绍兴十八年省试录取人数为14人取一人,而占据考生极少数的宗室子弟在殿试中竟达到5%左右,已经占据了不小的比例。现将该16位宗室及第者信息统计如表15-5所示。

通过表15-5可以看出,宗室弟子整体分布在第三甲和第四甲,但这不意味着他们的考试成绩在三甲和四甲。宗室子弟享受"升甲恩",即在一般情况下在原有成绩基础上升迁一甲,也有升迁多甲,但极为少见。① 由表15-4和表15-5可以看出,16名宗室及第者中,7人通过锁厅试及第,8人有详细的任职信息。仕至中高级官员的有赵彦恂仕至左朝奉大夫(正五品),知南外宗正事;赵公懋仕至左朝请大夫(从五品),知临江军;赵俨之仕至朝议大夫、吏部郎中等。

宗室科举主要是为了解决远属宗子的生活和出路问题,减轻国家财政负担。因此皇帝以科名来引导宗室子弟积极向学,提高了宗室子弟的整体文化素养,也促进了宗室子弟与士大夫阶层的沟通联系。此外,在表15-5中还可以看出,也有一些宗室子弟获得了较好的从政机会,说明南宋宗室子弟开始出现在政治的舞台之上。虽然宗室子弟在科举考试中享有"别试别考"的特权,表面上看,并不挤占科举录取的名额,但随着宗室子弟的增加,必然会对辛苦打拼的平民子弟造成压力,造成一定程度上的不公平。但另一方面,宗室弟子及第后的仕途进迁却并不顺利,皇帝对考取进士的宗室子弟抱有一种"取之太优,用之有限"的矛盾心理,无非是希望在皇家利益与政治权利分

---

① 龚延明,祖慧.宋代登科总录[M].桂林:广西师范大学出版社,2014:7722.

配方面找到一种平衡。

表15-5 绍兴十八年科举考试宗室子弟应举情况

序号	名次	姓名	任职情况
1	第三甲第二十八人	赵不愧	
2	第三甲第三十人	赵普屾	
3	第三甲第三十三人	赵像之	初授修职郎、抚州司户参军,仕至军器少卿
4	第三甲第三十四人	赵彦文	
5	第四甲第九十六人	赵不悔	历朝请郎(正七品上),知徽州
6	第四甲第一百零一人	赵彦恂	终左朝奉大夫(正五品),知南外宗正事
7	第四甲第一百零二人	赵彦龄	累迁通判
8	第四甲第一百十二人	赵公懋	仕至左朝请大夫(从五品),知临江军
9	第四甲第一百十三人	赵俨之	仕至朝议大夫、吏部郎中
10	第四甲第一百十四人	赵伯术	累迁至湖南转运干办公事,易左从事郎、绍兴府推官
11	第四甲第一百十五人	赵不敔	
12	第四甲第一百十六人	赵善珏	
13	第四甲第一百十八人	赵子修	
14	第四甲第一百二十人	赵伯茂	
15	第四甲第一百二十一人	赵师孟	历监永州祁阳酒税
16	第四甲第一百二十二人	赵伯瑗	

(三)南高北低:登科进士水平地域分布不均衡

中华文化是世界上唯一没有中断过的传统文化,隋唐至明清的中华文化重心不断从西北向东南,从北向南推移。南宋高宗朝以来的中期社会是中国古代士大夫阶层充分发展的重要时期,涌现出一批对南宋以来的社会以及现代社会影响深远的有才之士。史念海曾指出,"这固然可以说各个人的际遇

难得尽属一律,而起本贯乡里久居之地,环境熏陶习染,也不能就没有一点点关系"。① 所以对南宋高宗朝进士群体来说,对他们的地理分布特征进行分析是有必要的。本节内容以宋高宗绍兴十八年登科进士为例,探讨进士群体地理分布特征。

1. 绍兴十八年登科进士南北地域分布统计分析

绍兴十八年共有 330 名登科进士,其中有 318 名统计了户籍所在地(以每位进士原本籍贯为准,不考虑地理迁移情况),将登科进士籍贯与今日省级行政区划对应更加直观明了(见表 15-6)。绍兴十八年科举考试中,福建省和浙江省承袭了在北宋时期科举考试中的优异表现,科举考试录取人数均约占 20%。南宋以来,四川实行类省试,朝廷一方面用发放驿券的办法鼓励类省试合格举人参加殿试;另一方面,因为路途遥远,交通不便,对四川类省试合格举人不能如期参加殿试者,特赐及第、出身,绍兴十八年也是这样。因此四川在此次考试中成绩非常优异,甚至超越福建省。虽然南宋保留着北方区域取士优惠,但从表 15-6 中可以看出,北方进士录取人数只占了 7.25%,而南方录取人数高达 92.75%,南北方形成了绝对悬殊的差距。

表 15-6 绍兴十八年登科进士南北地域分布表

北方录取人数			南方录取人数		
省名	人数	百分比	省名	人数	百分比
河南省	16	5.03	四川省	69	21.70
陕西省	3	0.94	福建省	68	21.38
山西省	1	0.32	浙江省	63	19.81
青海省	1	0.32	江西省	44	13.84
甘肃省	1	0.32	江苏省	34	10.69
河北省	1	0.32	安徽省	6	1.87
			广东省	5	1.57
			重庆市	3	0.94

---

① 史念海.唐代历史地理研究[M].北京:中国社会科学出版社,1998:374.

(续表)

北方录取进士人数			南方录取人数		
省名	人数	百分比	省名	人数	百分比
			湖南省	2	0.63
			湖北省	1	0.32
合计	23	7.25	合计	295	92.75

2. 绍兴十八年登科进士流动个案统计分析

在《宋代登科总录》之绍兴十八年戊辰榜中，不仅包括登科进士的原本籍贯，还尽可能地搜集了每个考生的地理迁移情况。对迁移情况做具体说明的有12人(见表15-7)。由此可见，由北方迁入南方的，有万介、吴琼、沈文德、陆升之、陈经国、范仲较、莫汲、葛邲，共计8人，约占66.7%。

表15-7 绍兴十八年进士迁徙具体情况表

序号	姓名	本贯	迁入地	迁移方向(以现代省级行政区划为准)
1	万介	开封府祥符县	湖州归安县	河南→浙江
2	朱江	福州侯官县	平江府长洲县	福建→江苏
3	吴琼	开封府开封县	福州闽县	河南→福建
4	汪端彦	饶州德兴县	徽州婺源县	江西→江西
5	沈文德	开封府开封县	常州	河南→江苏
6	陆升之	开封府陈留县	绍兴府山阴县	河南→江苏
7	陈经国	开封府开封县	福州怀安县	河南→福建
8	范仲较	开封府祥符县	华阳县	河南→四川
9	林公望	秀州华亭县	兴化军莆田县	江苏→福建
10	莫汲	开封府开封县	湖州归安县	河南→浙江
11	葛邲	开封府祥符县	江阴军江阴县(一作湖州归安县)	河南→江苏(一作浙江)
12	谭炤	潼川府铜山县	鄞县	四川→四川

3. 南北方进士数量悬殊的原因分析

绍兴十八年北方进士约占7.25%，南方进士约占92.75%，南方进士在

这一次科举考试中人数远远超过北方,由此形成了巨大的南北差异。南宋初期各个地区的科举表现,一方面是承袭北宋以来的局面,另一方面与当时的政治、经济、思想、文化和教育等多种因素都密切相关。

第一,这一现象并不是绍兴年间所独有,而是一个渐进过程。我们从有关学者对北宋时期的相关研究中可以发现,仁宗朝进士南北差异悬殊的局面就已经形成,而这种差异最初可从宋真宗时期觅得端倪。①

第二,南宋初年进士南北分布呈现巨大差距,这与当时南宋社会的政治、军事有关。北方地区一直处于与金及其他少数民族的战乱之中,战争的摧残严重破坏了北方经济社会的发展秩序。绍兴十一年(1141年),虽然南宋与金签订《绍兴和议》,但须每年向金进贡大量的岁币和物品,这无疑会直接或间接增加北方地区人民的赋税负担,也影响了北方人民的生活。

第三,南宋初年南北进士差异悬殊与南北地区经济发展状况是同步的。经济的繁荣才能使人们的生活有所保障,进而为教育的发展和人才的选拔提供必要的物质条件。而两宋时期南宋经济发展优先于北方地区是学术界已经达成的共识。气候良好、文化底蕴丰厚的南方地区自然会产生更多的人才。

第四,教育的发展是社会政治、经济发展的结果,教育、文化的普及程度会影响文化的繁荣、人才的选拔以及人才的分布。在本章第一节中也有相关论述,宋代州县学得到了极大的发展,并且民间办学力量也逐渐兴起,使得教育机会得到普及。另外随着印刷术逐渐推广,书籍更容易获得。学校的兴盛、书籍的广泛传播,这些都是影响南宋初年登科进士南北分布不均的因素。

由此可见,教育的发展是社会政治、经济发展的结果,一个地区的教育发展状况将影响文化的繁荣和人才的选拔与分布,南宋初年南方政治、经济的快速发展,使得南方进士数量远超过北方地区。

---

① 辛雁海.北宋仁宗朝进士探析[D].上海:上海师范大学,2013.

(四) 学优则仕:登科进士之代际流动分析

中国古代社会由于血缘及宗族等因素,对于进入官宦仕途的人来说,其家庭出身与仕途之间始终存在着直接或间接的联系。尤其在前文所提到的魏晋南北朝时期的门第社会中,政治权利为士族大家所把持,士族子弟不论是否贤能均可进入官宦仕途,而寒门才子鲜有机会位至高官。隋唐确立科举制度,终于打破了世家大族垄断政治的局面,寒门出身的才子可以不受家庭背景限制,以个人才能通过科举考试进入仕途。宋代时期,完全废除公荐制度,入仕依据"一切已成文为去留",这种方式在一定程度上秉持了公平公正。以《宋代登科总录》绍兴十八年登科进士为例,祖上三代官衔信息统计不全者有 47 人,与柯睿格统计的 51 人不同,区别在于《宋代登科总录》不仅包括《绍兴十八年同年小录》的信息,还尽可能搜集了每位进士的传记资料。以绍兴十八年 330 名登科进士为研究对象,对其家庭背景与社会流动情况进行具体分析如下。

1. 祖上功名分析

若采用何炳棣的经典研究方法,分别统计祖上三代功名分布情况,根据笔者统计(除父代以外,每一代只统计前代没有功名的情况),可得出表15-8。根据表 15-8 可以看出,若只看祖上直系三代,则祖上三代均无功名的进士比例约为 55.1%,与柯睿格的研究 56.3%[①]相差无几,说明有 55.1% 的寒门擢俊实现了阶层流动,如此看来这一流动比例还是很大的。

表 15-8 绍兴十八年登科进士祖上功名统计表

项目	祖上三代功名分布情况			三代均无功名	合计
	父代	祖代	曾祖代		
人数	94	19	9	150	272
百分比	34.6	7.0	3.3	55.1	100

2. 家庭背景双重分析法——官员等级和亲属关系

笔者在研究中发现,《宋代登科总录》中,除记载进士直祖上三代以外,还

---

① 费正清.中国思想与制度论集[M].台北:联经出版社,1981:293.

辑四
新教育公平研究的历史借鉴与域外比较

通过其他传记资料引证出进士的其他家世背景。如在本研究"锁厅试"部分所指出的,有三代均不仕的进士,在登科之前就已有官职;进士俞处约,祖上三代均不仕,但其兄俞处俊为左从事郎、筠州军事推官,且为户主;进士刘公特祖上三代均不仕,其叔刘温伯任左朝散大夫温伯,也为户主。这类祖上三代不仕,但户主或直系亲属有任官者的,在上面表格中并没有体现出来。而且宋代实行"小宗世系",明确实体性宗族的框架、范围,实行的原则是"五世则迁之宗","君子之泽,五世而竭"。① 这一点在《宋代登科录》中也有所体现,有很多进士家庭户主都是高祖,如第四甲第一人孟致诚登记户主信息为"高祖朝散为户",即高祖在朝中担任朝散大夫。由此一来,由高祖所辐射的宗族网络,我们都应该加以考虑。根据远近层次,可以将宗族关系分为三代和五服,三代指曾祖父、祖父、父、叔伯父、堂兄弟,五服指出自于同一高祖的亲属。在功名统计上,可以将官宦家庭再加以细分,分为京朝官和地方官。分类标准以官僚身份为主,如某进士三代内有地方官,五服内有京朝官,则计入京朝官。

按照该统计原则,绍兴十八年登科进士中,出身于官宦家庭的人数为152人,约占参考人数的53.7%(330人中除去资料不全的47人);平民出身的有131人,约占参考人数的46.3%。(见表15-9)在此,官宦家庭是统计了三代和五服在内都为平民的比例,所以应该是绍兴十八年对平民子弟开放的最低比例。其实选人家庭出身的进士,因为他们的三代和五服内有人曾担任过小官而被称为官宦子弟,但他们并没有权贵子弟那么潇洒,生活一般还是很艰难,更有甚者会沦为和平民一般。

表15-9 绍兴十八年登科进士家世背景分析表

	官宦家庭			平民	合计
	京朝官		选人		
	三代	五服			
人数	67	19	66	131	283
百分比	23.7	6.7	23.3	46.3	100

---

① 钱杭.中国古代世系学研究[J].历史研究,2001(6):3-16.

3. "兄弟同榜"与"父子同榜"

《宋代登科总录》不仅引用《绍兴十八年同年小录》中登科进士的基本信息,还对每个进士都详细搜集了小传信息。笔者在阅读《宋代登科总录》时,发现绍兴十八年科举考试除却宗室及第者外,竟有"兄弟同榜"和"父子同榜"的景象(见表15-10)。

在绍兴十八年登科录中,有1对"父子同榜"、6对"兄弟同榜"的景象,共有14人,约占总人数的4.2%。从表15-10可以看出,庞守和庞愈、芮煇和芮烨、勾龙雾和勾龙震均三代为平民,是寒门出身,同榜等第。这一现象可以作为"科举社会"这一概念的印证。"父子同榜"体现了南宋初年确实对年龄限制相对较小,科举考试并不是"一考定终身",人们有机会多次参加科举考试来实现自己的理想。由于笔者获取的信息资料有限,无法具体展现这些父子和兄弟到底是如何备考的,他们的日常生活是怎样的,但我们可以想象,"父子同榜"和"兄弟同榜"展现的是南宋初年整个社会积极向学的景象,以及为备考科举而展开的日常生活,这印证了钱穆提出的"科举社会"。

表15-10 绍兴十八年科举考试"父子同榜"和"科举同榜"

序号	姓名	名次	家世背景	任职情况	籍贯	年龄
1	庞守	第四甲第三十五人	曾祖恭先,祖宗越,父愈。父为户		合州石照县垫江乡	22
1	庞愈	第五甲第七十八人	曾祖规,祖恭先,父宗越。自为户		合州石照县垫江乡	43
2	蒲尧仁	第四甲第十三人	曾祖翼,祖昌龄,父靴叔德州教授穀为户	历知泰和县	福州侯官县桂枝乡	38
2	蒲尧章	第四甲第二十七人	曾祖翼,祖昌龄,父靴叔德州教授穀为户	官至迪功郎	福州侯官县桂枝乡	41
3	陆升之	第四甲第九人	曾祖珪任国子博士,祖必任中大夫,父长民任左朝请大夫。高祖大传为户	历左奉议郎,知大宗正丞	开封府陈留县孝义乡	34
3	陆光之	第四甲第二十六人	曾祖珪任国子博士,祖必任中大夫,父长民任左朝请大夫,祖为户		开封府陈留县孝义乡	30

辑四
新教育公平研究的历史借鉴与域外比较

（续表）

序号	姓名	名次	家世背景	任职情况	籍贯	年龄
4	冷世务	第五甲第二十五人	曾祖迈,祖佽,父嗣立,见任秀州助教,父为户	终官朝奉大夫	平江府常熟县积善乡	24
	冷世光	第四甲第七人	曾祖迈,祖佽,父嗣立,见任秀州助教,父为户	终朝奉大夫,知严州	平江府常熟县积善乡	27
5	李清	第四甲第四十一人	曾祖昭物,陕府节度推官,祖时敏,父钧。曾祖为户	历闽清县主簿	兴化军莆田县崇叶乡	
	李渊	第四甲第九十六人	曾祖昭物,陕府节度推官,祖时方,父彬,广州新会县主簿。曾祖为户	雷迁知阳春县	兴化军莆田县崇叶乡	
6	芮烨	第二甲第十三人	曾祖道明,祖宁,父彦辅,外氏石。父为户	以右文殿修撰致仕	湖州乌城县登（澄）静乡	35
	芮煇	第四甲第四十三人	曾祖道明,祖宁,父彦辅,外氏陈。父为户	仕至兵部尚书	湖州乌城县登（澄）静乡	28
7	勾龙雱	第四甲第四十四人	曾祖昌符,祖良献,父廊。父为户			51
	勾龙震	第四甲第二十三人	曾祖昌符,祖良献,父廊。父为户			40

（五）贤才治国：登科进士仕途进迁的代内流动分析

仕途的顶点（最高官）是考察宋代登科进士的仕途进迁的主要指标,能从一个侧面展现人才流动的情况。①《宋代登科总录》绍兴十八年登科进士330人中,详细记录初授官的只有32人,详细统计最高官的有84人,两者都有记载的仅有21人。通常只有权贵家族或政绩出色者,为官记录会出现在一些传记当中。据统计,84人有最高官信息的进士中,45人出身于官宦家庭,约占53.6%,39人为平民家庭,约占46.4%。

---

① 祖慧,杨竹旺.《宋代登科总录》与宋代状元研究[J].浙江大学学报(人文社会科学版),2017(1): 35-42.

1. 跃龙门：平民子弟的仕途升迁

绍兴十八年及第进士中，虽说有近一半的人出身于平民家庭，但在笔者阅读《宋代登科总录》时发现，一部分平民子弟虽考中进士进入仕途，却终身未出选调，始终是低阶官僚。（见表15-11）

表15-11 考中进士却终身未出选调的平民子弟举例

序号	姓名	名次	籍贯	家世背景	任职情况
1	王亮功	第二甲第七人	福州长溪县	祖上三代均不仕	累迁文林郎（九品），漳州州学教授
2	陈大方	第三甲第三十五人	福州长乐县	祖上三代均不仕	终高州州学教授
3	王尧臣	第四甲第八十三人	福州长乐县	祖上三代均不仕	终松溪县主簿（九品）
4	薛璨	第四甲第九十九人	兴华军兴化县	祖上三代均不仕	终永福县主簿
5	刘焕	第五甲第五十五人	福州怀安县	祖上三代均不仕	终文林郎
6	汪处实	第五甲第一百人	饶州乐平县	祖上三代均不仕	仕至应城县主簿

绍兴十八年及第进士中，也有出身于平民家庭、凭借个人能力和机遇官至中高级的。现选取代表性进士陈列。（见表15-12）

表15-12 平民子弟考中进士后官至中高级举例

序号	姓名	名次	籍贯	家世背景	任职情况
1	芮烨	第二甲第十三人	湖州乌城县	祖上三代不仕，初授仁和县尉	以右文殿修撰（从六品）致仕
2	陈天麟	第四甲第八人	宣州宣城县	祖上三代均不仕	职至集英殿修撰（正六品），出知饶州、襄阳、赣州、镇江府，政绩出色
3	叶翔凤	第四甲第三十六人	福州候官县	祖上三代均不仕	终至朝奉郎（正六品）
4	朱江	第五甲第七人	福州候官县	祖上三代均不仕	积官中大夫（从四品）
5	王东里	第五甲第五十四人	处州丽水县	祖上三代均不仕	初授汀州莲城县尉，累迁著作佐郎、广东转运副使，官至朝奉大夫（正五品）
6	陈康嗣	第五甲第八十三人	福州罗源县	祖上三代不仕	终通直郎（从六品）、崇安县丞

上面列举的绍兴十八年科举考试中,有一些出身下层平民、通过科举而跻身仕途、呈现向上流动的士子,不难肯定还有一些被掩盖了下层平民出身的进士,也有默默无闻、其低下出身不被后人所知的官员。本章第一节中,我们详细介绍了宋代科举考试政策,可以看出宋代社会科举为下层平民提供了向上流动的客观条件,但下层平民能否跻身科举大门,能否在科举中脱颖而出,必须具备两个相关联的基本条件:一是经济能力,二是文化知识。踏进科举大门,实现社会流动的这个平民子弟群体如何获得生活和考试经济保障,如何在科举考试中拥有文化优势呢?这是我们值得探讨的地方。

首先,土地政策的改变使得农民有机会摆脱贫困。伴随均田制的瓦解,宋代并没有田制。宋代勤劳的农民可以开垦荒地,使农业生产得到发展,粮食产量有所提高。如果遇到风调雨顺的年份,收成还会继续增加。一部分农民以此来实现财富积累,购置土地成为自耕农或富裕农民。经济地位发生改变后,他们有能力送自己的子弟去读书学习,进而使其通过科举考试出人头地。其次,朝廷、地方政府和州县学,以及一些世家大族的好心资助,缓解了平民子弟读书的经济压力,如通过办义庄、兴义学等方式鼓励地方和本族子弟应举。再次,乡塾村校的普及为下层平民学习文化知识提供了最基础的条件。这种乡塾村校虽规模小、简陋、师资水平不高,但收费低、学习时间自由,深受一些寒门子弟喜欢。若在乡塾中表现出天资聪颖,可以获得家人或其他方面的支持继续深造学习。最后,这种向上流动最重要的因素当然是平民子弟自己刻苦努力地读书,加上天赋聪颖,才得以敲开科举考试这个大门,获得一官半职。

2. 荡秋千:官宦子弟的晋升与下落

绍兴十八年,出身于官宦家庭的进士有一半是低阶官僚家庭,他们的祖父辈恰好经历了北宋末年的战乱,或成为北宋末年的太学生,或因军功授官,或是纳资买官,实现了向上流动的第一步。绍兴十八年,不管是北方迁移到南方的家族,还是原本的南方家族,都开始在南方的土地上谋求新的发展,教育子弟读书入仕,实现家庭身份的转换和提升。同时,也有一部分官僚家庭由于未能在科举考试中保持优势,而导致家族逐渐衰落。

(1) 由选人转换为京朝官

在152名出身于官宦家庭的进士中,只有44.1%是三代直系中有为京朝官的,还有55.9%的人出身于选人或初品官。其中,从九品迪功郎和承信郎占了大多数。现举例如下。

王佐,第一甲第一人,籍贯绍兴府山阴县,曾祖和祖父均不仕,父亲一代开始起家,任左迪功郎、镇江府教授。王佐初授官为承事郎、签书平江军节度判官厅公事,未付,召为秘书省秘书郎,累迁权户部尚书,官至宝文阁直学士(从三品)。

刘季裴,第二甲第三人,籍贯开封府开封县,曾祖和祖父均不仕,父亲生前知泰州文学,刘季裴历秘书郎、监察御史,终朝散郎、秘阁修撰(从六品)。

胡元质,第二甲第十人,籍贯平江府长洲县,曾祖和祖父均不仕,父亲为保义郎(正九品),胡元质仕至正奉大夫(正四品)、敷文阁学士、知平江府。

"同榜兄弟"冷世光(第四甲第七人)和冷世务(第五甲第二十五人),曾祖和祖父均不仕,父亲任秀州助教,二人皆官至朝奉大夫(正五品)。

(2) 由"杂出身"转换为正途出身

宋代入仕途径,除了科举考试以外,还有恩荫、捐纳买官等多种途径,通过这些途径入仕的人数也远超过科举取士的人数。虽然他们也进入了官僚队伍,但因为不是进士出身,在社会地位与升迁上都处于劣势。在绍兴十八年的进士中,也有一些这样的例子。如第一甲第三人陈孺,祖上三代均不仕,及第前通过纳资买官得和州助教,及第后初授官职便为明州推官,历秘书省正字、福建运判、知江陵府;又如第四甲第八十九人张溥,祖上三代均不仕,及第前为吉州助教,及第后历知邵武军、知岳州;再如第五甲第一百十八人叶衡,祖上三代均不仕,及第前为贵州助教,及第后初授官职宁德县主簿,累迁户部尚书,参知政事,进拜右丞相,是绍兴十八年有最高官统计信息的进士中为官最高者。

(3) 由京朝官降阶为低阶官

科举考试制度的公平公正性,在于打破了世家贵族对于权势的垄断,保证了寒门中有才华之士可以通过科举被选拔出来,同时也在一定程度上清除了阻碍世家贵族中的不才者。绍兴十八年科举考试中,有第四甲第四十一人

辑四
新教育公平研究的历史借鉴与域外比较

李清,曾祖曾官至陕西节度使(从二品),但祖父和父亲均不仕,李清及第后历闽清县主簿;第五甲第四十一人方简舆,曾祖父为尚书员外郎、赠金紫光禄大夫(正三品),祖父为朝请郎(正七品),父亲不仕,方简舆及第后历知长乐县,累迁藤州州学教授。

我们可以看到南宋官僚阶级子弟的身份转换充满着不确定性,有实现子弟超过父辈官职,实现向上流动的进士,也有父辈位即朝廷重臣,其后代家族迅速衰落者。虽然入仕途径不止科举考试一条,官员还可以通过恩荫让后代做官;然而宋代恩荫政策不仅初授官职较低,而且通过恩荫入仕者升迁也远较进士出身者缓慢,恩荫为官者大多数终身都无法进入京朝官行列,而后者晋升之途可谓跳跃式升迁。由此可见,宋代官员要使其子孙保持家业兴盛,延续门第和财富,只有走科举入仕之路,这就是一些以恩荫得官者也要去参加科举考试的原因。这就是宋代科举考试中的另一种社会流动,即由官僚阶层向普通百姓乃至贫民的流动。

3. 小结

《宋代登科总录》中绍兴十八年登科进士出任官职信息缺失较为严重,无法对登科进士的仕途升迁做准确描绘,但通过以上进士实例便可得知,南宋初年的科举考试制度在一定程度上坚持了公平公正的原则,起到了拔擢寒俊、选拔优异人才的作用。

在官僚政治已经取代门阀政治的宋代,由于商品经济的发展,贫富分化加剧,无论官僚、地主、富商还是平民的子孙后代,都面临着社会地位升降的可能。在科举制度已经向全民开放的形势下,即使处于社会下层的士人,也有不少凭借自己的勤奋好学、自强不息、聪明智慧和出色的成绩,凭借国家、社会、宗族的资助和偶然的机遇,走上科举入仕之路,并取得成功,进入统治者的行列。反之,部分富贵子弟一旦考不中进士,就会丧失权力的保护和俸禄的支持,随着时间的推移,家境便会逐渐走向衰落,甚至沦入社会下层。正如魏希德所言:"科举考试成为决定士大夫地位的中心因素。"[①]在旧有体系

[①] 魏希德.义旨之争·南宋科举规范之折冲[M].胡永光,译.杭州:浙江大学出版社,2015:4.

下,家庭出身是决定前途的主要因素,知识资本是次要因素;而在宋代,家庭出身和社会地位反而依附由科举获得的知识资本。

文中所提出的两种社会流动,客观上可以将它们看作封建社会本身的一种自我调整。凡属于向上的社会流动有利于扩大统治基础,为封建统治注入新的活力与能量。来自社会下层的官员,他们能够体察民情,正义廉洁,虽然这种流动并不能改变社会结构,但却能改变社会风气,改善社会统治,缓解阶级之间的矛盾。向下的社会流动,可以防止一部分世家大族垄断权贵势力,有利于吐故纳新。宋代科举制度下出现的这两种流动都具有一定的社会积极作用。

四、寒门学子社会进迁的制度保障

考试是一把公平的尺子,具有公平客观地测验、评价、选拔的功能。在中国历史上,选拔人才的方法中,没有比考试制度更客观、公平的了。科举制度是中国古代选举制度发展到高级阶段的产物,在较为封闭的封建社会中,产生了这种具有平等精神的选拔人才的办法,这在中国封建社会中是难能可贵的。作为一种选拔性考试,科举制度提供了平等竞争的机会,这也是科举制度区别于其他选举制度的最大特征。

(一)教育机会下移:科举考试制度促进了教育的普及

科举考试的竞争机制促进了教育的普及,也促进了教育机会的扩大与下移。陈胜、吴广起义时曾呐喊"王侯将相宁有种乎",在宋代社会中这种疑问有了明确的答案,那就是"将相本无种,男儿当自强"。这种"将相本无种,男儿当自强"的观念在宋代社会很流行。报考限制越来越少,使得平民和贵族皆有参加考试的机会,自然会促使平民发奋苦读,进而导致教育机会下移。教育机会的下移在宋代有很好的发展。一方面,宋代官学在教育的对象上范

围逐渐扩大,身份品级的限制进一步放宽。凡官员七品以上的子弟可以进国子学学习,八品以下的子弟及平民中有才能者可以进入太学学习。南宋时,太学取代国子学的重要地位,成为中央官学的重心,而进入太学学习已经几乎没有多少身份品级的限制。① 另一方面,实行科举制促使教育机会下移也可从本研究中直观得出。本研究得出祖上三代均无功名的进士比例达到55.1%,通过家庭背景二重因素分析法,得出出身于平民的进士比例为46.3%,即使有53.7%的进士出身于官宦家庭,但其中近一半进士出身于选人或低品官。这种大量的社会阶层流动使中国社会逐渐从魏晋南北朝时期的门第社会转变为科第社会。而科第社会教育和取士都不再问家世,这有利于教育机会的扩大和下移。

(二) 公平选才:科举考试制度实现了拔擢寒俊

科举考试制度实现了拔擢寒俊。通过对绍兴十八年登科进士的分析,有徐履廷对即使没有回答一个字,却不被黜落的"殿试不黜落"政策,也有董德元因先前就有官职,而名次排在王佐之后的"有官人不得第一"的平民保护政策;除此之外,我们还在这一次科举考试中看到宗室子弟和平民一起参加科举考试的局面,种种具体实例都向我们生动展示了绍兴十八年科举考试涉及社会的各个阶层,体现了科举考试面前人人平等的精神,是一种公平的选才制度。

世卿世禄制、察举制度、九品中正制、科举制作为不同的人才选拔方式,在每一个特殊的历史阶段中都发挥了重要的作用,对中国古代社会产生了举足轻重的影响。其中,科举制度延续1 300多年,是历时最长、实施最稳定的方式。宋代社会以来,基于社会统治、繁荣文化的需求,统治者们对科举制度进行了一系列改革和完善,保证了科举制度公平公正地进行,打破了世家大族对权势的垄断局面,为寒门士子向上流动提供了制度化的保障。

---

① 刘海峰.科举考试的教育视角[M].武汉:湖北教育出版社,1996:261.

本研究中南宋的科举考试、进士，在中国的传统中都占有重要地位。如果认为南宋这一时代对于它们起着特殊的作用，似乎是武断的。然而南宋所起的作用确实是特殊的，因为正是在那时，以科举为中心的一套社会准则、制度和社会结构呈现出在整个帝制时代晚期所具有的许多形态。比如：南宋开始出现回避制度，与考官有亲戚关系的考生应当回避；南宋时期开始出现科举象征建筑物——贡院；南宋时期开始出现以服饰为代表的科举文化；等等。士子在宋代所经历的变化中，科举是一个极为重要的因素，其他因素显然也起着作用。中国南部的人口增长和经济发展产生了一个拥有土地的士人阶层，它在北宋晚期逐渐在政治上占有重要地位，在那时以后显著地表现出担任官职的长期性。家族组织，婚姻关系，职业的多样化，以及有时军队统帅的能力，在了解这个地方士人阶层时都是必须考虑的因素。撇开其他因素而单独来考虑科举，不仅是由于随科举而来的好处，也是由于它对士人生活各个方面所产生的影响。担任官职能获得显赫的声望和财富（特别是在做官者对于接受礼物和贿赂毫不在乎的情况下），以及财政上和法律上的特权，而很高的职位还能为亲属们提供权势和得到录用的特权。尽管也有士人家族从来不出官员的例子，但担任官职仍然是建立一个家族必要的一步，大多数宋代的士人家族在其历史的某一时刻都是达到了这一步的。

伴随南宋社会南方政治经济中心地位的稳固，南方的教育亦发展迅速，南方地区的人才优势在绍兴十八年登科考试中表现得很明显。科举考试向社会下层延伸可以说是从宋代开始的，这对于稳定社会、优化官僚结构都是有益的。本研究表明，宋代确实是一个相对开放的社会，因为出身于平民家庭的进士比例最低，约为46.3%，剩下的53.7%中绝大部分的父、祖三代直系亲属中都是选人和小品官职。另外，本研究也证实了在水平地域分布上，南宋初年科举考试成绩确实存在着南北较为明显的差异，南方登科进士占据92.75%，几乎垄断了整个科举考场。四川位于与金对战的前线，对于南宋王朝经济发展、政治稳定具有重要意义。为笼络人才，朝廷在四川设置类省试，绍兴十八年科举考试中，四川登科进士达到全国排名第一，约占全国总数的21.9%，超过表现一直优异的福建省。以柯睿格为代表的老一辈研究者们在

辑四
新教育公平研究的历史借鉴与域外比较

研究宋代科举考试与社会流动时,侧重于考察其"公平性",即认为自隋代确立的科举制度是每个朝代不同社会阶层之间获得公平政治机会的重要制度,本研究也正是站在前辈巨人的肩膀之上展开的。在南北宋交替的政治背景下,这样一批基层社会中的士人群体凸显出来。绍兴十八年及第进士的三代直系亲属中,有相当一部分是在南北交替背景下成长起来的读书人。他们利用南宋初建的契机,或是特奏名入仕,或是纳资买官,或虽仍是平民,但通过子孙入仕,都促进了这一时期大量的社会流动。

(本章作者为费红辉,原文《拔擢寒俊:南宋初年登科进士的社会流动》,为作者的硕士毕业论文。收录本书时略有改编)

第十六章 公平之维:改革开放以来教育改革的历程与取向

近年来,教育改革和教育公平逐渐成为教育领域中的高频词汇,二者作为话语主题也经常共同出现在政府所颁布的政策文本之中。2010年国务院常务会议审议并通过的《国家中长期教育改革和发展规划纲要(2010—2020年)》明确把"促进公平"作为教育改革发展的工作方针;2013年党的十八届三中全会通过的《中共中央关于全面深化改革若干重大问题的决定》对深化教育领域综合改革进行整体部署,主要内容也涵盖立德树人、教育公平和教育改革三大方面;2017年党的十九大报告则进一步提出"深化教育改革,推进教育公平,努力让每个孩子都能享有公平而有质量的教育"。与此同时,教育改革和教育公平也是千家万户时常讨论的教育热点,具体表现为对学生从入学到升学再到就业这长达数十年受教育情况的持续关注。改革开放40年来,随着教育改革不断深入,社会各界对教育公平的"呼声"也日益强烈,特别是十八大以来,几乎每年"两会"都将其作为热门议题,教育改革和教育公平之间的相关性以及在新时代背景下它们所应呈现的理想状态已成为不得不面对的重要课题。

一、议题提出:教育改革与教育公平何以相关?

教育改革的推动和教育公平的推进主要体现在政府行为中,而教育宏观政策是其运行的主要载体,可以通过分析教育改革的政策及其文本形式尝试解读两者的相关性。事实上,教育改革政策通常既要回应在社会转型过程中教育系统内部不断涌现的矛盾与危机,包括教育资源的生产与分配、教育价值的颠覆与重建、教育规范的批判与认同等等,着力解开制约教

育改革进程的要素间的多重"纠葛"①,又要承担现代"园艺"国家观基于"病因学"原理,以"顶层设计""项目推进"为主要改革手段可能造成的矫枉过正、流于形式等问题的责任。特别是对社会公平的追求,在没有明确的分配主体的情况下往往难以操作,正所谓"在不存在分配者的地方,也不可能有分配的公正"②。正是由于教育改革政策的复杂性和易变性,关系分析、利益分析虽可用来研究政策内容及其变迁,但二者亦各有利弊。为此,在批判性分析前两者的基础上,本文尝试从文化价值视角去分析教育改革与教育公平问题。

(一) 关系分析视角

美国高质量教育委员会在《国家处在危险之中:教育改革势在必行》报告中认为:"教育改革是用坚定不移的信念和广泛有力的行动而使教育发生更有意义的转变。"③这种转变既可以展现为"釜底抽薪"的革命式,也可以表现成"春风化雨"的渐进式,还可以呈现出"细枝末节"的修补式,但不管形式如何,关键看其能否适应时代标准,并随之带来教育的"进步"而不是"开倒车"。一般来说,教育改革的"初心"在于教育发展,而与教育公平程度却未必呈现正相关。当前教育发展的不平衡不充分现状,不得不再依靠"继续的"教育改革去补齐短板、缩小差距,特别是以教育公平为导向的教育改革已然成为教育发展的必由之路。④

在教育政策表述中,由于"社会制约"⑤,教育公平和教育改革并非逻辑清晰、条理清楚的关联事项。一方面,教育公平建立在整个社会改革的基础

---

① 吴康宁.中国教育改革为什么会这么难[J].华东师范大学学报(教育科学版),2010,(4):10-19.
② 哈耶克.哈耶克文选[M].冯克利译.南京:江苏人民出版社,2000:2.
③ National Commission on Excellence in Education. A Nation at Risk: The Imperative for Educational Reform [J]. The Elementary School Journal, 1983(2): 113-130.
④ 陈铁.公平是教育改革的瓶颈,更是方向[EB/OL]. https://www.sohu.com/a/207950770_387107.
⑤ 吴康宁.社会对教育改革的制约[J].教育研究,2016(3):34-38.

上,教育改革只是实现教育公平的一个维度,更不用说不少教育改革并非以教育公平为方向;另一方面,教育改革处于社会公平的语境下,在教育公平推进中出现的教育变革也不能完全视为"纯粹的"教育改革。理想的教育政策应使教育改革和教育公平相互促进,即教育改革支持、推进作为系统工程的教育公平,同时教育公平引领、纠偏作为长期规划的教育改革,进而以均衡之势实现教育的可持续发展和科学发展。

因此,从关系视角分析教育改革与教育公平,落脚点就在于处理好改革、发展、稳定之间的关系,即发展是教育公平的基础和前提,改革是教育公平的路径和动力,而稳定则是教育公平的追求和意义。这种分析视角对于理清教育改革与教育公平之间的理论关系十分重要,也能为提出教育理想、制定教育政策、反思教育实践提供较为明确的方向。但暂且不论抽象的理论探讨能否有效地指导复杂的教育实践,就教育改革政策制定本身而言,它也常常表现为各个"利益方"相互竞争和妥协的产物,并不是按照理性"精准"推理出来的结果,关系分析没有关注到更加具体的教育改革和教育公平的过程,因而是不够完整的。

(二) 利益分析视角

就教育改革政策的制定而言,出于顶层设计、分级实施、地区差异等因素的考虑,国家在各时期所颁布的教育改革政策大体是抽象、全面且综合性的,在政策文本中一般也不会出现互相矛盾或偏激的表述,这就给各级各类当事人和利益相关者提供了多样化理解政策文本并按照自身意愿执行政策的可能。换句话说,政策在层层推进和实施过程中不断被重构、"变通"进而出现"实践增量"①。当然,不排除那些能够准确而又真实地依照政策精神执行政策要求的权且称作"真政策执行者"的存在,但同样不能排除的是那些甚至更为常见的以维护自身利益为主的"既得利益者"出现。后者的出现既与没有

---

① "制度与结构变迁研究"课题组.作为制度运作与制度变迁方式的变通[J].中国社会科学季刊(香港),1997(21);孙立平.迈向实践的社会学[J].江海学刊,2002(3):84-90.

辑四
新教育公平研究的历史借鉴与域外比较

树立"以人为本"的政策执行理念等主观因素有关,也和中央地方关系复杂、职责微妙的客观事实相连。实际上,也正是因为后者"有意无意"地对教育改革政策进行"不平等"的解读,导致即便是同一个改革政策甚至是致力于教育公平的改革政策也不可避免地走向改革的"自私化"乃至加剧教育的不公平。如斯蒂芬·鲍尔(Stephen J. Ball)所言:"对政策的表达或再表达不断地滋长,它们使人们普遍感到困惑,人们可以对政策意义做各种各样的解读(甚至相反的解读),结果在行动中,人们总有机会钻政策的空子……政策进入不平等的形态中,如当地市场的结构或当地的阶级关系中。"①

我国作为社会主义国家,公平正义理应体现在教育领域中,教育公平作为国家话语"理所当然"。因此,从纯"私利"而非"公利"的角度出发,一方面,教育改革政策出台后人们往往首先关注自身权利是否受到影响,因而就满足所有利益相关者的需求而言,政策的制定必须要照顾到公平性。另一方面,在改革政策不直接涉及自身利益的情况下,无论对教育改革呈现或"赞同"或"中立"或"反对"的态度②,出于"政治正确",人们一般也不会否认教育公平的重要性,甚至将其作为判断改革成效的强有力标准。有学者认为,教育公平作为一种"绝对命令",是无须解释和证明的,它既是一个现实,也是一种理想,更是教育最根本的质量标准。③ 从这个意义上来说,教育改革的公平取向是改革相关者共同建构起来的,因而"天然地"具有广泛的社会基础。

教育改革政策作为政府协调社会利益关系的重要手段,其必然涉及政策选择,而政策选择实质上就是基于公平还是效率的基本价值选择。④ 但以利益为出发点的政策分析似与"经济人假设"一样略显"理想",也难以解释频繁的教育改革所体现出的利益相对性,而且利益竞争下的"自然选择"更倾向于

---

① 斯蒂芬·J. 鲍尔.教育改革——批判和后结构主义的视角[M].侯定凯,译.上海:华东师范大学出版社,2002:32.
② 吴康宁.赞同?反对?中立?——再论教育改革的社会基础[J].教育学报,2011(4):4-10.
③ 谢维和.公平:教育的"绝对命令"[N].中国教育报,2008-09-11(12).
④ 宋生瑛.公共政策中公平与效率问题的分析[J].经济问题,2008(1):9-11.

"演变论"而非"设计论",①教育政策的权威性可能得到消解。这就意味着不仅需要对教育改革的政策制定和实施进行必要的利益分析,而且也要对其进行文化价值分析,通过探寻政策的价值根源,多角度地梳理教育改革与教育公平之间的关系。

(三) 文化价值分析视角

经济和文化是人类社会活动的两个重要领域,二者既相互独立也密切相关,马克思历史唯物主义中"经济基础决定上层建筑,上层建筑对经济基础具有反作用"便是论述经济与文化关系的最重要表述之一。与此同时,有研究者在归纳马克思·韦伯(Max Weber)的文化理论时也提出:"服从上帝意志的'新教伦理'所导致的人的生活行为的纪律化和条理化,与'资本主义精神',亦即不停地从经济活动中获得更多利润,而不是沉迷于安逸或自我放纵,这两者之间具有一种'选择性亲和力'。"②换句话说,韦伯其实更加强调经济和文化之间所呈现出的错综复杂的状态。因此,若从宏观的社会背景来看,社会主流文化价值观念一旦发生改变,那么教育改革的政策也可能随之变迁。

说到文化,知识社会学者卡尔·曼海姆(Karl Mannheim)在《意识形态与乌托邦》中也批判地继承了马克思关于社会存在决定社会意识的观点,并有意区分出特殊的意识形态和总体的意识形态这两个概念:特殊的意识形态基于派别利益,多从心理学的动机层面上对研究对象进行利益分析;而总体的意识形态则涉及"某个时代或者某个历史——社会群体所具有的总体性思想结构的特征和组成成分",通过将研究对象的时代背景和价值观念(包括利益格局在内)作为分析的基础,从而对"结构性精神差异进行客观的描述"。③ 正

---

① 马特·里德利.自下而上 万物进化简史[M].闻佳,译.北京:机械工业出版社,2017:320-321.
② 单世联.论韦伯的文化理论[J].同济大学学报(社会科学版),2015(1):54-64.
③ 卡尔·曼海姆.意识形态与乌托邦[M].李步楼,等,译.北京:商务印书馆,2014:83-99.

是基于对思想内容全面把握的需要,在对知识、文化进行社会学考察时有必要从关注特殊的意识形态上升到分析总体的意识形态。

总体的意识形态与文化价值分析的关注点十分吻合,似乎有助于理解教育改革政策所体现出的整体观念、改革原则和内容结构。回顾改革开放以来的教育改革历程可以发现,在改革中实际上有多种价值观念相互"杂糅"、相互"博弈",价值观念之间的选择、调整、更替也在不同程度上持续进行,继而导致以政府为主导的教育改革常常无功而返、收效甚微。有学者在反思中华人民共和国成立以来的教育改革时指出,60 年来的"诸多重大教育改革,均为基于政治—经济需要和逻辑推论而操持的教育改革。而作为政治—经济改革的教育改革,要么沦为政治的工具,要么用于经济的筹码,抑或受二者钳夹,效果堪忧。有必要改革教育改革,走向作为社会—文化的教育改革,并保有文化视野"①。

正是在这个意义上,文化价值分析有望超越关系分析的思辨视角和利益分析的功利视角,兼具有解放的意义。教育改革也蕴含着教育解放,尤其需要重新树立"人"的主体性和独特性,并使教育改革的政策相关者进一步认识到"公正、平等和个人自由这三者的重要性不会因为少数人的贪婪而受到削弱。分析家会赞成这样的政治和经济制度安排,即人不是被作为实现一定目标的过程来对待的,人本身就是目的"②。

二、历程梳理:教育改革的公平化演进之路

改革开放 40 年来,随着时代发展变革和社会不断转型,我国教育改革也经历了数次重大的政策调整。通过回顾政策的演变过程,明晰并确立教育改

---

① 程天君.改革教育改革:从作为政治—经济改革到作为社会—文化改革[J].湖南师范大学教育科学学报,2012(2):15-20.
② 斯蒂芬·J.鲍尔.教育改革——批判和后结构主义的视角[M].侯定凯,译.上海:华东师范大学出版社,2002:9.

革的价值取向,有望降低政策多变带来的"风险"和"改革成本"。正如本杰明·莱文(Benjamin Levin)所言:"虽然近期的改革包含了一些与早期政策及其实践之间强烈的不连续性,但它们也还是从过去生长出来的,并且需要联系过去来加以理解。"①然而由于 40 年来我国教育改革的政策文件可谓汗牛充栋,在有限的篇幅内条理清晰地梳理每一个文件既不太可能,也没有必要。有鉴于此,拟选取《中共中央关于教育体制改革的决定》《中国教育改革和发展纲要》以及《国家中长期教育改革和发展规划纲要(2010—2020 年)》作为分析对象,并以政策背景、政策目标、政策措施为分析框架,继而对教育改革与教育公平的政策发展脉络和价值变迁进行深入探析。

需要强调的是,选择这三份标志性文件进行分析有如下几点原因:一是立意深,它们的颁布并非针对教育领域的一种带有"理想主义色彩"的改革尝试,而是基于当时社会经济、政治、文化等背景影响下的教育"呼应",颇具有配套改革的味道;二是影响大,它们都是具有里程碑意义的教育改革文件,文件各自的颁布基本上引领着一个时期内我国教育改革发展的总体方向;三是范围广,它们都以宏观的视角涉及从基础教育到高等教育、从招生办学体制到财政管理体制、从目标取向到措施保障等方方面面。因此,根据这三个文件的颁布时间、影响范围以及价值取向,可以将改革开放以来的教育改革历程大致分为三个阶段:1978 年到 1992 年的"拨乱反正期",1993 年到 2009 年的"改革试验期",2010 年以来的"改革调试期"。

(一) 拨乱反正,公平选材:1978—1992 年的教育改革取向

1978 年 12 月,十一届三中全会胜利召开,会议做出将党的工作重心转移到社会主义现代化建设上来的决定。这次会议为我国教育事业在经历多年"动乱"之后端正路线、解放思想提供了可能,教育和人才培养重新步入健康轨道,并进行了一些重要的改革尝试。例如,1980 年 12 月,中共中央、国务院

---

① 本杰明·莱文.教育改革——从启动到成果[M].项贤明,洪成文,译.北京:教育科学出版社,2004:19.

辑四
新教育公平研究的历史借鉴与域外比较

发布《关于普及小学教育若干问题的决定》，把普及教育工作提上日程；1983年5月，颁布《关于加强和改革农村学校教育若干问题的通知》，标志着农村教育改革开始起步。而1985年颁布的《中共中央关于教育体制改革的决定》（以下简称《决定》）是这一阶段具有里程碑意义的教育改革文件。《决定》把教育体制改革作为突破口，描绘出这一时期我国教育改革发展的基本蓝图。

政策背景是考察政策文本首先需要关注的内容，脱离背景难以切实地理解政策本身。《决定》产生于十一届三中全会后党中央对教育工作做出的回顾和展望，认为我国教育事业虽然得到了部分恢复，但轻视教育、轻视知识、轻视人才的错误思想仍然存在，教育工作不适应改革开放以及社会主义现代化建设需要这一局面还没有得到根本扭转。因此，《决定》指出教育体制改革的目标是"提高民族素质，多出人才、出好人才"。政策目标确定以后，教育体制改革的主要措施也呼之欲出：一是基础教育由地方负责、分级管理，有步骤地实施九年制义务教育；二是调整中等教育结构，大力发展职业技术教育，强调中等职业技术教育与城市及农村的发展需要相联系；三是改革高等学校的招生计划和毕业生分配制度，改革人民助学金制度，扩大高校办学自主权。

经济领域的改革开放呼唤着教育领域的改革发展。《决定》颁布以后，各级各类教育按照其精神也进行了一系列的改革。其中，基础教育以管理体制改革为主，高等教育改革全面展开，职业技术教育和成人教育得到全面促进，农村和城市教育综合改革也不断增加着试点。从政策的价值取向上来看，这一时期以恢复高考制度为标志的教育改革体现出鲜明的国家本位，并依此形成拨乱反正、公平选材的改革取向。

本阶段的改革政策呈现两个特点。第一，国家决策层表现出狠抓教育的决心。从恢复高考开始到大规模派遣留学生再到改革高校招生、分配制度，真正体现出把人才作为国家经济、科技等领域快速发展的坚实保障。第二，强调简政放权。改革开放初期，国家积贫积弱，社会百废待兴，"穷国办大教育"成为政府不得不面对的挑战。当时办学的困难程度今天难以想象，试举一例。恢复高考制度当年，全国组织统一考试，由于积压了多年的考生"蜂拥而至"，试题出来后竟发现缺少印刷试卷的纸张。中央得知此事后，果断决定把印刷《毛泽东文选》（第五卷）的计划暂且搁置，并将印刷用纸先行用于考生

257

试卷,这才使得恢复高考工作得以顺利进行。① 由此可见,《决定》采取有保留地把发展基础教育的责任交给地方及扩大高校办学自主权等方式,试图通过多种途径解决各种经费难题也实属无奈之举。

(二) 效率优先,兼顾公平:1993—2009 年的教育改革取向

以 1992 年春邓小平同志的"南方谈话"和同年召开的中共十四大为标志,我国开始进入建立社会主义市场经济体制的新阶段,教育改革也随之进入一个新时期。这一时期教育改革的政策背景主要表现在三个方面:一是应对世界政治格局变幻,国际竞争日趋激烈,综合国力竞争已表现为科学技术和民族素质的竞争这一现实;二是适应我国经济体制由计划经济向社会主义市场经济转型以及深化政治、科技体制改革的实际需要,为加快改革开放和现代化建设步伐培养大批人才;三是贯彻落实"优先发展教育"的改革战略,通过振兴教育实现经济发展和民族复兴。

在此背景下,中共中央国务院于 1993 年 2 月刊发《中国教育改革和发展纲要》(以下简称《纲要》),进一步确立教育优先发展的战略地位,也成为指导 20 世纪 90 年代以至 21 世纪初始十年我国教育改革的一个纲领性文件。《纲要》承接《决定》,对教育改革发展目标的规定更加细致,具体包括:"两基"(基本普及九年义务教育、基本扫除青壮年文盲)、"两全"(全面贯彻教育方针、全面提高教育质量)、"两重"(集中力量办好一批重点大学和重点学科),使全民受教育水平有明显提高,形成具有中国特色的、面向 21 世纪的社会主义教育体系的基本框架。②

《纲要》确立了三项具体改革措施:其一,以"改革包得过多、统得过死的体制"为出发点,改革办学体制,深化高等、中等及以下教育体制改革并继续扩大高校办学自主权。其二,以"经济建设和社会发展需要"为立足点,改

---

① 改革开放 30 年中国教育改革与发展课题组.教育大国的崛起(1978—2008)[M].北京:教育科学出版社,2008:10.

② 李铁映.社会主义现代化建设的奠基工程:认真学习、宣传和实施《中国教育改革和发展纲要》[J].中国高等教育,1993(4):3-8.

教学内容、教学方法、升学考试制度,全面提高教育质量。其三,以"教育事业优先发展"为着力点,改革和完善教育投资体制,增加教育经费。由此可见,教育事业试图挣脱计划经济时代"大包大揽"的体制桎梏,建立与社会主义市场经济相适应的教育体制,而《纲要》的出台使这一目标成为现实。教育改革政策因而体现出鲜明的市场本位,并形成效率优先、兼顾公平的改革取向。

本阶段的教育改革以《纲要》为蓝本,表现出以下特点:第一,确立市场为主的政策表达方式。在这一时期的教育体制改革中,无论是基础教育的分级办学、分级管理,还是高等教育的招生收费制度、自主择业制度,都能体现出国家对教育"统辖权"的下放。第二,不断增加教育投入。提出逐步使国家财政性教育经费支出占国民生产总值比重达到4%这一前瞻性目标,为我国教育优先发展提供物质基础,体现出"再穷不能穷教育"的壮志。第三,开始关注教育公平问题。在教育事业发展上,既追求发展规模也注重教育质量;在结构选择上,基础教育与成人教育、高等教育并重;在地区发展格局上,强调从发展不平衡的实际出发,支持贫困地区和民族地区教育。

(三)政策调试,质量公平:2010年以来的教育改革取向

21世纪以来,我国进入改革发展的关键时期,经济建设、政治建设、文化建设等方面全面推进,市场化、城镇化、信息化等领域深入发展,构建更加重视社会公平的和谐社会成为新的方向。就教育事业而言,一方面继续保持"高速度"和"大规模"发展,成为名副其实的"教育大国",另一方面教育公平和教育质量逐渐成为突出的社会问题,引起舆论的广泛关注。这一时期教育改革的政策背景主要表现在四个方面:一是应对国际竞争日趋激烈的现实挑战。世界正处在大发展大变革大调整时期,不少国家尤其是发达国家都将教育改革发展作为重大国家战略。二是满足全面建设小康社会和建设社会主义现代化国家的迫切需要。2020年是实现"两个一百年"奋斗目标的重要时间节点,如期全面建成小康社会、实现现代化目标,关键在人才、基础是教育。三是回应接受良好教育、深化教育改革这一全社会人民共同心声。党的十七大报告明确指出教育的民生价值,满足人民群众对教育的新期待迫在眉睫。

四是反思教育发展的成绩与不足。在"市场化"的改革大潮中,各级各类教育在完成重大突破的同时,教育公平问题也日益突出,教育事业在新的历史起点上科学发展成为必然选择。

在此背景下,2010年7月,中共中央国务院审议并通过《国家中长期教育改革和发展规划纲要(2010—2020年)》(以下简称《教育规划纲要》),这是中国进入新世纪以来的第一个教育改革规划,也是指导未来10年教育改革发展的新的纲领性文件。《教育规划纲要》的目标可概括为"两个基本,一个进入",即到2020年,基本实现教育现代化和基本形成学习型社会,并进入人力资源强国的行列。具体可细化成五个方面:实现更高水平的普及教育,形成惠及全民的公平教育,提供更加丰富的优质教育,构建体系完备的终身教育,健全充满活力的教育体制。

《教育规划纲要》内容丰富、逻辑清晰,强调教育改革的系统性和协调性。其中,教育改革的具体措施集中在"体制改革"部分,包括人才培养体制改革、考试招生制度改革、建设现代学校制度、办学体制改革、管理体制改革、扩大教育开放等六项内容。较之1985年的《决定》和1993年的《纲要》而言,《教育规划纲要》的根本指导思想和教育改革框架并无多少改变,突出的是其理念更加先进,任务也更加具体,并把人民群众对教育的诉求也作为重要内容纳入政策之中。

社会的转型、矛盾的转化推动着教育改革的前进。有学者认为,我国20世纪90年代以来的教育表现出"重发展轻改革"的趋势,虽然实现了数量和规模上的提升,但教育体制改革和教育教学改革都没有取得实质性的突破。在"效率优先"的发展观影响下,教育的城乡、地区、阶层差距越拉越大,已不能完全适应经济社会发展和人民群众接受良好教育的要求。① 因此,这一时期以《教育规划纲要》为代表的教育改革政策大多把教育公平和教育质量问题作为工作的重点,表现出政策调试、质量公平的改革取向。

本阶段教育改革与以往改革的不同之处在于凸显了以下内容:第一,教育

---

① 袁连生.中国教育改革大系:教育体制与教育财政卷[M].武汉:湖北教育出版社,2016:19-20.

公平成为国家基本教育政策。教育公平进入政策话语体系具有重要的现实意义,"意味着今后所有教育新政策、新措施的研究制定和组织实施都要以此为中心,以此来衡量。凡是不利于促进教育公平的政策制度,都要加以改进,着力用教育公平体现社会公平、促进社会公平"①。第二,增加教育投入得到强调并落实。《教育规划纲要》明确提出,把教育作为财政支出重点领域予以优先保障,并于2012年完成国家财政性教育经费支出占国内生产总值比例4%这一长久未能达到的目标,体现出"不差钱"的豪情。第三,人民群众对教育的需要逐渐受到重视。表现在教育改革政策真正能够秉承顶层设计和基层探索相结合的路径,将专家咨询和广纳群言相融合,既能采纳教育系统专家学者的意见,也可以汲取社会各方面的建议,让"办人民满意的教育"成为可能。

三、取向选择:迈向新教育公平的教育改革

回顾我国改革开放40年的教育改革历程,效率和公平无疑是改革的主要价值取向。从20世纪80年代教育事业的"拨乱反正"和"公平选材"开始,到90年代市场化大潮下"科教兴国"和"人才强国"并提,再到21世纪以来"教育质量"和"教育公平"并重,教育改革在公平和效率之间短暂"摇摆"后逐渐朝公平化方向演进。对此,有学者认为,"教育改革"既可能带来教育的改良和进步,也可能出现意料之外的效果而导致教育的恶化与倒退,因而教育改革未必就是一个褒义词。② 换言之,教育改革是一个"中性词汇",既有获得"收益"的希望,也有付出"代价"的可能。因此,从文化价值角度来说,教育改革方向的调整既可以被看作顺应时代潮流、呼应历史进程的"无可奈何"式的选择,也可以被视为推动教育发展、弥补改革"代价"而做出的"主动出击"式的改变。

---

① 吴德刚.论促进教育公平成为国家基本教育政策的意义——学习《教育规划纲要》的体会[J].教育研究,2010(12):3-7.
② 程天君.教育改革三问[J].教育研究与实验,2011(5):1-6.

我国教育改革的一个重要落脚点是"人才的问题",而人才培养的关键基础则是"钱的问题"。如果说我国教育事业改革发展经历了从"穷国办大教育"的"旧时代"到"再穷不能穷教育"的"苦时代"再到"不差钱"的"新时代"这一历程,那么在"人人有学上"的背景下如何更好地进行人才培养,如何更有效地实施教育改革,就将成为当前教育发展不得不考虑的问题。随着人民群众对优质教育的需要与不平衡不充分的教育发展之间的矛盾愈加凸显,教育公平和教育质量、教育改革等相关议题也不断被提上"两会"的议程。在本届政府五年的教育关键词中,"公平""质量""改革"被提及 9 次之多,远超过"现代化""双一流"等其他教育热点话题。① 难怪有学者认为,改革开放以来,中国教育发展走了一条效率优先的道路,在教育公平上是存在历史欠账的。矫枉必须过正,现在甚至可以适当牺牲一些效率来追求公平,公平是这个时代教育改革发展的主旋律已经奠定。②

与此同时,也有学者敏锐地指出:经过多年的改革开放,后改革时代业已经到来。在后改革时代中,经济社会发展进入新阶段,科学发展破解了唯经济增长论的传统发展观,改革的矛盾和重点也发生了转移。后改革时代是共富、和谐、民生本位、质量增长以及成果共享的时代。③ 党的十八大以来我国教育改革更加注重系统性和整体性,从"教育改革"到"深化教育领域综合改革"这一提法的转变也旨在突出两点:一是对教育领域的各种关系放在整体布局中考虑,避免左右失衡;二是明确各个时期教育改革的重点和难点,力图轻重得当。可见,当前教育公平既是教育改革所要完成的一个主要目标,更是指导教育改革过程本身的一种重要理念,教育改革与教育公平已"难解难分"。④

---

① 中国教育新闻网.本届政府 5 年教育关键词 5 次提及现代职业教育[EB/OL]. https://www.sohu.com/a/128034292_200190.

② 刘博智.改革之路——党的十八大以来我国推进教育公平系列述评[N].中国教育报,2016-6-16(1).

③ 劳凯声.教育机会平等:实践反思与价值追求[J].北京师范大学学报(社会科学版),2011(2):5-15.

④ OECD. Education Policy Outlook 2018:Putting Student Learning at the Centre[R]. Paris:OECD Publishing,2018:39-93.

辑四
新教育公平研究的历史借鉴与域外比较

新时代的教育公平已经开始转型。从历时性角度看,教育公平是随着时代不断改变的历史范畴,在不同的时期有不同的内涵,特别是当前最低质量标准的持续提高和个性多元的教育供给使得教育公平必将走向"教育充足"①。而从共时性角度来看,抽象地表现为"温饱水平""小康水平"和"发达水平"的教育公平几乎同时存在,俨然呈现出一个由普及到优质、由保留到开放的"光谱"形象。因此,随着教育公平内涵的逐渐丰富和后改革时代来临的历史走势,教育公平与教育改革的关系也应做出相应的调整,新教育公平将成为当前我国教育改革的价值选择。

(一)教育改革要坚持树立多元的教育公平观

教育公平不是某一方向或某一领域的"独属",从经济学、伦理学、法学等不同学科视角切入,可能会形成迥然不同甚至截然相反的"结论",以至于有学者呼唤:教育改革要超越"为了公平的教育公平"这一社会问题导向,更多地体现"为了教育的教育公平",将教育公平作为教育问题来看待,进而实现教育理想。② 而且以往的教育改革更多的是自上而下、"长官意志"的体现,教育改革的"利益主体"特别是教师和学生常被忽略在外,教育改革的"动力机制"也少见"被改革的大众"的声音,这也是教育改革成效不显著的主要原因。③ 基于我国教育改革正面对着极其丰富而复杂的主客观条件,既不能出现"一刀切""一言堂",又需要保障综合改革的系统性和整体性,而传统的以统一标准为特征的"一元教育公平观"在这种无形的张力中已经不再适用。正因如此,新时代的教育改革需要树立更加多元的教育公平观,既能赋予各种教育公平观念同等的地位以形成教育公平的多元化,又能以一种开放的心态去看待、理解教育公平的变迁过程,还能随着社会急剧变迁而不断反思、修正既有的教育公平理论和实践,通过秉承这种集文化观、历史观和教育观三位一体的多元教育公平观以赋予教育公平以

---

① 薛二勇:教育充足时代教育公平内涵要扩容[N].中国教育报,2018-1-12(2).
② 王建华.教育公平的两种概念[J].教育研究与实验,2016(6):24-28.
③ 程天君.教育改革三问[J].教育研究与实验,2011(5):1-6.

活力和价值,并使之成为具有成长性的新教育公平。①

(二) 教育改革要瞄准推进有质量的教育公平

教育公平作为理论研究和现实舆论热点而出现不过十余年,在进入21世纪以前,我国教育的主要任务还是"还旧账"。根据1999年的教育统计数据显示,当时我国义务教育初中阶段还未完全普及,高中阶段的毛入学率(全口径)才40%左右,高等教育毛入学率也不过10%②。而随着我国经济社会的不断发展,在"精英教育"逐步让位于"大众教育"的同时,不平衡不充分的教育发展这一广义上的教育公平问题也愈发凸显。持续加大经费的投入力度以保障教育优先发展,并形成惠及全体国民的公平教育即实现"基本均衡"——特别是对于弥补教育发展的"短板"虽然重要,但"优质均衡"这一质量标准不能仅仅依靠物质投入等外延式发展策略来予以满足,丰富且高质量的教育成为广大人民群众的期盼。与此同时,有质量的教育公平不仅重视机会层次的起点公平,也关注教育过程和教育结果等教育系统内部的公平问题,能力、爱、尊重等此前尚未被重视的属"人"的新教育公平要素③也同样引领着教育改革。

(三) 教育改革要努力提供适合每个人发展的教育

教育公平也并非"教育平均"或"教育一致",受教育者的个性和差异性需要得到尊重和认可。"鞋合不合适只有脚知道",同样的道理,只有适合每一个人的教育才是最好的教育,当然也必定是有质量的教育。正如有学者指出:"实现有质量的教育公平必须正视受教育者个体的差异性,为学生提供

---

① 李金刚.多元教育公平观:新教育公平的题中之义——基于涂尔干社会团结思想的分析[J].教育发展研究,2017(2):25-31.
② 教育部:各级普通教育毛入学率(1999年)[EB/OL]. http://www.moe.gov.cn/s78/A03/moe_560/moe_571/moe_565/201002/t20100226_7752.html.
③ 程天君.新教育公平引论——基于我国教育公平模式变迁的思考[J].教育发展研究,2017(2):1-11.

辑四
新教育公平研究的历史借鉴与域外比较

'适切教育'和'有效教育',促使学生得到最充分的发展。既强调统一性(基本标准)又强调差异性(多样性、选择性),正是一些国家所积极推行的教育政策,也是我国推进教育公平时应该选择的教育政策。"① 除此之外,多元教育公平观的出现,在满足新时代人民群众对"更高质量更加公平的教育"迫切期待的同时,也要求未来的教育改革积极推进教育供给端的转型升级。无论是利用"大数据""人工智能"等新的信息技术手段推进优质教育教学资源合作共享,还是开发"个性化课程""走班化管理"等新的办学思路和手段,并根据学生群体的不同需求、能力、特长等因素多元化地进行评价和选拔,都应体现出新教育公平理念中"以人为核心评估域"这一价值核心。

(本章作者为陈南、程天君,原文《教育改革的公平之维:议题、历程与取向》,载于《教育研究与实验》2018年第5期。收录本书时略有改编)

---

① 谈松华.有质量的公平须正视个体差异[N].中国教育报,2016-3-4(5).

第十七章 从代言到行动:教育底层研究的跃迁
——弗莱雷对话教学思想的方法论启示

我国教育研究中的"底层意识"萌生于20世纪初,它以"教育公平"为理论诉求关注社会底层在现代教育体系中的弱势地位,以期展现教育现代化繁荣景象下所掩藏的底层教育苦难。作为"沉默的大多数",底层群体的"一个重要特征就是缺乏话语权,这表现为没有能力自我表述或者表述不能进入社会的文化公共空间,表述处于自生自灭的状态,参与不了社会话语的竞逐,没有发声的位置或管道"①。话语的弱势使得他们无力表达自己的声音,更无法向教育当局抗争以争取应有的教育权利。据此,一些研究者结论道:"底层现在很难表达自己,在今天的知识格局中,它只能通过知识分子的叙事完成。"②"代言人"便成为教育研究者在关注底层时的身份选择,"替底层表述"是他们处理与底层群体关系的模式,"帮助底层发声"构成其研究的道德意涵。

教育研究者以何种方式实现对底层的表述呢?在研究方法的探寻中,他们以社会研究的科学范式为典范,运用实证研究的技术和手段,从宏观的社会结构分层切入,通过定量数据分析展示不同社会阶层的教育资源差异以及底层教育资源缺失的形成机制。在此基础上,他们提出政策建议,试图通过国家的教育政策设计来改变底层教育状况。在这种自上而下的关怀模式中,个体形式的底层遮蔽于社会结构之后,其声音湮没于定量数据之中。底层成为知识分子表述中的"他者","底层只是'被说',他们的真正需要却被忽视或掩盖了"③。这造成了政策设计与底层意愿之间无法弥补的鸿沟,众多教育公平政策遭遇社会公众的诟病。底层意识的独特性和自主性凸显,理解底层

---
① 南帆,等.底层经验的文学表述如何可能? [J].上海文学,2005(11):74-82.
② 蔡翔,刘旭.底层问题与知识分子的使命[J].天涯,2004(3):4-13.
③ 蔡翔,刘旭.底层问题与知识分子的使命[J].天涯,2004(3):4-13.

成为成功代言的关键。

教育研究者将视角下移,采用田野调查的技术和手段,试图从"局内人"的立场实现对底层教育苦难的"同情式"理解和书写,并将之"传达"至社会公共空间,以期实现建基于底层意愿的政策设计。研究范式的转换缩小了政策设计和底层意识之间的鸿沟,但却未能从质上改变底层群体"被表述他者"的身份。底层声音需要通过教育研究者的理解和书写才能进入社会公共空间,成为公共议题。

这种理解和书写何以可能实现对底层的真实表述?教育研究者和底层之间存在着巨大的差距,他们的生活经历不同、经济和文化也都不同。"这种差距一方面造成对底层的生活的隔膜,不可能真正地去体验底层的真实生活;另一方面又会造成无意识中对底层的轻视。"①教育研究者不可能拥有底层的"在位角色体验",无法进行"彻底的换位思考",他们只能选择"一般性的换位思考",这是"'真实的局外人'在'虚拟的境况'中做出的一项无须任何实际兑现的承诺,一种无须任何实际代价的应对"②。如此的换位思考只能通过研究方法的完善不断逼近底层的真实体验,而永远无法完全实现对底层的真实表述。"一个完全不是底层的人能从底层的视角来研究问题,是不可能的。他只能是努力地接近。"③非底层的教育研究者不可能有百分之百的底层视角。

退一步讲,假设教育研究者能拥有百分之百的底层视角,能完全理解底层的声音并将其书写,这是否意味着研究者就获得了底层的真实声音呢?换句话说,底层的自我表述是否真实呢?实际上,底层并非一个完全自主的整体,"底层意识的内部是分裂的,它是由来自支配和从属阶级双方经验的元素建构起来的。"④"如果仔细分析这些底层的'自主性'话语,就会发现其中有太多被多年的压迫统治扭曲的东西,但他们认识不到,他们以

---

① 蔡翔,刘旭.底层问题与知识分子的使命[J].天涯,2004(3):4-13.
② 吴康宁."教育批判"的困境[J].教育研究与实验,2004(4):3-7.
③ 胡金平.教育社会学学术沙龙集萃 教育与社会:阅读·思考·对话(2009—2012)[M].南京:南京师范大学出版社,2016:185.
④ 查特吉.关注底层[J].读书,2001(8):13-20.

为是在表述自己,实际却在表述来自上层的思想。"①有人也许会提议,研究者只要把底层话语中来自上层的思想去掉,剩下的便是其自主性话语。然而,他们如何判断什么是底层真正的话语,什么是被上层思想所扭曲的话语?教育研究者又陷入了印度底层研究学派早期的困境:什么是真正的底层?

即便教育研究者能将上层思想从底层话语中剥离,实现对底层自主话语的理解和书写,那么这种书写又如何改变底层的生存呢?一些研究者寄希望于苦难书写对教育政策设计的影响。问题在于,社会上层拥有不同于底层的思维逻辑和利益立场,他们能否站在底层立场制定符合底层利益需求和思维的教育政策,这本身就是值得怀疑的。更重要的是,符合底层利益的教育政策要在底层社会落实,还有赖于底层意识的改变。然而,底层教育苦难的书写并未能影响底层意识,底层只存在于研究者表述的页码之间,研究者们不会发声。因此,试图仅仅通过书写改变底层生存的构想便成为一种神话,底层书写往往沦为对底层苦难的消费。

面对底层群体的话语及认知弱势,教育研究者选择为底层代言、替底层发声。他们努力完善研究方法和技术,试图发现底层的真实。然而,教育研究者与底层群体间存在着无法跨越的身份鸿沟,方法的完善成了一条永无止境的道路,底层教育研究的"代言"模式内含着无法摆脱的逻辑困境。

一、社会介入:社会学研究的行动取向

自古典时期以降,社会学便在"结构-行动"这一"成对概念"的争论中向前进展。这对概念的"二律背反"构成了西方社会学理论发展的重要内推力,构筑了社会学中"结构主义"与"行动主义"两大传统。然而,在工具实证主义

① 刘旭.底层能否摆脱被表述的命运[J].天涯,2004(2):47-51.

辑四 新教育公平研究的历史借鉴与域外比较

取得了绝对支配地位的今天,社会学的行动传统被忽略甚至遗忘。J. R. 费根(Joe R. Feagin)称此为当代社会学中的"集体遗忘症"。在此集体遗忘症的状态下,当代社会学对底层的研究陷入困局,这也是教育底层研究逻辑困境的来源。

事实上,行动取向的社会学最早可追溯至马克斯·韦伯。基于对社会有机论的质疑,韦伯提出"社会行动"概念,并将"解释性地理解社会行动"视为社会学的核心。在界定社会学时,他如此描述道:"社会学……是一门解释性地理解社会行动,并以此对其过程和结果做出因果性解释的科学。"①此后,解释论、现象学和象征互动论等都聚焦于"结构—行动"的"行动"一端,凸显个体行动者的自由和自主性,注重分析个人行动背后的意义。他们都将"行动"作为理解社会图景的基点,其理论和方法的探求促进了行动取向社会学的体系化。不过,明确提出"行动社会学"并对其进行系统研究的则是当代社会学家阿兰·图海纳(Alain Touraine)。在20世纪下半叶西方社会的剧烈变动下,他认识到"把社会体现为某种纯粹的秩序和支配系统……无法分析被快速、复杂的变化所支配的社会现实",②并力图寻求思考社会生活的另一模式。在此模式中,"社会行动"观念取代古典社会学的"社会"概念,成为社会学分析的核心。图海纳曾在《呐喊与眼神》开宗明义地提出:社会是"一个行动系统,其中的行动者被一定的文化取向和社会关系所限定"。③ 具体而言,社会是各类行动者相互争夺"历史质"的场域。何谓"历史质"呢?他解释道:"历史质在此指的是一个社会通过各种冲突和社会运动,由各文化模式构建其实践的能力。"④由此,他恢复了被结构主义所忽视的历史主体的概念。在图海纳看来,社会大众并非结构的被动屈从者,而是能够根据自己的价值对结构进行挑战的主体,具备生产社会"主要规范取向"的能力。

---

① 乔治·瑞泽尔.布莱克维尔社会理论家指南[M].凌琪,等译.南京:江苏人民出版社,2009:153.
② 阿兰·图海纳.行动者的归来[M].舒诗伟,等译.北京:商务印书馆,2008:17.
③ Touraine, Alain. The Voice and the Eye: An Analysis of Social Movement [M]. New York: Cambridge University Press, 1981:2.
④ 阿兰·图海纳.行动者的归来[M].舒诗伟,等译.北京:商务印书馆,2008:6.

不过,与韦伯及解释论学者等强调对行动者主体价值的理解不同,图海纳将行动扩展至"社会运动"。社会运动,作为行动者主体性的直接表现,便成为社会生活的中心,因而也是图海纳社会学的核心问题。图海纳赋予"社会行动"以独特内涵,将其区别于集体行为和社会斗争。① 他指出:"如果冲突行动试图转变那些与主要文化资源(生产、知识、伦理规则)相联的社会支配关系,则将它们称为社会运动。"②社会运动不是为争取具体权益的群体抗议,也非为争夺政权的革命运动。它关注的是行动者的主体意识,要求行动者突破现有社会秩序、规范和权力模式去寻求更多元的和自由的生活可能,以实现日常生活的民主。从社会运动的范畴理解行动,图海纳意识到行动的限制:行动者常常展现出一种"文化无意识"的状态。"真实的社会关系和社会情境总是掩盖于现存的秩序和一定的支配关系之下,并受到后者的扭曲和压制。"③行动者的主体意识被压制,他们无法认识社会真相及行动的价值和意义,社会运动常常囿于具体的社会斗争。

揭露社会关系的真相,促成行动者的主体意识,是图海纳行动社会学的目标。不过,传统的"实证主义"方法无助于此目标的达成。为此,他发展出"社会学干预"的方法。这一方法突破了传统研究中"研究者—研究对象"的主客对立。一方面,社会学家要转变高高在上的研究者姿态,积极参与至社会行动中。"只有通过能动的干预手段,介入社会生活,社会学家才能形成关于行动者本身的真切知识。"④另一方面,行动者也并非仅仅是研究的对象,

---

① 图海纳在《行动者的归来》的第六章对社会运动、集体行为和社会斗争进行了区分,但是这种区分比较抽象。 在《行动社会学与社会学干预》一文中,李洁对这三者的区别进行了更为浅显的说明:"所谓集体行为是行动者被动性地应对某一社会系统问题,这种应对可能是保卫、重建抑或适应,而系统的问题则包括价值、规范、权威体系或社会本身。 相反,如果是行动者主动要求成为改变现状的政治性力量,但却没有触及根本的价值、规范或制度性关系,也没有建构一个社会系统的目标,则称之为社会斗争,最典型的如竞争和战争。 最后,如果这种社会斗争是为了转变与主导性文化资源(生产、知识、伦理规则)相联系的社会支配关系,并且拥有统一的发展价值理想/理念,就被称为社会性运动。"

② 阿兰·图海纳.行动者的归来[M].舒诗伟,等译.北京:商务印书馆,2008:89.

③ 李友梅,等.转型社会的研究立场与方法[M].北京:社会科学文献出版社,2009:33.

④ 沈原."强干预"与"弱干预":社会学干预方法的两条途径[J].社会学研究,2006(5):1-25.

他们与社会学家"在对话和沟通中共同生产有关行动者的社会学知识"。①在此过程中,他们的主体意识觉醒,开始对自身的行动进行反思,并因此提升斗争能力。

图海纳的"行动社会学"和"社会学干预"方法创造性地给底层研究开辟了一条路径。不过,为追求其理论的学术正当性,他倒向了主流社会学的"价值无涉"原则,强调一种无立场的主体性。然则,无论承认与否,任何社会研究都存在一种潜在或显在的道德立场。"在底层社会饱受压迫的'程序社会'和各种不合理的社会安排中,无立场就是保持某种立场,不行动本身就是一种行动。"②这显露出图海纳行动社会学的保守性质。

循着社会介入的研究理路,批判教育学家保罗·弗莱雷凭借着鲜明的道德立场将行动社会学的激进性质向前推动了一大步。在《被压迫者教育学》一书开篇,他便定下了其理论基调:帮助被压迫者重获人性是知识分子的核心使命。为完成这一使命,他选定教育作为社会介入的途径,探索了能够实现被压迫者解放的教育实践,建构了"对话教学"理论。这一道德立场和理论路径对后来的解放社会学产生了直接而深刻的影响。在《解放社会学》中,费金和薇拉明确表示,对基本领域的假设做出陈述,是保持一项研究完整性的重要手段,而他们的陈述则是"站在被压迫者一边"。他们认为,研究者应以"参与性行动者"的身份积极参与至改善被压迫者生活境况的行动中去。在参与路径的选择中,费金和薇拉选择了"讲授解放社会学"这一教化手段,并指出了弗莱雷的影响:"讲授解放社会学是一个有意识的创造过程,保罗·弗莱雷把它称为'觉悟启蒙',亦即一种教导那些为解放而斗争的民众,如何才能真正使自己自由的教育工作。"③在行动社会学的发展脉络中,弗莱雷的理论和方法占据着重要的位置。然而,对于弗莱雷的"对话教学"理论,人们习惯于从教育学角度进行理解,而忽略了其作为

---

① 李友梅,等.转型社会的研究立场与方法[M].北京:社会科学文献出版社,2009:33.
② 沈原."强干预"与"弱干预":社会学干预方法的两条途径[J].社会学研究,2006(5):1-25.
③ 李友梅,等.转型社会的研究立场与方法[M].北京:社会科学文献出版社,2009:120.

社会学研究方法的意义。后者,对于教育底层①研究具有重要的方法论启发性。

二、人性化:社会介入的中心问题

丹尼尔·斯库格伦斯基(Daniel Schugurenshy)曾这样说:"保罗·弗莱雷在全世界的影响力,不仅在于他思想清晰深邃,也在于他给后人的实践示范。"②弗莱雷一生孜孜以求的便是建构一套"被压迫者教育学","这不仅体现在其著名著作的名称中,更体现于他作为教育者所做的一切工作中"③。他将大多时间和精力都投注于社会活动,为被压迫者的解放而行动。在此过程中,弗莱雷并非以知识精英的身份自上而下地改造压迫社会的现实,而是试图以处于底层的被压迫者的"意识启蒙"为起点实现自下而上的改变。保拉·奥尔曼(Paula Allman)宣称:"任何对弗莱雷理论来源的叙述如果不提及意识形态这一马克思主义概念以及马克思的意识理论,它都是不完整

---

① "被压迫者"是保罗·弗莱雷理论和实践工作的对象,也是其理论体系的核心概念。深受马克思和恩格斯的影响,弗莱雷从阶级视角对社会结构进行分析并将此结构中的底层群体称为"被压迫者"。从其具体内容来看,它可指农民、穷人、文盲等。在《被压迫者教育学》等早期著作中,弗莱雷本人也会根据具体讨论对象,用"农民""穷人""底层""大众"等称谓来代替"被压迫者"。后期,弗莱雷将阶级视角进行了拓展,将性别和肤色等纳入其中,构筑了一个多样的社会压迫模式,女性和有色人种也成为了"被压迫者"的具体指称对象。不过,"被压迫者"并非是抽象和普适的概念,弗莱雷指出,"将社会压迫理论化为普适真理你将无法理解不同历史时期的压迫"。(Freire, P & Macedo, D: A dialogue with Paulo Freire)也即,研究者需要依据不同文化情境和社会背景对"被压迫者"进行再界定。鉴于此,我们可以在一定程度上将弗莱雷的"被压迫者"概念具体化为中国社会情境中的"底层"。在此意义上,本文认为弗莱雷针对"被压迫者"的"对话教学"理论和方法对中国教育底层的研究具有方法论启发。

② 丹尼尔·斯库格伦斯基.保罗·弗莱雷[M].周秋霞,等译.哈尔滨:黑龙江教育出版社,2016:238.

③ Peter Roberts. Paulo Freire and the Politics of Education: A response to Neumann [J]. Education Philosophy and Theory, 2016(6): 645 - 653.

的。"①弗莱雷选择以"意识启蒙"进入底层现实也显示出马克思意识理论的影响。马克思提及"意识只是人们在脑海中反映出来的存在而已,'而人们的存在就是他们的实际生活过程'"②。在此理论基础上,弗莱雷系统阐述了现实与意识的辩证关系:不存在与现实相脱离的抽象的人,也不存在与人相脱离的抽象的现实。"意识与世界同在:意识既非先于世界,也非后于世界……世界实质上是意识的外表"。③ 在压迫社会中,压迫关系的基本要素之一便是"规定":该社会结构历史性地规定了被压迫者的意识。具体至巴西农民,弗莱雷称其意识为"半不及物的"(semi-intransitive),"他们的兴趣几乎完全集中于生存,缺少对社会生活的历史感知……半不及物代表着人与存在间的近乎脱离……他们对客体及周围环境感到困惑,由于无法理解真正的因果关系,他们陷入了神话之中"。④ 被压迫者失去了"人"的意识,变成了压迫者思维的附属物。这造就了他们的"人性二重性"特征:向往自由,却又害怕自由。"被压迫者习惯了他们所处的统治结构,并且已变得顺从这种结构……他们喜欢非自由状态下的安全感胜过自由能带来的创造性交流,甚至胜过自由本身。"⑤他们要么放弃抗争,要么在现有社会结构的框架下努力成为压迫者,压迫社会未能从根本上改变。压迫社会的现实和意识是"双向建构"的,两者相互强化。因此,社会压迫的现实无法机械地加以改造,它必须以被压迫者的"意识觉醒"为前提,这也是被压迫者的"人性化"过程。

"人性化"因此成为弗莱雷介入压迫社会的中心任务。在他看来,"人性化"是人类应然的存在方式,是知识分子同时也是人类的"本体志业"。何谓"人性"? 他从马克思主义视角对其进行了描绘:人性并非先于历史而存在

---

① Paula Allman. Revolutionary social transformation: Democratic hopes, political possibilities and critical education [M]. Westport: Praeger Publishers Inc., 2001, 74.

② 于翔. 马克思关于人"自由的自觉的活动"思想精髓及其现实价值[J]. 南京师大学报(社会学科版), 2017(4): 11-15.

③ 保罗·弗莱雷. 被压迫者教育学[M]. 顾建新, 等译. 上海: 华东师范大学出版社, 2001: 32.

④ Paulo Freire. Education: The Practice of Freedom [M]. London: Writers and Readers, 1976: 17.

⑤ 保罗·弗莱雷. 被压迫者教育学[M]. 顾建新, 等译. 上海: 华东师范大学出版社, 2001: 5.

的,而是历史构建出来的。人类与动物的本质区别便在于人能够自己决定自己的人性。在历史的进程中,人既是主体也是客体,人能将自身以及自身的行动作为反思的对象。在此意义上,人不仅生存,而且存在。弗莱雷指出,人是一个"意识的存在"。身为"意识的存在",人拥有"求知的热忱"和"敏锐的批判力",他们寻求揭露行为和事物发生的"原因"、辨识其限度,并对其中的"非人性化"要素进行"谴责"。与此同时,人还拥有"想象力"和"梦想",他们能够想象未来、编织"理想国"的图景,并对"更美好的世界"进行设计和规划。于是,他们不再满足于当下的生活,而是努力通过改造世界的行动将"梦想"置入这个世界,为践行"未经检验的可行性"而斗争。这样,身为"存在者"的人便处在了"批判—梦想—行动"所构筑的三角关系的张力之中。这一张力"不会随着先前宣告的未来的诞生而消失。过去的未来是当下的现在,而且新的梦想也正在编造,历史的演进不会停歇,不会终止,相反地,历史的演进持续地进行"①。在此张力背后,存在着一个基本预设:"人类是未完成的,因而他们一直寻求并向往完成。"②在历史的进程中,人如西西弗般穿梭于"批判—梦想—行动"之中。不固守于任一社会结构和思维模式,顺畅地在此三者间游走,便是人之自由的含义,也是"人性化"的核心表征。

超越"世界中的自我",自由地进行批判、梦想和行动,这并非社会学家或知识精英的专利,也是被压迫者的基本权利。在弗莱雷看来:"以尊重农民文化之名义,却不引导他们具备超越'世界中的自我'、'与世界共存的自我'的信念,这便是精英意识形态。"③它压制了被压迫者的自由思考能力,湮没了他们的意识和声音,是压迫社会的重要意识控制手段。让被压迫者拥有反思和批判的能力,这是其成为政治主体的基本条件,也是社会民主的基本保障。然而,意识形态的"宣传"或政治的"口号"无法达成这一目标。弗莱雷选择了教育作为社会介入和促进被压迫者"觉悟启蒙"的手段。这源于他对教育的

---

① 保罗·弗莱雷.希望教育学:重现《受压迫者教育学》[M].台湾编译馆,主译.方永泉,等译.台北:巨流图书股份有限公司,2011:98.

② Lois Malcolm, Luther Seminary. Mortimer Adler, Paulo Freire, and Teaching Theology in a Democracy [J]. Teaching Theology and Religion,1999(2):77-88.

③ 保罗·弗莱雷.希望教育学:重现《受压迫者教育学》[M].台湾编译馆,主译.方永泉,等译.台北:巨流图书股份有限公司,2011:88.

政治本质的认识:"教育不是中立的,它包含为教化抑或为解放的教导。它需要抉择……中立意味着和支配者站在一起。"①在《被压迫者教育学》中,弗莱雷明确表示:"教育在形式或内容上都与社会权力相关,由于形式及内容的不同,才建构出各种不同的社会。"②在压迫社会中,压迫者往往通过教育向被压迫者实施霸权主义意识形态的灌输。相反,对于希望实现社会民主的工作者来说,教育也可以成为反抗霸权、实践社会民主的场所。教育,在本质上是一种政治实践。如是,解放被压迫者的实践在本质上就应具有显著的教育特征。教育应伴随解放实践的始终,让被压迫者学会认识社会中政治、经济和文化的矛盾,并采取行动,实现自身的人性化和解放。教育、政治和人性化构成了弗莱雷社会介入、实现社会变革的三角关系。

三、对话教学:重建被压迫者的主体性

在弗莱雷看来,"教育目的无法和实现它的手段分离……如果学习过程是非民主的、专制的,比如通过使用强迫和灌输,那么解放目的是不能实现的"③。他使用"银行储蓄"隐喻构建了传统教育模式的意象:教育变成一种存储行为,"学生是保管人,教师是储户。教师不是去交流,而是发表公报,让学生耐心地接受、记忆和重复存储材料"④。这种教育模式是驯化式的,是社会压迫机制的重要环节,无法成为解放被压迫者并使其人性化的政治实践。为取代这种"银行存储式教育",弗莱雷构建了一种新的教育模式:解放教育

---

① Peter Mayo. Critical Approaches to Education in the Work of Lorenzo Milani and Paulo Freire [J]. Studies in Philosophy and Education,2007(26):525-544.
② 伊拉·索尔、保罗·弗莱雷.解放教育学:转化教育对话录[M].林邦文,译.台北:巨流图书股份有限公司,2008:19.
③ Muhammad Agus Nuryatno. In Search of Paulo Freire's Reception in Indonesia [J]. Convergence,2005(1):50-68.
④ 保罗·弗莱雷.被压迫者教育学[M].顾建新,等译.上海:华东师范大学出版社,2001:25.

(或提问式教育)。解放教育模式以"对话教学"为核心操作手段,打破了支撑传统教育模式的两种意识幻象——知识"生产—感知"的二分和知识的阶级性,试图实现教师与学生在相互合作中的知识创造与再创造。在此过程中,被压迫者重新找回了批判性反思、好奇、探索、行动等作为认知主体的必要特质,其知识经验成为与官方知识等价的内容体系。他们回归到自己的生活经验,能够用自己的语言说"我觉得……",无须任何人的"代言"。凭借"对话教学"实现被压迫者的人性化是弗莱雷创建解放教育模式的核心思路。

对话之所以具备人性化的功能,是因为弗莱雷赋予了其本体论和认识论的意义。他反对从技术层面理解对话。对话不只是一种帮助教师获得更好教学效果的技术,它必须被理解成是我们人类历史本质的一部分。弗莱雷以反思和批判能力为基石所构筑的人性图景,要求人们在创造新现实、获得新知识后,能够从其中跃出并将其对象化为认知客体,从而发现自己的未知和新的可能性现实。这一目标的达成,需要人与人之间的对话。"通过对话,一起反映出彼此的所知和未知。我们人类借此可以从事批判活动,并因此转化现实。"① 对话是人类保持批判能力的必需活动。具备此种功能的对话不仅仅是言语的表达,也不仅仅是言语在对话双方之间的来回,它所表达的是对话双方间的民主关系。在弗莱雷看来,民主关系是对话的内在规定性,它挑战了压迫社会中的"宰制"关系,赋予对话主体以思想的自主性。这是人类走向人性化所需要的社会关系环境。此外,弗莱雷还从认识论层面确定了对话的意义,他认为"对话具有认识论关系的特征……是人类的认知方式"②。人类对知识客体的认识并非原子式个体的独立活动,而是多个认知主体的合作活动。在此过程中,对话扮演着一种"联结"角色,它将多个主体的认知行动联结起来,并引导至对知识客体的共同反思。透过共同反思,对话双方的认识相互渗透,对知识客体的新认识得以产生。人类的认识因对话的介入而成为一种动态性活动。从本体论与认识论的高度来看,对话是人性化状态的重

---

① 伊拉·索尔、保罗·弗莱雷. 解放教育学:转化教育对话录[M]. 林邦文, 译. 台北:巨流图书股份有限公司, 2008:127.

② Paulo Freire, Donaldo Macedo. A Dialogue: Culture, Language, and Race [J]. Harvard Educational Review, Vol. 65, no. 3, 1995:379-402.

要表征，也是实现人性化的途径。在此意义上，弗莱雷宣称：对话，是获取真正人性化的基本条件。

作为实现被压迫者人性化的途径，对话的实质在于人们以世界为中介、为揭露和改造世界而进行的相互接触和合作。首先，它并不指称主体一方对客体一方的认知和改造，而是各个主体以世界为客体而进行的联合认知和改造。在对话活动中，被压迫者并非被动接受意识灌输的客体。他们和知识分子一样，都应是认知和行动的主体，联结这两个主体的是待改造和带人性化的世界。因此，当弗莱雷把对话作为一种教学方式引入被压迫者教育时，他强调："我们接近劳动者——城市居民或农民——不能只是以灌输的方式给他们'知识'，或把寓含在由我们自己组织内容的项目中的'好人'模式强加给他们。"① 将知识分子所认为的"好"的知识或生活强加给被压迫者，而无视被压迫者自身的经验和需求，这是以往教育计划以失败告终的根本原因。"真正的教育不是通过'甲方'为'乙方'，也不是通过'甲方'关于'乙方'，而是通过'甲方'与'乙方'一起，以世界作为中介而进行下去的。"② 鉴于此，在创建解放教育模式及"对话教学"时，弗莱雷摒弃了传统的教师和学生概念，代之以"教师学生"和"学生教师"。教师不再仅仅是知识传授者，学生也不再是温顺的听众，他们各自都有"认知力"和"讲解力"。在与学生的对话中，教师把有关现实的知识提供给学生，当学生发表自己的看法时，他又重新思考自己原有的知识并作出调整和更新。在"对话教学"中，"没有人去教其他人，也没有一个人是自学而成的。人民以世界为中介，以在灌输教育中由老师所'拥有'的可认知的客体为中介相互教育"③。通过相互教育，他们实现了知识的创造。

然而，教师和学生拥有不同背景、地位、经验及话语体系等，他们何以可能实现对话呢？为解决这一认识论问题，弗莱雷找到了马克思理论体系的核

---

① 保罗·弗莱雷.被压迫者教育学［M］.顾建新，等译.上海：华东师范大学出版社，2001：42.
② 保罗·弗莱雷.被压迫者教育学［M］.顾建新，等译.上海：华东师范大学出版社，2001：42.
③ 保罗·弗莱雷.被压迫者教育学［M］.顾建新，等译.上海：华东师范大学出版社，2001：31.

心概念:实践。"马克思'新唯物主义'的本体论、认识论、价值论和方法论,都是奠定在人的实践基础之上。"①循着马克思主义理论的传统,他将实践视为人类知识的来源,认为"知识不是通过哲学思考得以回忆,而是通过社会群体中的反思性行动得以生产"。② 弗莱雷将对话教学建立于实践的基础之上,要求对话教学以"问题解决"为中心。也即,在对话教学的过程中,师生之间的对话并非通过苏格拉底式提问讨论经典著作中的观点,而是两者共同在学生的现实生活中发现问题(弗莱雷称其为"有限境况")并解决它。将实践作为对话教学的依托,这为师生超越自身差异实现对话提供了一条可能的路径。受影响于海德格尔将人描述为特定存在与时间中的建构,弗莱雷认为"如果参与者能通过参加一系列改变他们行动和交谈方式的活动创造出新的话语模式,他们之间便可能形成团结"③。在此意义上,实践构成了弗莱雷对话教学理论的核心。

知识分子要在被压迫者群体中实施对话教学,必须克服一种神话:"无知的绝对化"。在这种神话中,知识分子及所属阶级被视为真理的掌握者,而被压迫者则是没有认知能力的,因而也是无知的。这从根本上阻碍了对话教学的实施。为摆脱此神话的束缚,弗莱雷重新发现了被压迫者所拥有的"经验知识"及其价值自主性,他主张"人类将永远不可能完全将自己从'持续不断的经验流'中分离出来"。④ 长期生活于现实之中,被压迫者形成了对这个世界的特有视野与了解。他们有自己的语言、计数方式、宗教信仰,以及对健康、身体、生命、死亡等的认识。深入此知识体系,弗莱雷发现其间充满了丰富的隐喻,被压迫者倾向于用故事和寓言的形式呈现对生活的认知。然而,这种经验知识及隐喻形式并不劣于知识分子用抽象概念所构筑的理论知识。

---

① 龚子秋,龚廷泰.马克思主义者存在理由的理论论成[J].南京师大学报(社会科学报),2018(6):84-89.

② Peter Roberts. Education, literacy, and humanization [M]. Westport: Bergin and Garvey, 2000:39.

③ Frank Margonis. Paulo Freire and Post-colonial Dilemmas [J]. Studies in Philosophy and Education, 2003(22):145-156.

④ Peter Roberts. Defending Freirean Intervention [J]. Educational Theory, 1996(3):335-352.

辑四
新教育公平研究的历史借鉴与域外比较

后者所呈现的仅是模型化的现实,这是一种抽象的真实。经验知识则是源于被压迫者在真实社会情境中的具体体验,它是一种具体的真实。鉴于此,摒弃从生活经验累积下来的知识与智慧并视其为"无用",这是科学研究的谬误。它们是理论知识的经验内涵,能够用具体的现实感受对理论知识进行确证,并使其形成现实的根基。在此意义上,弗莱雷指出:"如果你想从某种具体的现实体会中学习,希望有具体的体会,那么就没有比工人更好的教师了。"①通过对被压迫者经验知识的学习,理论知识得到填充、修正或改造,知识分子获得新的认识。

作为对世界的最初始认识,经验知识是被压迫者进入教育情境时的基础,因此也是知识分子开展教学活动的起点。在弗莱雷看来,教师要实现和学生的对话,首先要让学生"发表他们自己的批判性论述"以及"避免保持沉默"。② 只有站在被压迫者的立场,知识分子才能判断自己的观点是否符合他们的现实生活及需要;只有掌握了被压迫者的隐喻语言,知识分子才能把自己的抽象概念转变为他们的用语;也只有以被压迫者的知识观点为基础,知识分子才能和他们讨论自己的观点和主张。尊重被压迫者的经验知识是知识分子顺利进行教学的条件。然而,尊重被压迫者的经验知识、以被压迫者的经验知识为起点,并不意味着知识分子要抛弃抽象概念和理论知识而使教学活动停留于经验知识,也不意味着知识分子要用和他们一样的角度看世界。抽象概念是在思想的历史长河中沉淀下来的,对于认识世界具有重要的意义。从经验知识出发是为了超越这些知识,使被压迫者掌握和理解抽象概念,走向更为严谨的现实认知和表达。这样,他们的经验知识才会在知识分子批判性知识的滋养下,转变为关于现实成因的知识,他们才会形成自己的批判认知能力。弗莱雷不仅把这一转变看做教学的目标,更将其抬高至被压迫者的政治权利。

强调尊重经验知识并超越它,弗莱雷辩证地处理了知识转换过程中的两

---

① 伊拉·索尔,保罗·弗莱雷.解放教育学:转化教育对话录[M].林邦文,译.台北:巨流图书股份有限公司,2008:190.
② Paulo Freire. Teachers as Cultural Workers: Letters to Those Dare to Teach [M]. Boulder: Westview Press, 2005: 116.

个阶段:从"自生活经验及常识获取知识"到"以严谨秩序研究知识对象以获取知识",使知识分子在被压迫者群体中的教学成为"文化合成"的过程。知识分子和被压迫者同时走入对方,双方都形成了新的认知和行动,这便是弗莱雷所构的建教学模式的"对话性"的实质。

四、生成主题调查:对话教学内容的规划模式

《被压迫者教育学》出版后,弗莱雷的解放教育理论吸引了来自众多理论学科和实践领域的读者,形成了一大批热情的追随者。他们将解放教育付诸各种教育项目的实践之中,以期通过意识启蒙实现社会的变革。在此过程中,这一理论不可避免地被歪曲和误解。为区别于传统教育对内容的强调,一些人将对话教学理解为漫无目的的闲谈。对于此种扭曲,弗莱雷在《希望教育学》一书中进行了澄清。他指出:"从来没有,也不可能会有不具内容的教育……'教学'是一个及物的关系性动词,它有直接受词与间接受词,即教学者将事物(内容)教授给某人(学生)。"[1]问题不在于对话教学是否有内容,而在于如何规划教学内容。作为供教师与学生认识与再认识的知识客体,对话教学的内容不能仅是由教师独自规划并传递给学生,而应通过双方的对话进行规划。在弗莱雷看来,教育的对话特质并非始于教学,而是始于教师对教学内容的规划。他要求教师必须考虑到学生这一"处在具体情境之中的人",教学内容规划必须以他们的具体现实及认识为出发点并反映他们的愿望。其追随者伊拉·索尔在实施对话教学时便强调:"课堂内的第一个研究者,就是对学生进行调查的教师……整个研究过程的目的在于鼓励学生研究自己,研究课程教材,以及他们自己使用的语言和生活现状,我认为这样

---

[1] 保罗·弗莱雷.希望教育学:重现《受压迫者教育学》[M].台湾编译馆,主译.方永泉,等译.台北:巨流图书股份有限公司,2011:122.

辑四
新教育公平研究的历史借鉴与域外比较

的课堂教育将能产生出一种不受约束的或非官方的知识。"①因此,知识分子在组织教育内容时,不应以自己的世界观为基础,而要以被压迫者的具体处境以及愿望为出发点。他们必须投入被压迫者所处的现实之中,调查被压迫者的客观处境及其对此处境的看法,并将其作为教育内容规划的基础资料。

弗莱雷尤为强调的是,被压迫者作为人并非调查的对象,他们"描述现实的思想—语言"以及"认识现实的层次"才是调查的对象。为此,他创建了一种独特的调查方法:生成主题调查法。何谓生成主题?弗莱雷给出了描述性界定:"思想、价值观、观念及希望等的具体表现,外加上阻止人的全面人性化的障碍,构成一个时代的主题。"②简言之,压迫社会的结构及其所形塑的思想观念系统是时代主题的内涵。这一主题的存在源于人的创造性本质,人不仅能够创造物质产品,还能创造思想、观念、价值等等。而且,人不是在封闭的静态历史片段中创造,而是在以"过去"、"现在"和"将来"为三维的连续历史中进行创造。因此,在一个时代单位中,既存在着主导的价值和观念,同时还隐藏着它们的对立面。"各种思想、观念、希望、疑虑、价值观、挑战等与其对立面辩证地相互作用,都试图得到充分展开,这构成每一时代的特征。"③如此,时代主题也并非孤立和静止的,它隐含着相对的或相反的主题,具备生成更多主题的可能性。在此意义上,弗莱雷将一个时代的主题说成是"生成的",即生成主题。生成主题是存在于现实中的人的所思所想,是其实践的一部分。正因为此,对被压迫者的生成主题进行调查时必须采用对话的模式。被压迫者不是调查和分析的对象,而是知识分子的合作调查者。他们与知识分子一起,以自己的生成主题为中介,进行交流和对话。在此过程中,被压迫者对现实及自我的认识从模糊走向清晰,从具体走向抽象,最终产生批判性意识。于此,生成主题调查"就变成了趋向现实意识和自我意识的共同努力,

---

① 伊拉·索尔,保罗·弗莱雷.解放教育学:转化教育对话录[M].林邦文,译.台北:巨流图书股份有限公司,2008:14.
② 保罗·弗莱雷.被压迫者教育学[M].顾建新,等译.上海:华东师范大学出版社,2001:49.
③ 保罗·弗莱雷.被压迫者教育学[M].顾建新,等译.上海:华东师范大学出版社,2001:49.

使这一调查成为教育过程的起点,或者成为具有解放性质的文化行动"。①对话是生成主题调查法的独特模式,它使调查和教育具有内在统一性。

在具体实施过程中,弗莱雷将生成主题调查分为四个阶段。当选定调查区域并初步熟悉后,调查者进入初始阶段的调查。通过召开会议并说明调查的原因、过程及用途等,他们努力取得当地居民的理解与信任,将具有参与调查意愿的居民征召为本地志愿者。这些志愿者负责收集该区域生活的相关数据。紧接着,调查者开始走访该地区。他们将这个区域视为一个庞大的整体,一个"有待破解的'活码'"。在实地调查过程中,他们通过分析给其留下深刻印象的各个侧面将整体"分隔开",以了解各组成部分间的相互作用。每次调查完成后,调查者都要写一份简短的调查报告,供整个调查组在评估会中进行讨论。在评估会中,调查者和本地志愿者把各自对各个侧面的看法表达出来,并通过对话重新考虑自己原先的看法。这样,各个被"分割开"的侧面重新组合起来,变成一个需要调查者重新做出分析的整体。此后,他们开始新一轮的实地调查和评估会。经多轮分割与重组,他们便接近了该区域主要矛盾和次要矛盾的核心。

当找到这一区域矛盾的核心时,调查者并不能据此进行教育内容的规划。此时,对矛盾的核心的认识仅仅是调查者的,而非当地居民的。调查者需要"从对这些矛盾的核心的初步认识出发,去研究居民对这些矛盾的认识程度"②。为此,生成主题进入主题汇编阶段。调查者从所有矛盾中挑选一部分加以汇编,供主题调查小组进行讨论。主题汇编是当地居民的认知对象,它应体现当地居民所熟悉的情况。这样,他们才能辨识出这些情况并表达自己的看法。此外,主题汇编还要具有一定的开放性,不能太过明确也不能太过模糊:太过明确容易沦为说教和宣传,太过模糊则使当地居民难以辨识它所反映的现实情况。最后,主题汇编还应具有包容性,它要尽可能包含该地区矛盾体系中的种种矛盾。

---

① 保罗·弗莱雷.被压迫者教育学[M].顾建新,等译.上海:华东师范大学出版社,2001:53.

② 保罗·弗莱雷.被压迫者教育学[M].顾建新,等译.上海:华东师范大学出版社,2001:58.

一旦主题汇编结束,生成主题调查便进入第三阶段:主题调查小组的解码对话。主题调查小组包括调查者、本地志愿者和愿意参与该调查小组的当地居民外,还需要两位专家:心理学家和社会学家。他们对前一阶段的主题汇编材料进行讨论,通过对话实现主题的解码。在此过程中,本地志愿者和参与对话的当地居民担任解码者的角色,他们对汇编材料发表自己的看法。调查者充当解码协调员,他们不仅要将解码者的讨论录下来,还要通过提出质疑促使解码者加深对汇编材料的思考。两位专家的任务是记录解码者在讨论过程中的重要反应。

解码工作结束后,调查者便开始着手对调查结果进行跨学科的研究。通过研究解码过程中的各种记录,他们将在讨论期间被肯定的主题罗列出来。根据不同的社会科学这些主题被加以分类。每一主题都将能以与其相关的社会科学来加以审视。此后,各个专家向调查小组提出研究计划,将他们的主题进行分解。在分解过程中,他们寻找每个主题的基本核心,并将其组成一个序列。最后,借助于"铰接主题",通过选择每一个主题的"最佳沟通渠道"和"具体表现形式",调查者将这些主题进行汇编,形成教育的内容。

五、结　语

在"人性化"的道德诉求下,弗莱雷以"对话教学"为社会介入的手段,继承并发展了社会研究的行动传统,构建了一个更为激进的行动模式。此模式以重建被压迫者的"主体性"为入口,为教育底层的研究打开了一条"自下而上"的通道。它对教育底层问题富于想象力的把握和理解能够从多个角度化解"代言模式"中的逻辑困境。

在弗莱雷的行动模式中,被压迫者主体意识的觉醒是最终目的。研究者介入社会现实的目的在于帮助他们增强对现实的理解力和批判力,发出自己真实的声音。此目的的设定直接指向了代言模式的预设前提:底层群体的沉默状态,并试图改变它。底层群体不再是"被表述他者",而成为具有发声能力的主体。他们也不再是研究者研究和改造的对象,而是研究者分析和改造社会现实的合作者。这样,"如何替底层发声"这一代言模式的经典问题在行动模式中便不再是一个需要探讨的理论问题。将行动模式引入教育底层研究,研究者关注的根本问题就不再是如何替教育底层群体发声(哪怕是真实的声音),而是如何让他们发出自己的声音。

尽管强调底层的主体性,弗莱雷却没有将底层浪漫主义化。相反,他极为关注底层对社会意识形态的内化这一事实,并指出了底层意识的"分裂"和"不真实"问题。面对此问题,他没有探索如何从"分裂"和"不真实"的底层意识中剥离社会意识形态以构建"整体"和"真实"的底层意识,而是选择通过教育促使底层进行自我的意识反思,实现其意识的独立性和自主性。这样,教育与研究便成了行动模式中同一活动的不同侧面。由于清晰地意识到教育的政治本质,弗莱雷放弃了传统社会政治框架下的教育形式,以"对话教学"作为实现底层意识自主的政治实践手段。这种将教育、研究和政治三位一体化的处理给予了教育底层研究的"何为真实底层"问题一个创造性的回应。在此意义上,我们也能更好地理解"生成主题调查"的方法要义。

弗莱雷的行动模式通过"对话教学"对底层群体进行赋权,以提升他们改造现实的行动。在他看来,任何人都无法代替底层实现生存境况的改变,底层必须是实现自身解放的主体。他将改变底层生存的主体从顶层政策设计者转移至底层民众自身。具体至教育底层的研究,与"代言"模式寄希望于底层苦难书写影响教育政策设计不同,此行动模式寄希望于底层自身成为改造教育现实的主体。这解决了"代言"模式中教育政策落实的底层意识瓶颈,为底层生存境况的改变奠定了坚实的根基。于是,"代言"模式中"书写改变底层生存"的神话被打破,教育底层研究不再处于无根状态。教育底层不仅仅存在于研究者的表述之中,也存在于教育现实的改造中。

(本章作者为汤美娟,即将发表)

辑五

新教育公平研究的反思

第十八章　多元教育公平观:新教育公平的题中之义

梳理教育公平的发展脉络,可以发现其变迁历程具有明显的阶段性。毋庸置疑,每个阶段的教育公平理论都解决了某些问题,亦取得了举世瞩目的成就,然则所选定的教育公平观往往使隐藏的教育不公平现象暴露出来而难以尽如人意。此窘况产生的原因不是所选定的教育公平理论缺乏明晰性或对其操作失误,而是源于对其规则"整齐划一"的遵守造成了对人的差异性的忽视与遮蔽。易言之,教育公平的理论取向尽管有阶段性的变化,但各阶段不变的"一元化教育公平观"却难以关照多样化的人际诉求。涂尔干认为,社会发展历经机械团结到有机团结的转变,相应的人则由信仰集体意识转向崇尚个性,教育则处于其中,因时而变,以应社会。这种观点无疑会对我们探索当下社会该建构"什么样的教育公平观"提供智慧和灵感的源泉。有鉴于此,本章基于对涂尔干社会团结理论的分析,指出当下教育公平应该走出"一元化教育公平观"的认识藩篱,并尝试建构一种多元教育公平观,以期为"新教育公平观"的建构提供参酌。

一、教育公平观与社会团结类型存在关联

教育公平是公平的下位概念,是社会公平在教育领域的体现。通常意义下,公平是指平等地对待每一个利益相关者,"是指衡量标准的同一尺度,用以防止社会对待中的双重标准或多重标准"①。譬如,"在集体、民族国家之间的交往中,公平指相互间的给予与获取大致持平的平等互利,还包含对待两个或两个以上的对象时一视同仁;在个人与社会集体之间的关系上,公平

---

① 吴忠民.关于公正、公平、平等的差异之辨析[J].中共中央党校学报,2003(4):15-20.

指个人的劳动活动创造的社会效益与社会提供给个人的物质精神回报的平衡合理"①。基于不同的视角,人们对公平有不同的划分方式,如胡森认为:"平等可以有下述三种含义:第一,'平等'首先可以指个体的起点(平等);第二,'平等'也可以指中介性的阶段(平等);第三,'平等'还可以指最后目标(平等),或者是这三个方面的综合。"②延展到教育公平领域则演绎为教育起点的公平、教育过程的公平和教育结果的公平。公平不仅是认识方式,更是一种人与人交往的行为方式,其外在于个人,并能够给人以约束。在这个意义上,可以将公平视为"社会事实"。作为一种社会事实,教育公平观的取舍与人们对社会团结方式的理解息息相关,却少有研究者对此进行分析,故而下文将通过对涂尔干社会团结思想的梳理来具体呈现不同社会团结类型下的教育公平观之模式。

(一)涂尔干社会团结思想的阐释

涂尔干致力于回答"是什么样的联系纽带使众多的人结合成为一个有序的社会,社会团结的性质特征在传统社会和现代社会的体现有何不同"③,并认为社会存在机械团结和有机团结两种团结类型。机械团结建基在人的相似性之上,在其中"我们与我们的群体是完全相同的,我们根本没有自己,而只是在社会之中生存和活动"④。其发展极致是"人的意识不仅完全依赖于集体类型,他的运动也完全追随集体运动,就像被占有的财物总要追随它的主人一样"⑤。由于社会成员之间的差距小,集体成员之间"情绪感受类似,价值观类似,具有同样的道德规范,相同的信仰和情操"⑥。这种相同的信

---

① 朱贻庭.伦理学大辞典[M].上海:上海辞书出版社,2002:45.
② 张人杰.国外教育社会学基本文选(修订版)[M].上海:华东师范大学出版社,2009:194-195.
③ 侯钧生.西方社会学理论教程[M].天津:南开大学出版社,2010:44.
④ 埃米尔·涂尔干.社会分工论[M].渠东,译.北京:生活·读书·新知三联书店,2009:90.
⑤ 埃米尔·涂尔干.社会分工论[M].渠东,译.北京:生活·读书·新知三联书店,2009:91.
⑥ 谭光鼎,王丽云.教育社会学:人物与思想[M].上海:华东师范大学出版社,2009:40.

辑五
新教育公平研究的反思

仰或情操被称为"共同意识"或者"集体意识",如果触犯这种集体意识,那就是犯罪,要受到谴责与惩罚,并引起剩余所有人的对抗,因为集体意识本身是权威的象征,不容挑战和亵渎。"凡是削弱这种活力的因素都在贬低和抑制着我们自身,也会给我们带来不安和沮丧,就像生命的重要机能停滞和延缓下来给我们的感觉一样。所以当我们面临着削弱我们的意识的危险的时候,我们必须坚决地予以还击,把它彻底清除掉,从而保证我们意识的完整。"①在某种程度上,我们可以将机械团结视为一种在压制作用下产生的团结,其目的在于使人们的行为一致,来维护社会的凝聚力。

机械团结基于人与人情感、信仰的相似,而有机团结依赖人与人之间功能的互补。在有机团结的社会里,每个人都拥有自己的行动范围和人格,因为"随着社会分工的日益精细化,职业多样化,社会条件复杂化,个体之间的利益也日趋多元化"②。个体仅靠自身不可能取得自己的利益,这迫使他们选择合作,为了避免彼此生存的竞争,"即使在完成本职工作的时候,还是要符合法人团体共同遵循的习惯和程序"③。这种习惯、程序的遵循和机械团结社会中的附庸不同,它是一种自由的依赖。但是基于集体意识的机械团结和基于分工的有机团结并不是完全对立、断裂的。"现代的分工中,内在地包含和指向一种合作,一种秩序。"④因为人们知道,"社会分工只有在非人为强制的,而且达到了非人为强制的程度的情况下,才会产生团结的力量"⑤。换言之,有机团结的社会之所以能够存在,而没有在强调分工、强调自我的疾风下湮灭,在于人们能够在社会中找到一种根基和限度。

此处不厌其烦地梳理涂尔干的社会团结思想,主要目的不是对其做深度

---

① 埃米尔·涂尔干.社会分工论[M].渠东,译.北京:生活·读书·新知三联书店,2009:59.
② 袁泽民,莫瑞丽."社会整合"的类型及建构——对涂尔干的"社会整合"思想的解读[J].理论界,2008(5):185-187.
③ 埃米尔·涂尔干.社会分工论[M].渠东,译.北京:生活·读书·新知三联书店,2009:91.
④ 王虎学.个人与社会何以维系——基于涂尔干《社会分工论》的思考[J].江海学刊,2015(2):55-61.
⑤ 安东尼·吉登斯.资本主义与现代社会理论——对马克思、涂尔干和韦伯著作的分析[M].郭忠华,潘华凌,译.上海:上海译文出版社,2013:103.

的分析,而是对照指出不同社会团结类型下人们的认知和行为方式存在区别。尽管涂尔干没有直接阐释其对教育公平的见解,但他认为,"教育作为一种社会组织,受到社会环境的影响和制约,它的任何变化都反映了社会需要,教育组织又必须面对来自社会的各种变迁,并进行相应的调整,而不能游离于社会之外"①。因此,社会团结类型的变迁对教育公平具有影响也在情理之中。

(二) 机械团结的社会存在"一元教育公平观"的传统

在机械团结的社会,人与人之间的相似性大于差异性,任何有悖于"集体意识"的行为都被当作"失范"受到惩罚。因此,可以将机械团结的社会看作一个"文化统一体"的社会,亦可以说机械团结的社会是价值观一元化的社会。仅就教育领域而言,在机械团结的社会,衡量教育公平的标准或者方式也具有一元化的特性。

梳理我国教育发展历程可以发现,早期的正式教育是"学在官府",尽管孔子提出了"有教无类"的思想,此后又有"百家争鸣",但是政府创办的"官学"体系中"谁能受教育以及受什么样的教育"的教育公平观并没有实质性的变化。尤其自董仲舒提出"罢黜百家,独尊儒术"之后,教育的作用不是为社会的发展提供动力,而是为了统治的稳固,以"君为臣纲,父为子纲,夫为妻纲"为核心的道德观成为历朝历代的统治者强调的中心内容和最重要的道德规范。② 此后延续近一千三百年的科举考试,更是将读书人限制在同一套思维观念之下。中华人民共和国成立初期鉴于政治需要,教育被视为无产阶级专政的工具,学校则成为阶级斗争的工具乃至场所。③ 招生一度采取的是"阶级内平等"的模式,评价教育公平与否主要是基于社会政治出身背景,较

---

① 钱民辉.涂尔干的社会学方法论与教育研究[J].西北民族大学学报(哲学社会科学版),2005(3):19-24.

② 孙培青.中国教育史[M].上海:华东师范大学出版社,2009:118.

③ 刘煜,张烨,田大海.关于教育本质问题大讨论的历史影响[J].湖北民族学院学报(哲学社会科学版),2002(1):101-105.

辑五 新教育公平研究的反思

少考虑个人能力,这一举措更是在国家意志的作用下在全国运行。"据统计,1954 年全国小学中,工农成分的学生占 82%,而在高等教育,1958 年高校新生中工农子女也已经占到 55.28%,到了 1965 年,这一比例则达到了 71.2%。"① 此后采取"分数面前人人平等"的选取方法,时至今日,依旧有人呼吁"全国一张卷、一条线"②的考试方式,其实也属此类,并没脱离教育公平评判方式一元化的思维定式。

无独有偶,外国的教育亦有类似的经历。如柏拉图认为人分三等,大家各司其职,互不越位,社会便得到安宁,尽管他论述了国家正义和个人正义,但其严格的社会等级制度其实是以牺牲平民的权利获得的。在波普尔看来,柏拉图的正义甚至是一种极权主义的正义,"柏拉图把正义与阶级统治和阶级特权原则等同起来,各个阶级各司其职其实意味着只要统治者统治,奴隶们被奴役,国家就是正义的,按此逻辑,国家正义并非优越于极权主义,就其本质而言是一致的"③。这种思想事实上是剥夺了劳动者受教育的权利。"中世纪时期的教会教育教育对象则是僧侣阶层子弟以及封建家庭出身的意在从事神职工作的少数青年,世俗封建主及骑士教育则把出身上层家庭的子弟以及封建主家庭的长子作为教育对象。"④可见,谁能受教育以及受什么样的教育也是固定的。此后,随着社会发展,教育对象的规模扩大,但教育公平观并未迈进多元而是走向了一个强调"同等"的一元论。科尔曼认为教育机会均等及其观念发展曾出现过"主张所有的儿童必须在同样的学校接受同样的课程的阶段;主张不同的儿童有不同的就业前景,机会均等必须向每种类型的学生提供不同的课程的阶段;主张教育平等是学校应该给学生相同的学习投入(包括教师期望和德行)的阶段;主张教育平等是指教育是种族合校,而不是分离的阶段;认为教育均等是指不

---

① 杨东平. 从权利平等到机会均等——新中国教育公平的轨迹 [J]. 北京大学教育评论,2006 (2):2-11.
② 大河报. 全国人大代表:高考应全国"一张卷""一条线"[EB/OL]. http://news.163.com/16/0308/06/BHK8JLN10001124J.html, 2016-03-08.
③ 赵苑达. 西方主要公平与正义理论研究 [M]. 北京:经济管理出版社,2010:28.
④ 张斌贤. 外国教育思想史 [M]. 北京:高等教育出版社,2007:118.

同的学生应该获得相同的学习结果的阶段"①。之所以能够如此划分,是因为每一个阶段的教育公平观是一元的,至少我们可以认为其所谓的主流教育公平是统一的,抑或说,崇尚多元教育公平的发展阶段要滞后于社会的发展(尽管工业社会在一定程度上是有机团结的社会,但机械团结的社会潜在影响依旧作用于除由工业机器到来导致的社会分工之外的大多数领域,这也恰恰说明了教育公平观的多样性滞后于社会多元发展)。

(三) 有机团结的社会需要"多元教育公平观"的认知重塑

有机团结的社会赋予人们更多自由空间,个体的人格和特征得以表现。社会资本、经济资本、文化资本的差异,导致人们"大一统"的判断方式出现断裂;全球化进一步促进不同地域的信息交流与碰撞。这种跨地域的交流对"集体意识"的削减难以避免,并且"共同意识的发展已经落后于个人意识,它在整体上已经变得脆弱而又模糊,集体类型也失去了以前的显赫地位,变得更加的抽象不明"②。与此伴生的是多元化社会的到来,并影响教育领域,教育公平观出现"公说公的理、婆说婆的理"的争鸣。任何人、任何机构都难以将自己的观点作为唯一的"集体意识"强加于他人,而须为其合理性辩护,并"自证清白"。

譬如,根据惯例,高校招生计划和方案一般都是由教育部、发改委根据国民经济、社会发展需要以及教育事业发展规划确定,尽管难以使得人人满意,却能"按部就班"地进行,然而2016年招生计划的编制出台却引起社会的广泛关注与讨论。原因是"为促进高等教育区域和城乡入学机会公平,2016年,支援中西部地区招生协作计划安排21万人,其中本科14万人,由北京、天津、江苏等14个省(市)的公办普通高校承担,面向河南、广西、贵州、甘肃等10个中西部省(区)招生。升学压力较小的上海、江苏、浙江、福建等省(市),应在上年常规跨省生源计划和2016年协作计划的基础上,进一步增加

---

① 张人杰.国外教育社会学基本文选[M].上海:华东师范大学出版社,2009:151.
② 埃米尔·涂尔干.社会分工论[M].渠东,译.北京:生活·读书·新知三联书店,2009:132.

辑五
新教育公平研究的反思

面向部分中西部省(区)的生源计划"①引起江苏、湖北等省份群众的强烈不满。他们认为这是建立在对他们减招的基础上的，是对他们的教育不公平。②尽管此事经教育相关部门及时解释、澄清而平息，但该事件的真正意义在于，它表明了在现代社会对教育公平观进行统一规划愈加难以让人心平气和地接受，教育公平诉求差异化和多元化是难以回避的现实。

一定时期内的教育公平观或仰仗某些"专家"的权威论证，或依照"国家行政"的权力意志，并最终作为一种类似"集体意志"的形式而存在。遵守，被视为"道德的""合法的"，而抗拒，则被当作"非法的""不公平的""不道德的"。殊不知"道德是在历史过程中发展并受到历史因素制约的，如果说道德在特定时期里具有特定的形式，那是因为我们在特定时期里的生存条件不允许另外一种道德存在"③。是以，统一的教育公平观根源于人们为避免因损害"集体意识"而受到"惩罚"，所采取的追求简单、统一的"贯彻"之结果。机械团结的社会没有为教育公平观多元化提供土壤，而且，即便出现了多种教育公平观，也没有其发展的空间，而有机团结社会的到来及其日渐深化则为多元教育公平观的出现提供可能。

其实，已有学者提出要对教育改革进行改革，并将其从单一的作为"政治—经济"改革的模式下解放出来，走向以"社会—文化"为指导的教育改革，其目的亦在改变教育改革模式的单一化，强调兼容兼顾与多元整合。④ 仅就教育公平的改革而言亦是如此，可以预知的是，在不改变"一元教育公平观"的评价模式的情况下，社会愈是变迁得迅速，人们就越是忙于寻觅新的教育公平观。然则建构教育公平理论的速度却难以跟上社会变迁的速度，长此以往，教育公平愈加难以达成。只有从疲于奔命的"一元教育公平观"的认识枷

---

① 教育部，国家发展改革委.关于做好2016年普通高等教育招生计划编制和管理工作的通知[EB/OL]. http://www.moe.cn/srcsite/A03/s180/s3011/201605/t20160504_241872.html, 2016-04-25.

② 凤凰财经.直击南京抗议现场：招生名额的博弈[EB/OL]. http://finance.ifeng.com/a/20160514/14384395_0.shtml, 2016-05-14.

③ 埃米尔·涂尔干.社会分工论[M].渠东，译.北京：生活·读书·新知三联书店，2009：7.

④ 程天君.改革教育改革：从作为政治—经济改革到作为社会—文化改革[J].湖南师范大学教育科学学报，2012(2)：15-20.

锁中解放出来,转向提倡"多元教育公平观"的新教育公平,才能看到实现教育公平的曙光。

二、多元教育公平观:新教育公平的应有之义

公平是为维系社会的正常运转和健康秩序服务的,教育作为社会的组成部分,教育公平在一定程度上亦是为此服务的。在今天的语境下,教育公平一度被视为维护社会稳定的基石。社会急剧转型,个人与社会之间的关系虽日渐模糊却非疏远、固化,人与人之间的关系亦更为复杂、流变,资本多元共存,认知多元分化成为一种社会新常态,因此,为了适应当下的多元社会,多元教育公平理应成为新教育公平无法绕开的应有之义。

(一) 认知图式分化:新教育公平何以提倡多元

新教育公平何以提倡多元?现代社会,社会分工造就了个体的多样化个性,为各种群体确立了各种各样的职业伦理。更重要的是,"分化和分工本身也使原有的分类图式产生分化和分解,从而确立了具有不同匿名程度的分类图式及其抽象符号关系"①。认知图式的分化不仅影响人们对社会整体的认知,亦对构成社会的各个部分产生影响。认知图式分化的人们所具有的不同观点、态度和价值观在教育领域的映射,势必会导致教育公平观的多样性,因此,建构新教育公平则必须考虑到这一特征。

具体而言,认知图式的差异使人们在进行公平评估时会有不同的权重,正如"士兵追求荣耀,商人追求财富,牧师则想成为道德权威,学者则注重名望"②。阿马蒂亚·森也认为人们对收入、财富、幸福、自由、机会、权利抑或

---

① 渠敬东.涂尔干的遗产:现代社会及其可能性[J].社会学研究,1999(1):29-49.
② 安东尼·吉登斯.资本主义与现代社会理论——对马克思、涂尔干和韦伯著作的分析[M].郭忠华,潘华凌,译.上海:上海译文出版社,2013:106.

效率的取舍是不同的,"依据其中某一评估变量得来的平等未必与依其他变量得来的结果相一致,人们之所以容忍某些评估域里的不平等,是因为其不平等的合理性是建立在某个评估域里平等诉求的基础之上"①。在涂尔干看来,类别的划分并不是个人先天就具有的,而是受到集体意识的影响,集体意识决定人们选择哪些因素作为关键变量。因为集体意识"在道德领域即纯粹观念意义上转化为一种精神力量,散布在个体意识之中,引导个体的反思筹划及其行动取向;在制度领域内,则结晶为一种物质力量,借助法律规范或纪律准则对个体的行动加以规定和调动"②。随着有机团结社会的到来,集体意识的影响减弱,基于职业分工的"法人团体"兴盛起来。"法人团体内部的成员从事相似的工作,具有相似的心态、思维习惯和职业伦理,并追求相似的利益"③,因此同一个法人团体内部可以形成一种相似的认知观,而不同的法人团体之间则会存在显著差异。当下,不仅有因职业分工产生的法人团体,因城乡、区域等差异形成的"团体""群体"亦有自己的认知分类图式和诉求,这些都会影响他们对教育公平的认知、判断、取舍。是以,诉诸国家、集体意志的单一教育公平观愈加难以达成,教育公平只能是作为责任主体的我、我们与同为责任主体的"他者"基于某种"共识"协商的结果。这种结果则会因社会多元共存而具有多样性,这也是新教育公平何以"新"、何以强调多元的因由所在。

(二) 多元教育公平观的意涵

多元教育公平观又具有哪些一元教育公平观不曾具有或者难以具有的意义呢? 在一元教育公平观的逻辑中,为了统一标准,教育公平的评价往往强调"只取其一而去其他",譬如强调政治权利而不顾个体能力,强调个体能力而忽视地域、文化、性别等因素造成的人群差异。多元教育公平观意图打

---

① 阿马蒂亚·森.再论不平等[M].王利文,于占杰,译.北京:中国人民大学出版社,2016:22.
② 渠敬东.涂尔干的遗产:现代社会及其可能性[J].社会学研究,1999(1):29-49.
③ 李鸿.涂尔干"法人团体"社会整合观分析[J].社会科学战线,2008(9):259-261.

破这种单向度的评价模式,"它坚持不同的团体都拥有基本的权利,不同阶层、文化的人都应被接受、被理解;它尊重每一种文化的价值,强调文化的主体性、相对性与互补性,促使不同种族、阶层、性别、宗教的学生能平等地接受教育,能发挥所长,相互欣赏、包容、学习并丰富彼此"①。多元教育公平观不是不容怀疑、修正的知识、标准或理论,而是致力于更全面、综合地把握各种教育公平观点的一种认知方式。可以从多样性、包容性、开放性三个方面来认识多元教育公平观。

多样性指多元教育公平的评价内容、评价方式和评价主体多元。② 就评价内容而言,多元教育公平观从多维度、多视角审视教育公平,不是从教育经费投入、支出,各种设施的生均分配比例,师生的教育公平感受等某一因素来衡量,而是将这些变量置于同等重要的地位,共同参与评价教育公平。就评价方式而言,多元教育公平观采纳多样化的教育公平评价方式。一元教育公平观具有排他性,用一种逻辑方式去评估所有人,譬如:按出身背景评价时,就回避个人能力;以考试分数评价,则忽视考试内容本身的社会意涵。就评价主体来说,一元教育公平观的评价主体往往是以国家政府、机构、专家等"权威"的形象出现,易形成"一言堂"的评价结果。多元教育公平观拓展了评价主体的范围,静态、统整的国家机关与动态、碎片化的社会运行本身均参与评价。不仅政府教育机构或者指定的第三方机构参与评价,所有涉及教育行业的类似机构都可以参与评价;不仅是某些教育权威、行政领导、教育公平测评者和从业者可以参与评价,而且每一个人也都可以参与教育评价。当然,任何教育公平观都不可能包含全部的教育公平内容,因此多元的目的并不是强调"面面俱到",而是注重综合统筹。

包容性是指多元教育公平观容许不同教育公平观并存,并给它们成长的空间。在一元教育公平观范式下,教育公平的实施者和评价者都自认是"公平"的代表,缺乏对异见者的包容和容忍,甚至存在以"政策"的名义抵制其他教育公平观的现象。如"撤点并校"本意在促进教育均衡发展,但是在交通不

---

① 陈时见.全球化视域下多元文化教育的时代使命[J].比较教育研究,2005(12):37-41.
② 吴康宁.关于教育领域综合改革评价问题的若干思考[J].中国教育学刊,2014(3):1-2.

便的边远地区,却出现了盲目甚至过度地取缔教学点的现象,反而给师生造成了更大的不便。① 这不能说是国家政策的失误,而是教育政策的操作者没有深刻理解何谓教育公平,如何实施教育公平,甚至一心为取得"政绩"的结果。其实,这又何尝不是一元教育公平观对其他教育公平观"排斥"的弊端。是以,多元教育公平观要具有包容性,教育公平的实现不是某一公平政策的绝对制胜,而是多种合理教育公平观的共同实现,是"自美其美"并"美人之美"从而达到"美美与共"。尤其是鉴于我国存在的城乡、地域差异,更须坚持多元教育公平观的包容性,而不是仍将一元教育公平观的那套保守、单调、排他的思路奉为圭臬。

开放性是指多元教育公平观绝非一个封闭的、完备的理论体系,而是为新的教育公平观的创生敞开大门。多元教育公平观意在服务、有益于所有人,其各种公平观对所有人开放,赋予每一个人选择自己的教育公平观的权利。一元教育公平观虽具有适应当时社会的合理性,但却是封闭性的教育公平观。为了实现其目的,国家对教育控制得非常严格,学校几乎"千校一面"地围绕同一个教育目标行动。这无论是在作为权利公平的教育公平阶段,还是在崇尚"精英主义"的教育阶段都非常明显。多元教育公平观则赋予社会组织和成员选择适合自己的教育方式的权利,如各种教育培训机构和辅导机构的兴起便是很好的例证。有研究表明,看似杂乱的各类教育培训机构其实有自己的运作章法,而且随着社会的发展,这些辅导机构有望成为未来教育必不可少的组成部分。② 事实上,教育机构之所以可以作为合法的形式存在,也从侧面体现了在有机社会中,国家和社会对多元教育公平的默许与渴求。开放性为新教育公平观的出现提供了生长点,也只有具有了开放性,新教育公平才能成为"有源之水""有本之木",并为社会公平的更好实现保驾护航。

一言以蔽之,多元教育公平观是一种文化观,其目标是达到教育公平的多元化,赋予各种教育公平观同等的地位,承认不同教育公平观的社会价值,

---

① 中国经济网.河南一中学被撤点并校 学生到新学校无老师上课[EB/OL].http://www.ce.cn/xwzx/kj/201506/14/t20150614_5636439.shtml,2015-06-14.
② 程天君,陈晓陆.杂乱有章:辅导机构学校化与学校辅导机构化——兼对校外"辅导热"的社会学分析[J].教育学报,2014(1):109-120.

实现人人各得其所。多元教育公平观还是一种历史观，它允许我们以一种开放的心态去看待教育公平，理解教育公平的变迁是一个历史的过程，并和社会的整体变迁相对保持一致。多元教育公平观又是一种教育观，社会急遽变迁，难以给教育公平下一个恒常的定义，它允许我们反思教育公平，修正教育公平。总之，这种集文化观、历史观、教育观三位于一体的多元教育公平观赋予教育公平活力、价值，并使之成为具有成长性的新教育公平。

三、多元教育公平观的实现路径

至此，我们分析了教育公平观的变迁与社会团结类型的变迁存在内在关联，论证了多元教育公平观的内在意涵，指出其是新教育公平的应有之义。但是，多元教育公平何以达成呢？一种理念本身就隐含该理念实现的条件，我们可以从强调教育公平的开放性、包容性和多样性来实现多元教育公平观。除此之外，还需要做些什么呢？事实上，当下教育公平之所以成为一个问题，除了由于资源分配不均导致的人群差异之外，更为关键的是各种教育公平观点的交锋导致教育公平秩序的紊乱。单凭物质的重新配置并不能解决现代教育公平面临的危机，涂尔干认为解决社会秩序问题"必须同时在经济和道德上采取措施以减轻现代社会的不适症"[①]。在教育公平问题上，我们亦可遵循此路，从资源分配和对教育公平观的认识上攻而克之。从经济（资源）分配上来解决教育不公平的文献可谓汗牛充栋，这里不再赘言，此处仅从教育公平观认识论的视角给出几点建议。

（一）尊重差异，承认多元

在涂尔干看来，随着有机团结社会的逐渐发展，"集体意识"的淡薄和"个

---

① 安东尼·吉登斯.资本主义与现代社会理论——对马克思、涂尔干和韦伯著作的分析[M].郭忠华，潘华凌，译.上海：上海译文出版社，2013：130.

人主义"的勃兴无可避免。人群差异是客观存在的,我们应当尊重这种差异并接受由人群差异导致的教育公平观多样的"社会事实"。"尊重"是将其当作社会常态,而不是视为社会失常。此处"承认"具有多重含义:既承认人群差异,又承认差异平等;既是法律上的承认,又是心理上的接纳。事实上,人们之所以不懈地追求教育公平,不是因为它能给自己带来最大的经济效益,而是不公平感扰乱了人们作为主体性的自我在获得社会承认时的激情。"我们的认同部分地是由他人的承认构成的;同样地,如果得不到他人的承认,或者只是得到他人扭曲的承认,不仅会影响我们的认同,而且还会造成严重的伤害。"①教育公平的多元化只有得到了尊重、承认,人们才可以彼此达成和解,才能"认识到自身认同中的特殊性,从而再次与特殊的他者形成对立"②。个体也只有在彼此的教育公平观都得到尊重、承认的时候,才能感受到自我教育公平认同的同一性。

(二) 促进不同教育公平观视域融合,减少彼此观点间的歧视与偏见

教育公平观的多元化对"统一"的教育公平观的达成构成挑战。不同教育公平观之间必然存在冲突和竞争,为了避免教育公平观的差异导致"所有人反对所有人"的紊乱局面,持不同教育公平观的人要能够相互理解,并进行教育公平视域的融合。理解各种教育公平观的视野情景与历史,通晓教育公平观创制者、受益者和受害者所面对的可能后果,并进而对自己所主张的教育公平、他人信赖的教育公平产生新的理解,而不是有意无意将其当作某种"教育公平主义"。如此,才可以相互理解,认知到各种观点的合理性和局限性,并减少彼此之间的隔阂、歧视与偏见。

(三) 形成教育公平自觉和反思教育公平的能力

多元教育公平观绝非一个静态的观点,亦不是将某种观点灌输到人们的

---

① 万明钢.从"差异"走向"承认"的多元文化教育[J].教育研究,2008(11):87-92.
② 阿克塞尔·霍耐特.为承认而斗争[M].胡继华,译.上海:上海人民出版社,2005:22.

头脑之中,强制人们产生"回应",而是培养人们的教育公平自觉,促使人们自觉地理解教育公平、反思教育公平,不仅包含对自己所持教育公平观的推崇,也包括对他者教育公平观的欣赏。形成教育公平自觉,才能实现教育公平观念的融合,避免不同观念间的冲突。多元教育公平观的实现还需要我们具有认知上的反思性,以祛除一元教育公平观视野下"非此即彼"的思维定式和惯习。这不是追求认识论上的深刻,而是为了避免阐释教育公平观时出现"唯智主义"或者"学究式谬误"。"无论何时,只要我们未能对那些深深嵌入我们对世界的思考的事实中的预设进行系统的批判,我们就可能错误地瓦解实践逻辑,使之消解于理论逻辑之中。"① 此外,通过反思,教育公平的行为主体可以对其行为进行自我监控和调试,并将其放入社会历史的现实环境中进行规划和塑造,避免价值与事实判断的分离与对立。

多元教育公平观所具有的多样性、包容性、开放性特征是以往教育公平观所不具有的,这些特征既保证教育公平的鲜活,又使之具有能动性,更是"新教育公平"的题中之意。多元教育公平观非单纯的观点,而是一种教育公平的自觉意识,在该意识的引导下,我们可以形成理解教育公平为何物及其何以如此的自知之明。作为一种教育公平观,建构它不是为了追求教育公平理论的"花哨",而是因为在崇尚公平、崇尚现代性、崇尚自我发展与认同的今天,多元教育公平观具有更宽阔的公平之可能与可为的空间。

(本章作者为李金刚,原文《多元教育公平观:新教育公平的题中之义——基于涂尔干社会团结思想的分析》,载于《教育发展研究》2017 年第 2 期。收录本书时略有改编)

---

① 布尔迪厄,华康德.反思社会学导引[M].李猛,李康,译.北京:商务印书馆,2015:40.

第十九章 底线与上限：教育公平的立场、内涵及其限度

教育公平问题作为目前我国教育领域的突出问题，被学界和其他社会各界当作全面深化教育领域综合改革的核心抓手予以"特殊对待"。无论是从经济收入、社会地位、地区差异、文化惯习等方面入手，探讨社会大环境对教育子环境的影响所造成的教育不公平，还是从教育积累、教育投入、教育成就等方面入手，探讨教育子系统对社会大系统所产生的制导意义，其间又包括阶层差异、社会正义、社会发展等核心母题，诸般论证都指向一个标的：教育公平的"底线"在哪里？或曰：想要达到"何种"基本的"教育公平"，以及如何达到这种"基本公平"？然而，正如任何事物要凸显其独特性都要明确其"界线"一样，"教育公平"作为一个炙手可热的研究论题也必然要有其"界线"。而只有"底线"的教育公平犹如数学上的射线一般，因其另一端的无边无际，则无论其端点（可类比为"教育公平"的"底线"）的位置如何推移，都仍是同一条射线。因此，对教育公平问题的解答要想得到实质性突破，必然要寻求其另一端的所在，即明确其"上限"，进而思索能够达成"何种"教育公平。

一、诉求立场："谁的"教育公平"底线"

"谁的"作为教育社会学的经典设问方式，其目的在于探求"某一特定的社会产物（制度、知识、活动）究竟是谁的？它代表了谁的利益？其真实的人群属性是什么？"[①]面对当前学界关于教育公平的种种设问与表达，我们在叹

[①] 吴康宁.通向根基与转向背后：哲学视角与社会学视角的比较[J].教育参考，2004(5)：3-4.

服其中对于教育公平的理念与性质、内涵与外延、实践方式与保障手段等方面的探讨的完备与周延的同时,不禁心生疑问:你讲的究竟是谁的教育公平?你讲的公平和我讲的公平、他讲的公平是不是一个范畴?这不仅涉及教育公平的言说主体和话语对象,更涉及言说主体所依据的立场和目的。因此,教育公平的诉求立场,实际上就是各式各样"教育公平"的唱和者对教育及其社会功用的基本吁求或核心诉求,也可看作是他们的教育公平"底线"。就目前的研究状况和社会舆论来看,对教育公平问题或者更准确地说是对教育公平的"底线"问题的探讨大致可分为以下三类。

(一) 筛选:当权者/既得利益者的教育公平"底线"

"教育公平"作为彰显我国社会主义教育事业阶级特征的重要标杆,无论是从政权性质还是社会道义的角度来看,都居于教育事业发展的伦理制高点,同时具有一种"天然的"理论正当性。但是实际的教育实践发展却以一种反讽式曲调应和着这种"想当然"的"教育乌托邦情结"。自 1949 年以后,"由于急剧的社会政治变迁,中国的教育选拔机制和教育机会分配形态经历了几次大的、方向性的转变,这些转变与整个社会分层体系的变化紧密相连"①。那些把控着教育资源分配及其规则制定、利益协调的"当权者"和相关"重要他人",通过利用体制机制的不完备和监督制约体系的不完善等社会转型的"漏洞",逐渐对教育选拔机制及与之相关的社会流动机制等教育成就体系不断地进行私益化或部门利益化的演绎和阐释,进而"中饱私囊",成为教育领域的既得利益者或代言人。

面对已然成为社会热点的"教育公平"问题,既得利益者群体企图通过各种"科学论证"来压低教育公平的"底线"。2011 年 3 月 7 日,在全国政协委员无党派联组的分组讨论上,全国政协委员、北京中华民族博物馆馆长王平提出:"我们也不要鼓励我们农村的孩子去上大学,因为一旦农村孩子读了大

---

① 李春玲.社会政治变迁与教育机会不平等——家庭背景及制度因素对教育获得的影响(1940—2001)[J].中国社会科学,2003(3):86-98.

学,就回不到自己的家乡,回不去自己的家乡就是一个悲剧。"①这类以传承传统文化需要和教育难以改变命运为主要腔调的言论,无异于对仅能寄希望于通过教育实现升迁性社会流动和阶层固化突围的无奈的农村孩子又泼了一盆冷水。2011至2013年间在各大网络论坛、纸媒上对于"寒门再难出贵子"的激烈争论,从另外一个角度诠释了同样的道理:当你的经济资本、社会资本、文化资本和符号资本都远远落后于优势阶层的时候,在一个越来越重视资本再生产和代际传承的时代里,你永远只能"陪跑"甚至被边缘化。类似于《向农村倾斜的高校专项招生政策:争论、反思与改革》②等的文章仅题目就足以反映一个事实:向农村倾斜投放高校招生名额已经触及一部分既得利益者的"底线",他们对长期以来高校招生倾斜于城市的惯例习以为常,因此对稍显公平性的农村专项招生政策忧心忡忡。

(二) 公正:知识分子的教育公平"底线"

随着改革开放的深入推进,政治、经济领域的利益关系多元化和思想、文化领域的百家争鸣,促使作为"社会代表者"的知识分子群体越来越分化。虽然一部分知识分子在经历了"文革"的意识形态"严冬"之后产生了强烈的自由主义反弹,并经由先在经济领域展开进而扩展到其他领域的市场化改革,在思想和言论上日益倒向无政府主义和自由市场论,但绝大部分知识分子仍然坚持着集体主义的公平公正思想,以及流淌于其文化血脉之中的"厚生重教"传统。他们一般认为,"当资源的不平等分配制造了少部分受益者,必然有多数的教育者和受教育者遭受其害","为了寻求和落实个体社会成员平等的发展权,并促进最终的社会平等,在最大程度上实现教育的平等无疑应该成为教育主管部门的首选目标,也是政府理应遵循的道德律令"③。

---

① 南方周末.全国政协委员王平:"不要鼓励农村孩子上大学"[EB/OL].http://www.infzm.com/content/56057/,2011-04-10.
② 余秀兰,白雪.向农村倾斜的高校专项招生政策:争论、反思与改革[J].高等教育研究,2016(1):22-29.
③ 张玉林.2004中国教育不平等状况蓝皮书[J].校长阅刊,2005(5):8-13.

目前知识分子们关于"教育公平"问题的讨论大致可分为两类：一类是关注底层民众的教育机会公平和程序正义问题，即"替弱势发声"；另一类是关注与教育活动相关的知识分子群体自身的生存处境和发展机遇问题，即"为自己代言"。"替弱势发声"主要是反思由经济话语主导教育发展的"资源决定论"所带来的城乡、区域教育不公平现象，关注底层民众在教育总规模急剧扩大背景下的相对剥夺感与边缘化体验。此类例证不胜枚举，尤以"最大化维持不平等"理论(Maximally Maintained Inequality，简称 MMI)和"有效维持不平等"理论(Effectively Maintained Inequality，简称 EMI)为代表。① "为自己代言"主要是反思处于体制约束和市场经济冲击之下的教育领域知识分子群体的"内外交困"状态，他们依靠知识谋生，却遭遇知识的经济价值"高开低走"，文化资本向经济资本和社会资本的转化渠道受阻，他们不甘于穷困潦倒或备受冷落，仍旧寄情于"知识改变命运"。张玉林曾举了一个关于代课教师的例子，很能说明这一问题："比如在全国来说并不'落后'的江苏省徐州市下属各县，他们每月能够领取的'代课金'目前只有 150 元。这是一个没有考虑到生存需求的数额，肯定难以维持一个乡间知识分子的起码尊严。"②

（三）参与：社会底层的教育公平"底线"

1978 年以后，教育的社会功能也随着政治重心的转移，由消除阶级差异转变成为经济建设和社会发展服务。在表面上的公平发展与"按劳取酬"③的掩盖下，教育领域名义上的大众化与实际上的精英化现象并存，并以后者侵吞前者的社会福利为代价造成教育领域内阶层分化；公共教育事业与产业

---

① 李春玲.高等教育扩张与教育机会不平等：高校扩招的平等化效应考查［J］.社会学研究，2010(3)：82-113.
② 张玉林.2004 中国教育不平等状况蓝皮书［J］.校长阅刊，2005(5)：8-13.
③ "按劳分配"是社会主义公有制下最主要的分配制度，其基本含义是：在生产资料公有制的社会环境内，劳动作为人们的谋生手段，凡有劳动能力的人均应参与社会劳动，并按照劳动者所提供的劳动数量和质量来分配个人消费品；等量劳动换取等量报酬，多劳多得、少劳少得、不劳不得。 我国现阶段实行的是以按劳分配为主体、多种分配方式并存的分配制度，实际上是按生产要素的贡献进行分配。 所有制改革与分配制度改革相配合，是造成贫富差距和经济阶层分化的主要原因之一。

化教育事业同时发展,并以后者侵蚀前者的社会影响进一步加剧了这一分化。"允许一部分人先富起来"所带来的经济阶层差异影响甚至决定了教育阶层的差异,其结果是经济富裕群体的"全面富裕"且"先富剥夺后富",教育所能带来的社会流动力度衰微并且日益成为权力、资本的社会控制和阶级再制的工具。居于社会底层的群体由于社会意识和自身处境的限制,往往将目光倾注于实用主义和乐感文化所主导的短期利益再制机制。由于个体化社会成员的教育诉求有其自利性和独占性,"其中,一部分与国家、社会等公共利益交叉一致,即实现私益的同时也实现公益;一部分是由个人创造而流入集体或社会之中,成为个人利益的溢出部分;还有一部分存在有悖甚至损害他人、集体和社会利益的可能性"①。

由于我国长期以来将有限的教育经费重点投向高等教育领域,而随着社会发展和教育扩张,国家对教育的投入增速又远远滞后于国民经济发展的进度,客观上促使了普通民众的教育投入在家庭支出结构中的比例日益增长,甚至在很多教育攀比风气浓厚的地区出现了畸形的教育投资现象。这相对而言就形成了国家在教育系统内"与民争利"的结果。更有甚者,随着农村县办高中、乡办初中、村办小学的分级办学体制和分级经费投入体制的形成和推进,农村的教育发展基本上陷入了"亏空"的境地。然而教育投入的增加并不一定能相应地带来教育产出的增加,这种边际效用递减的内卷化现象使得社会底层民众在社会流动渠道日益窄化的现状下益发窘迫与无奈,只能盲目地将有限的个体和家庭资源不断投入并无切实保障的教育系统循环中。他们几乎无力反思也无法突围,纵使"教育改变命运、努力就能成功"的希望再渺茫也只能孤注一掷,他们对于教育公平的企盼也只能一直挣扎在参与感的"底线"附近。

---

① 阮成武.教育要兼重"国计"与"民生"[J].决策探索,2012(2):72.

二、内涵澄清：追求"何种"教育公平

对于两个问题相互嵌套的问题，不仅要对教育公平的诉求立场即"谁的"应当予以明确区分，而且对教育公平的诉求内涵即追求"何种"教育公平同样不得不予以澄清。各种"被言说的教育公平"棱镜般地折射出社会差异的"幻象"，令人眼花缭乱乃至无所适从，而区分教育公平的层次有助于我们更准确地定位和把握公平的"实质"。因此，可求的教育公平及其实用理性才是教育公平的真谛。当然，这并非是想以一种指令性的、应然的方式去"指导"公平实践，而仅仅是期由分析教育的诸种"公平"之间的差异、差距或差别，进而明确一种实践化的、可操作的和切实的"新"教育公平。

（一）被言说的教育公平：公平的"幻象"

在传统的公平探讨语境中，公平与效率、公平与自由、公平与能力、公平与努力等几对概念一直呈"双螺旋"结构出现。政治、经济、文化、教育等领域内的学者大多各持一端，各执一词，将各类"自我定义"加以合理化和美化，制造出所谓的"重叠性共识"并促使其以价值观的形式为人们所接受和秉持。但正如"教育理想有一个'出场'的问题，主流社会空间里所展现的教育理想往往也就只是少数人的理想，而未必就是多数人的理想，因为多数人没有表达的机会"[①]一样，教育领域的"公平"理论恰是一种"少数人的教育理想"，无论表现得多么为学生、教师、家长、学校乃至"教育"着想，终归会落实到具体的利益诉求上。将公平与效率分立的学者大多从经济学的"利润"角度出发，看重的是"总体的社会利益"和整全的社会发展，放诸教育领域就会担忧因

---

① 吴康宁.转向教育的背后——吴康宁教育讲演录[M].上海：华东师范大学出版社，2008：26.

辑五
新教育公平研究的反思

"公平"而妨害社会进步和资源扩容,于是有了撤点并校、高校合并、教育服务市场化等现象出现;将公平与自由分立的学者大多从政治学的"权利"角度出发,看重的是"天赋人权"和"市场规律",放诸教育领域就会担忧因"公平"而妨害"人人生而平等"的自由权利以及可能会因被政权、意识形态所左右而出现潜在危机,于是出现了高考自主命题、高校自主招生、特长考试加分等现象。公平与能力、公平与努力等命题与之类似,共同构成了公平的"幻象"。

这些"幻象"背后的核心问题是:"你所描述/担忧的公平"和"我要享有的公平"是否一致?如果说表达成理论或舆论的"教育公平"是"少数人的教育理想",那么我们经由本章第一部分的分析可以看出,每个社会阶层抑或"每个人"在自我可表达的范围内都有一种对"教育公平"的"本土化"界定和畅想。由此,就产生了一个基本的逻辑矛盾:为什么少数人对"教育公平"的呼求会变成"我们"的呼求?绝大多数人是被"我们"化了,还是真的就由衷地赞同那些"被言说的教育公平"?仅举一例,2016年4月22日,教育部、发改委发布《关于做好2016年普通高等教育招生计划编制和管理工作的通知》(教发〔2016〕7号),以"促进高等教育区域和城乡入学机会公平"为目标,宣布"2016年,支援中西部地区招生协作计划安排21万人,其中本科14万人,由北京、天津、江苏等14个省(市)的公办普通高校承担,面向河南、广西、贵州、甘肃等10个中西部省(区)招生"①。根据此通知要求,江苏省教育厅于5月11日公布了38 000人的调出计划(其中本科调出招生计划9 000人,专科调出招生计划29 000人)②。紧接着江苏省13个地市的学生家长开始集体维权"讨说法",数千名家长游行、聚集在省教育厅门前喊出"反对减招,教育公平"的口号。5月13日江苏省教育厅再次发布"确保2016年普通高校本专科招生计划中招收江苏学生的计划规模均不低于去年。在生源减少3.25万人的情况下,统考生计划总数和本科计划数均有增加",以平息此次事件。湖北

---

① 教育部,国家发展改革委.关于做好2016年普通高等教育招生计划编制和管理工作的通知[EB/OL]. http://www.moe.gov.cn/srcsite/A03/s180/s3011/201605/t20160504_241872.html, 2016-04-25.
② 江苏省教育考试院.关于2016年江苏高等学校跨省招生计划的说明[EB/OL]. http://gaokao.chsi.com.cn/gkxx/zc/ss/201605/20160511/1533401470.html, 2016-05-11.

307

省的情况与此类似。且不谈在改革开放进行了37年之后"改革进入深水区"时期仍旧坚挺的"招生计划"这种"老太爷式"政策,单就这种以"我的公平"来对抗"你的公平"的做法而言,江苏家长们可谓是深谙"别人家的公平"和"自己家的利益"的内在区别,戳穿了各种总称式的"被言说的教育公平"的"皇帝新装"。

(二) 多层次的教育公平:公平的"实质"

既然没有总体的、全称的或"普世的"教育公平或不公平可言,而且根据社会生活实际和人们的生活体验可知,并非所有人都需要同样的公平,也并非任何公平都适合于所有人,那就需要区分教育公平的程度、对象、时机和后果等。就程度而言,最低层次的基础性教育公平是靠人的基本感情、良知就能够理解的,中等层次的发展性教育公平是需要理论论证和"据理力争"的,高等层次的理想性教育公平则需要根据社会理想的"假设"和历史发展的规律去把握。就对象和时机而言,最低层次的生存性教育公平需要着力解决基础教育资源分配和基本教育权利/受教育权利向全民开放的问题,中等层次的工具性教育公平需要将教育制度打造成鼓励学生通过努力、毅力和机遇而达成阶层向上流动的"阶梯",高等层次的荣誉性教育公平则使教育成为满足自我发展的高层次需要和传统社会文化心理的需求。就后果而言,最低层次的资源性教育公平强调教育产品及相关社会产品分配领域的公共化,中等层次的程序性教育公平强调教育竞争及相关的人力资源市场化竞争的有序性和非歧视性,高等层次的权力性教育公平则强调分享教育系统及相关社会层级系统的政策制度、法律法规的制定或修订、替代或排序等的权力。当然这些层次和类别之间不乏交叉、重叠。而所有的这些区分就构成了"教育公平"的多层次结构,也凸显了教育公平的"实质"。

正如"所有的权力,只有是有限的,才是有效的",教育公平也只有是有限的、有层次的,才可能是可行的。"教育公平"的层次不一、"实质"多样,也令我们警醒一个问题:在当下,教育公平的"大数据"之下,隐藏着多少"被公平"的无奈体验?期望"教育公平"的权利人人都有,而得到实质"教育公平"的权

利却并非如此。正如美国2002年颁布的"不让一个孩子掉队"法案（No Child Left Behind Act）和2015年底颁布的"让每个孩子都成功"法案（Every Student Succeeds Act）所持续表达的那样，作为社会公益事业和基础社会活动的教育不应允许在总体数据增长的掩饰下存在任何一个"被剩余"的学生。由于"同步达成相同的成就"在实践上不具有可操作性，于是我们有了中华人民共和国成立初期的"优先发展重工业"和改革开放后的"让一部分人先富起来"，反映到教育上就是教育的人力、财力、物力的倾斜投放，不仅城乡间、地区间、阶层间、性别间、民族间有诸多不公平，甚至同一个人在不同发展阶段都会遭遇不同的教育不公平。然而恰是如此，更凸显出多层次的"教育公平"所更有可能会带来的实质性"教育公平"，毕竟阶段性的公平诉求伴随着阶段性的公平限度，而以一种肯定的态度对待"教育公平"的不公平化实践，能使尽可能多的人切实地感受到、享受到"教育公平"的逼近。以笔者曾进行过民族志研究的云南省临沧市永德县彝族俐侎人社会为例，目前当地政府为该群体提供的仅是处于底线水平的基础教育，而这一教育水平无论是放诸本县/本市/本省还是彝族的教育总体水平和平均水平之下，都明显有被"拉高"之嫌。若以多层次的"教育公平"对其进行考量，则不应只关注控辍保学、高考升学率和应试成绩等传统"教育公平"指标的达成，更应关注技术中专的发展和学生就业创业成就、地方和民族知识传承与保护、生态环境建设与产业转型教育等更为实际同时更为灵活的教育领域综合改革方向。只有适用的、实用的教育公平才能算是真正意义上的"公平"。

（三）可求的教育公平：公平的"实用理性"

因为被言说的教育公平和实质的教育公平之间存在差距，所以我们还需要仔细区分"教育公平"的理论逻辑与实践逻辑，或者说是"理论公平"与"实际公平"。"教育公平"的理论逻辑涉及公平的定义方式、理念支撑和分析维度等。最典型的例子是"人人都有受教育的权利"，这其中涉及"人人""受""教育""权利"等几个关键词。"人人"是否是每一个人呢？显然不是，因为我们国家的性质是"人民民主专政"，我们有"阶级敌人"和需要被"专政"的一些人。"人人"是否是"公民"呢？显然也不是，因为我们还有"被剥夺政治权利"和"限制人身自由"的人，他们作为"不完全公民"在监狱中是否还应受教育呢？"受"教育是指"接受"国家课程的知识及其背后隐藏的价值观灌输，还是指"享受"教育所能带来的个人提升和随之而来的自我选择的能力？"教育"仅是教师与学生共同达成的一项教与学的活动，还是应当承认一切的自学、补习和在家学习都有其独特价值并给予其等同于学校教育的"教育界"身份？"权利"正如上文中提到的江苏家长抵制招生指标外调的抗议活动和不了了之的随迁子女就地高考政策探索所显示出的那样，当你、我、他的"权利"不同甚至相互冲突时，到底是维护现状公平还是破除阻隔公平呢？哪种"权利"才更应当被称为"权利"，更应受到保护和彰显呢？于是在很大程度上，"人人"就成了"非人人"，"受"教育就成了"被"教育，"教育"就成了体制化教育，"权利"就成了等级特权和谋取私利的"武器"。于是就以"教育公平"的理论逻辑为题展开辩护或针砭，并无绝对的标准和定论可言。而"教育公平"的实践逻辑（实用理性）则与之大相径庭，更像是"缺什么补什么""补到哪算哪"，以一种切实的教育行动来达成增量式的"教育公平"，从而弥合教育实际与不断抬升的教育筛选机制水平线之间的鸿沟。

  我们还必须区分"教育公平"的目的以及达成这一目的的方式、途径和手段，然后才能清晰地界定出"教育公平"的实用理性。各种层次的"教育公平"都有其目的，在一个可求的"域"内争取一种"公平"的结果，各种"域"内的"教育公平"目的相互交织、嵌套，以渐进的方式达成一种"妥协的进步"，最终汇聚成一个相对来说是"总体性"的"教育公平"目的。那么各种"域"内公平或局部公平如何相互补充、相互强化以及其权重如何衡量与排序，就涉及达成各层级"教育公平"目的的方式、途径和手段问题。各层级"教育公平"目的可能是从个人或群体的社会生活实际和教育需求的体验产生，也可能是各种言说的"教育公平""让你以为那是你以为的"，在理念上或理论逻辑上无法对此做出准确区分，而一旦进入操作和实践层面则高下立判。如果将教育部支援西部的高考招生计划倾斜政策看作实现高等教育区域间公平的措施的话，其目的无疑是想运用现有的行政手段强制推

进"教育公平",但其实践方式却是将矛盾下移给各省教育厅,将本来存在于东西部之间的高等教育发展差异置换为省教育厅和学生家长之间的矛盾。于是当家长们以游行的方式抗议这一行政行为的时候,政府又以另一行政手段——扩充招生名额来试图化解这一被激化的矛盾。政府、家长并未在同一层次上思考这一原本由高等教育区域间发展不均衡所带来的教育不公平现象,也没有通过同一类别的途径来解决这种不公平所带来的矛盾。教育不公平的根源依然存在,江苏省教育厅不过是在生源减少而招生指标不减少的情况下,向中西部投放了一些招生指标而已。于是教育部通过这一政策重申了部门权力和促进教育公平的"决心",省教育厅顺理成章地提升了录取率和招生数等政绩数据,各地家长和学生则得到了实利。教育公平的目标也在各方的运作和妥协中暂时"可求化"了。

三、上限制约:教育公平也有"天花板"

通过理想类型的分析方式,我们可以认识到处于教育结构中的三个层次的人群各自的基本吁求(当然这并不涉及正当、正义、正确等价值判断),以及在这种公平"底线"之上的教育公平诸内涵实质。在各方进行利益博弈和利益结构重塑的过程中,因为目前教育资源的总体性短缺与制度化倾斜分配等状况存在,必然会出现利益分配不均所导致的多重冲突。虽然这种冲突在某种程度上具有激发教育结构活力、缓释教育结构性矛盾的功能,但冲突终归要被限制在一定范围之内以保证结构的完整与延续。这一"范围"落实到教育公平问题上就是要认清"上限",使各种社会力量能够在同一个利益区间内凝聚心力,从而推进教育公平问题的渐进式解决与次优结果的达成。这里的"上限"实际上是指代各群体所追求的教育公平背后的合理度与可行度,即由限制性因素和现实性因素所构成的"天花板"。

(一)总体性教育不公平:"教育发展"的限度

"发展"一词从20世纪80年代以来,一直盘亘在我国政治话语和社会舆论的核心位置,仿佛成了一个不证自明、不言而喻的永恒真理。"发展才是硬道理"所代表的强发展理论以摧枯拉朽的姿态摧毁了一切"阻碍",同时也以一种狂热的迷幻性刺激着"心怀梦想"的人们。在改革开放的社会大环境影响下,"教育发展"更是以一种近乎革命的方式取代了社会主义工农教育的补偿机制,效率、竞争成为教育发展的"核心价值观",从而日趋加剧了社会分化与不公。当这种差距由"教育改变命运"而逐渐固化或异化为"教育再生产社会结构""知识传递阶级控制"时,"教育发展"也就从"教育(成就)发展"变为"教育(宰制)发展","教育先行"的口号与"教育滞后于社会发展"的现实之间的距离成为"教育发展"的双向限度:教育很重要,但其重要性在于教育可以产生生产力而服务于经济社会发展,却并非服务于其自身,其效益的潜在性与长期性决定了其"受制于人"的社会地位。相应地,教育公平的"发展"也就必然受制于口号先行和社会政治经济等因素的钳制而成就其限度。

"改革"向来被认为是"发展"的助推器,然而"'教育改革'可能带来教育的改良与完善,更可能导致教育的退步与恶化,它未必就是一个褒义词。教育不仅仅需要改革,同时也需要保守、传承和不改革"①。相应地,教育发展的尺度也应当放诸"充分发展—不发展"的光谱之间进行考量。而教育发展的绝对阈值又限制了实现教育公平的可能性、方式和程度,因此当教育公平的具体意涵,从教育机会平等发展到人尽其能和因材施教再到差异补偿,不同的教育发展理念决定了不同的教育公平"天花板"。无论是起点公平、过程公平,还是结果公平,都只能在教育资源总量有限的情况下,尽可能地公平分配:① 尊重学生们的天赋不平等,并尽量对之进行充分挖掘(因材施教,个性化培养);② 在学校教育生活范围内尽量消除后致不平等,并有针对性地进行劣势补偿(符合罗尔斯的自由平等原则、差别原则和机会的公正平等原

---

① 程天君.教育改革三问[J].教育研究与实验,2011(5):1-6.

则)。这种"教育资源总量的限制"恰恰是"教育发展"的首要突破点,因为对一部分人的公平不能建立在对另一部分人的权利剥夺之上,所以"教育发展"语境和社会环境之下的教育公平"上限"就在于如何将新生的教育资源用于公平合理地满足新生的教育需求(即部分地进行不公平分配),而非所有的教育需求。

(二) 制度性教育不公平:教育利益分配中"看得见的手"

要实现新生教育资源的公平分配,首先要在制度层面上对现有的教育利益分配体制、机制进行重组与再制,从"面上"公平到"点上"公平或曰"精准公平"。随着 20 世纪 90 年代起逐渐推行的基础教育办学体制改革与国民经济体系中分税制的实施,各种社会资源通过制度化的渠道向城市集中,"让一部分地区的学校优先发展起来"成为众所周知又众缄其口的教育利益分配导向。虽说国家在财政体系中建立有诸如财政转移支付制度等对流机制,但由于教育行业在国民生产序列中位置偏后,且由于教育投资的长期性、效益的潜在性能够给官员政绩考核或政府执政能力评价所带来的分值较少,加上教育财政转移支付能力的欠缺与机制的延宕,实现教育公平所依赖的教育利益分配机制改革一直处于一种十分尴尬即"不可不说又不可多说"的境地。市场机制作用这只"看不见的手"并不能自发地调节教育利益分配,而只能依托于将教育公平作为政绩或"国策"之后的另一只行政化的"看得见的手"来发挥作用。吊诡的是,教育利益的不公平分配所带来的问题,现在却要用更具强制性且更不公平的方式来试图解决。

有些"看上去很美"的政策实际上并不公平。为增加贫困地区学生接受高等教育的机会,促进贫困地区经济社会发展,2012 年 3 月 19 日,教育部、国家发展改革委、财政部、人力资源和社会保障部、国务院扶贫办等五部门联合发文,宣布从 2012 年开始组织实施"面向贫困地区定向招生专项计划",规定在"十二五"期间,每年在全国普通高校招生计划中安排 1 万名左右专项计划(以本科一批招生计划为主),面向在集中连片特殊困难地区参加全国统考的考生实行定向招生。生源范围为国务院确定的 21 个省(区、市)的 680 个贫困县,专项计划实行单报志愿、单设批次、单独划线。① 在溢美这一促进高等教育公平的重要举措的同时也应当看到,专项计划预留了许多限制:首先,在培养目标上是"培养应用型、复合型、技能型人才,引导和鼓励学生毕业后回到贫困地区就业创业和服务",这种培养目标使高校可以堂而皇之地对专项计划学生予以区别对待,加剧了教育过程中的不公平;其次,在招生专业上是"根据贫困地区特别是农村经济社会发展需要,以农林、水利、地矿、机械、师范、医学以及其他适农涉农等贫困地区急需专业为主",而这些专业的就业门路相对狭窄,学生毕业后的发展空间有限;最后,在招生待遇上是"专项生入学报到时不迁转户口,户籍暂保留在原户籍所在地,就业报到后可按有关规定迁入工作所在地区。专项生在校学习期间不转学,不转专业",这也在很大程度上限制了专项生向上层社会流动。

(三) 实践性教育不公平:"有限的公平"和"公平的有限"

作为一个在较长的历史时期内都以统一与和谐稳定为价值取向的中央集权国家,我国从未放松的教育集权和日臻完善的统一考试制度使得教育领域能够在国家规范的教育行为限度内保有其"有限的公平"。这种"有限的公平"因其出发点是维护政权稳定而非均衡社会资源分配,其最大的"限度"就在于既不能放任资源过分集中于少部分人手中且长期固化从而影响到政权的合法性,又不能放任资源过于公平合理分配而危及掌权者和最高利益集团的优势地位。在这一限度内,"教育公平"相关政策的制定者与实施者会着力引导教育领域内的中下阶层为了利益重组和资源再分配而相互博弈,将普通民众的目光吸引到"可操作"、可达到的利益吁求上。"公平"从一种价值导向变成一种政策手段,"有限"成为基本的操作方式和实践规则。

"有限的公平"必然会带来"公平的有限",而"公平的有限"也强化了"有限的公平"的逻辑正确性。在以"有限的公平"为导向的教育政策实践中,政

---

① 教育部,等.关于实施面向贫困地区定向招生专项计划的通知[EB/OL]. http://www.moe.edu.cn/publicfiles/business/htmlfiles/moe/A15_zcwj/201204/xxgk_134392.html, 2012 - 3 - 19.

策行为在绝大多数的情况下成了一种应对教育舆论热点和教育民生急迫需求的"刺激—反应"动作,囿于"应对压力—缓解压力—造成新的压力—再次应对压力"的循环。同时,教育公平相关政策的短效性和随意性也使其难以符合教育活动的长期性和潜在性的规律,因而这种所谓的"公平"是十分有限的。而且,"公平"自身就是一个"有限"的概念,群体内的公平、一部分人的公平、一定时空内的公平作为公平的"常态",比绝对的公平更具可能性,也更为合理。况且根据不同群体对"公平"内涵的不同理解和不同追求,"每一种社会制度设计的辩护理论的合理性基础都在于:它们往往要求在某个'评估域'里的平等,要求在个体的某个重要方面对所有社会成员平等对待"①。无论是老子的"有无相生,难易相成,长短相形,高下相倾,音声相和,前后相随"(《道德经》),还是罗素的"须知参差多态,乃是幸福本源",用来透视教育公平问题的时候,都可以说明"公平的有限"正是"公平"相对性的体现。这在逻辑上要求将公平问题分步骤、有计划、按时机地加以解决,这也成为每一个教育公平举措所内含的"有限的公平"的真谛之最好的辩护,进而凸显了教育公平的"上限"。

四、利益整合:新教育公平的实践路径

由于各利益相关者群体在教育公平问题上的"立场"不同,所求的实用性公平的内涵也不尽相同,那么在教育实践过程中各种制度的组织方式和利益分配规则对教育公平产生"束缚"的同时,教育公平问题的解决或缓解实际上就依赖于如何更好地在"底线"与"上限"的夹缝内进行有限度的利益整合。然而,从目前教育公平问题的发展态势和处理教育公平问题的实践措施上来看,绝大多数的公共教育行政资源都被投诸抑制诉求"底线"的膨胀、错位和

---

① 阿马蒂亚·森.再论不平等[M].王利文,于占杰,译.北京:中国人民大学出版社,2016:150-151.

混淆之上,对"上限"的存在和影响则采取了隐匿、转喻和曲解等方式加以处理。因此,从可求的教育公平及其实用理性出发,通过调整、扩容和引导等整合方式对各方利益予以切实、有效保障,走出攀升"底线"和漠视"上限"的迷局,正是通往"新教育公平"的实践路径。

(一)利益调整:打破固化与偏私化的旧有分配格局

虽然自21世纪初我国政府就开始关注教育公平问题,并且经舆论推动和社会行动其已成为教育领域最热门的问题之一,但也正是其持续"热门"反而更说明了这一问题的棘手。各利益相关者群体从自身利益出发自发地投入到推动教育公平"底线"提升的行动中,但却永远也赶不上由国家与政权结构、科层制和单位制等制度结构所设置的教育公平"上限"的推移。"底线"不足与"上限"有余现象并存,并且两者之间存在着云泥之别。在目前教育资源总量受限的情况下,优质资源仍日趋向少数优势群体集中。其中,结构性的不公平为教育公平设置了"上限",流动性的不公平需要坚守教育公平的"底线",而结构性的不公平又在一定程度上催生和再生了流动性的不公平。在目前尚缺少能够对抗乃至更迭这种结构性的不公平所带来的"上限"有余的社会力量的情况下,弥合教育公平的"底线"与"上限"之间的距离只能依靠由现有结构所内生的应激变革动力及少量不稳定且不可控的社会突变因素的作用,无可奈何之下人们只能在教育公平的"底线"上做文章。

农村地区面临的"底线"不足与"上限"有余问题尤为突出。在国家持续大力倡导城市化、工业化、现代化建设的社会大环境之下,农村成为城市的人力资源"储备箱",通过教育形成的农村人力资源外流成为继金融、物产两大"抽水机"之后的第三大虹吸系统。农村的落后与贫困在很大程度上正是由于这些财力、物力和人力的外流而造成的,而现有教育结构的城市中心取向所带来的农村人力资源外流正持续拉低着农村地区的教育公平"底线"。由此,在以城市建设为中心的现代化进程中,与其说教育公平面临着"城乡二元结构"的挑战,不如说是面临着以城市为中心的"一元螺旋结构"的挑战。如果不对造成这种结构性不公平的制度体系进行根本性变革,将作为"优势方"

的城市教育纳入教育资源对流系统中,那么农村地区永远只能在教育公平"上限"有余的偏狭中渐趋凋敝。这种困境如何破局则有待于教育公平的"利益区间"的扩容和规约教育公平"上限"的社会制度结构做出"供给侧改革",而"关键便在于教育改革和发展利益相关者的智慧共识、利益共享与行动妥协"①。

(二) 利益扩容:满足教育领域中间阶层的核心诉求

如果前文论述过的教育公平的基本内涵因各利益相关者的吁求不同而不同的说法成立,并且教育资源总量不足和地理空间、社会阶层之间分布不均的情况得到认同,那么仅有的教育资源只有被尽可能多地分配到主要利益群体手中才能实现教育公平的"最大化"。在教育领域最主要的利益群体当属"中间阶层"。这一群体主要包括两类人:文化民主主义者和社会主义者。其中,文化民主主义者包括除高校教师外的教师群体、出版等文化相关行业的从业者、具有较高文化水平和较开阔文化视野的社会贤达等,这些初级和中级知识分子寄希望于"知识改变命运""教育成就未来",认为文化和教育应当成为促进社会公正的基本动力而非特权阶层的统治手段;社会主义者包括县处级以下的基层政府官员、非高管的企事业单位员工、中等收入的工商业精英和白领阶层等,这些受益于社会主义体制和时代发展潮流的社会中坚力量切身体会到知识和教育对于收入和阶层流动的重要性,认为社会发展建基于知识和教育的现代化并可以通过制度和市场的双重调节来达成。当然也不排除这两者之间存在着交集或还有一类人两者都并未涵盖但也可以归于教育领域中间阶层的可能性,但以这两类最具典型性和代表性。

作为教育领域内资源获取和利益达成的"比上不足、比下有余"者,中间阶层的"教育梦"可谓代表着整个社会对教育的期待,因为他们不仅在人数上属于社会的"大多数",而且是社会变革的中坚力量和社会压力的主要承载

---

① 程天君,陈栋.自主抑或依傍:困境中的"省部共建"高校[J].高等教育研究,2015(5):29-36.

者。教育领域中间阶层关于教育的核心诉求一般包括:公平公正地获取教育机会、自由而充分发展的教育过程、以个人能力为核心的教育成长结果和尊重知识与人才的教育政策环境等。他们中绝大多数人都会将教育领域内的不良风气和不堪现实归咎于政府、社会和文化等外在原因,却又积极运用自身所拥有的各类资本寻求通过"潜规则"而"上位",沉浸于相互竞争所带来的生存困境而无法自拔,心怀对教育正义的向往、期盼别人遵守规则又妄图通过非正常手段在有限教育资源的不均衡分配过程中扩大自身优势。他们一再地触碰教育公平的"上限",虽无力左右时代大局却已搅乱教育的微环境,在一定程度上背离了所处阶层的核心诉求和初衷,而且期望通过他们的自我觉醒和自我革命来达成其所属阶层格局乃至整个教育系统的"净化"与"再秩序化"已然无望。然而这也仅是由"理想输于现实"的社会环境压力所致,阶层"惯习"暂时让位于个体化行动策略。通过制度调整、政策规约等途径来达成社会大结构和教育大环境的合理化,尤其是进行更为根本性的教育资源扩容和总量提升,以拉大教育领域中间阶层的利益空间,可以使他们有更多余力去思考和反观切身利益之外的阶层诉求,进而促使他们中的"大多数"将目光由同级竞争转向协同提升,由教育领域综合改革的反对力量、中立力量变为支持力量①。

(三) 利益引导:追求合情、合理、合法的"教育公平"

正视教育公平的理论逻辑与实用理性,可以帮助我们认清"教育公平"的口号和行动的"背后"所隐藏的利益关涉和行动伦理。在此基础上,追求合情、合理、合法的教育公平既是教育领域行动者的最高纲领,又是最低纲领。所谓合情,基本含义有两层:① 合乎情感,即合乎教育公平所关涉的人群的情感心向,符合"人民满意的教育"的标准;② 合乎情势,即合乎教育公平问题的发展趋势和相关社会氛围,符合"生产力发展要求"的标准。所谓合理,

---

① 关于教育领域综合改革的支持力量、反对力量和中立力量的论述,详见吴康宁的两篇文章:《谁支持改革——兼论教育改革的社会基础》,发表于《教育研究与实验》2007 年第 6 期;《赞同? 中立? 反对? ——再论教育改革的社会基础》,发表于《教育学报》2011 年第 4 期。

辑五
新教育公平研究的反思

即合乎教育公平所依据的公理和事理,在"基本公平"和"差异补偿"的光谱之间"进退有度"。所谓合法,即合乎与教育公平相关的法律和社会规范,在正当性的基础之上充分利用现有的制度性资源并促进其改良、改善、改进。这三"合"的尺度限定于"底线"到"上限"之间的利益区间,限定于"盲目地索取"与"一味地忍让"的行动伦理之间,限定于公平与情、理、法相协同的制度伦理之间。因此,最佳的教育公平状态既不能因为追逐提高公平的"底线"而造成教育矛盾激化和新的教育不公平,又不能因过于固守公平的"上限"而妨害情、理、法的功能在教育公平问题上的作用。这就牵涉教育利益的恰当引导与有效疏导的方式、方法问题。

由于"培养社会主义事业的'建设者和接班人'是1949年以来中国大陆教育一以贯之的'素质'要求,现代公民教育当是素质教育的未来取向"①,合情、合理、合法的教育公平"底线"与"上限"就在于如何将"现代公民"与"社会主义事业的建设者和接班人"这两类"素质"以一种公正合理的方式加以结合。各利益相关者群体在追逐教育公平"底线"提升的时候,在较大程度上借用了培养"现代公民"所依据的自由发展的教育理念和培养"社会主义事业的建设者和接班人"所依据的全面发展的教育理念,而二者兼具的教育行为以培养出具有部分"现代公民"素质的"社会主义事业的建设者和接班人"为教育目的,这就暗含着必须在教育活动中出让部分个人的教育利益服务于政权的教育利益,这也被宣传为"牺牲个人眼前利益,服从于国家长远利益"。在明确教育公平"上限"的时候可以看出,培养"现代公民"需要在很大程度上打破现有社会体制对教育发展的束缚,进而将社会各阶层的教育利益统整为一种更为社会化和大众化的"共同利益",同时也是更为分化和个性化的"私人利益";而培养"社会主义事业的建设者和接班人"则需要在很大程度上依赖现有社会体制的规范性约束,仅留小部分空间给社会各阶层以达成教育利益的局部有限流动,而绝大部分的利益分配将被强制性地捆绑到经济社会发展的结构性需求之上。二者之间的矛盾将随着时间推移和社会演进而不断

---

① 程天君.素质教育的历史脉络与未来取向——兼理新中国教育目的之演进[J].教育理论与实践,2007(11):8-13.

被激发。个体与群体之间、各利益群体之间、社会与国家之间的利益区隔最终也只能以利益融合和利益共享的方式在"新教育公平"范畴内得以引导和整合。

五、余论

在追问"谁的""什么"和"何种"等几个问题之外,我们似乎还须由此更进一步反思教育公平问题的一个前提:为何"公平"在当下的社会语境中成了一个不证自明、不言而喻、不受质疑的仿佛具有天然正当性的概念?各类群体的各种利益诉求是如何在"教育公平"的大旗之下组织和运转起来的?某些人通过各种合情、合理、合法的手段(过程的正义),依靠他们已有的资源和其他方面优势的自由发挥(持有的正义),取得了相对优势,达成了不平等的结果(被指责为结果的不正义),这种"正义 A+正义 B=不正义"的话语系统又是如何被建构起来的?这些问题的答案或许会随着时空的转变而发生变化,但问题本身却值得我们进行持久的追索。只有对"公平"及其构成要素、话语系统等保持一定的距离,方能尽量看清公平抑或不公平的全貌,找到一条通往"新教育公平"的合理化道路。

(本章作者为陈栋,原文《底线与上限:论教育公平的立场、内涵和限度——兼论新教育公平的实践路径》,载于《教育发展研究》2017年第2期。收录本书时略有改编)

第二十章　教育公平或许是无用的：
一种不合时宜的沉思

　　按目前的价值观，公平不是坏东西，或说，公平总比不公平好。但问题的关键是，什么是公平？为何需要公平？怎么才算公平？谁的公平应排在议事日程的顶端？由于公平背后总是涉及利益之争，从不同的立场或观点出发，从不同的阶层或场域审视，从不同的时距和视界来看，往往会有完全不同的答案。由于理性自身无法克服的局限，我们对什么是公平、为何需要公平、怎样才算公平都很难达成理论共识，加之实践本身的自否性和自悖性，公平作为一种秩序未必总是好过不公平。更何况，公平作为目的与实现公平的手段之间亦并无必然的相关性，而且存在逻辑的断裂。当然，这样讲绝不是要否定公平自身的伦理价值，也不是要为不公平的现象进行辩护，而只是意味着公平本身作为一种秩序具有情境性，对公平的追求一定要实事求是，且不可违背事物本身的发展规律，为公平而公平，肆意冒进。教育的复杂性决定在教育领域不可能存在单一的价值秩序，不能因为公平至关重要而遮蔽了其他价值，更不能单独以公平为标准来强调教育公平的绝对重要性。人类实践中，任何一种价值或秩序都有它的适用范围和必要限度，就像经济的发展需要市场化，政治的发展需要民主化，社会的发展需要自治化，公平作为一种秩序也不是普适的或万能的，更不意味着凡事都越公平越好。自然的法则或生物的基因中不可能有"公平"这个选项，所谓公平不过是人类文明的创造或建构，是现代性的产物，是一种"想象的秩序"。现在，"越来越多科学家认为，决定人类行为的不是什么自由意志，而是荷尔蒙、基因和神经突触。我们的司法和政治制度碰上这些发现，多半是视而不见、不愿面对"[①]。对于教育公平的理解亦应作如是观，即应超越单纯的德性伦理而着眼于科学理性。基于当

---

　　① 尤瓦尔·赫拉利.人类简史：从动物到上帝[M].林俊宏，译.北京：中信出版社，2014：227.

下的具体情境,我们应追求教育公平,但对于公平的理解一定要实事求是,一切从实际出发;不能迷信某种教育公平的理论话语,更不能以意识形态为借口陷入某种激进的平等主义。

一、教育公平的误区

长期以来,关于教育公平有一个很大的误区,即倾向将免费作为公平的一个前提。比如,《经济、社会和文化权利国际公约》第13.2款就指出:① 初等教育应面向所有人义务、免费开放;② 中等教育,无论何种形式,包括技术与职业中等教育,应通过一切恰当的方式,特别是积极引入免费教育的方式,向所有人开放、普及;③ 高等教育应基于能力,通过一切恰当的方式,特别是积极引入免费教育的方式,向所有人公平开放。表面上看,免费排除了社会经济地位对入学的影响,有助于教育公平,但实践表明,免费的教育往往是缺乏效率的,而由于效率缺乏,能够得到的只是低层次的公平。由于人的自利性天然强于利他性,无论在哪个领域,免费都会意味着低质量。更何况,天下没有免费的午餐,羊毛只能出在羊身上。所谓的免费教育表面上免费,实际上由于官僚系统的低效率,实际的教育成本往往更加昂贵。因此,促进教育公平,免费既不是必要的手段,也不应成为公共政策追求的目标。

除免费之外,关于教育公平的第二个误区是"平等主义"。比如,《教育2030行动框架》就指出,"到2030年,确保所有人平等地获得包括大学教育在内的可负担、有质量的技术、职业及高等教育"。在现实世界中平等永远是相对的,不平等则是绝对的。根据辩证唯物主义和历史唯物主义的基本原理,由于不平等的绝对性,无论我们在主观上如何努力,都不能在客观上"确保所有人平等地获得所有教育"。那么,教育公平的政策表述中为何会带有强烈的"平等主义"倾向呢?事实上,就像《独立宣言》标榜"人人生而平等"一样,教育公平对平等主义的追求所反映的也只是政治正确而非学术正确。从科

辑五
新教育公平研究的反思

学理性的角度讲,生物演化铁定没有"平等"这回事,只有各种器官、能力和特性。所谓平等不过是人类发明的概念,也只存在于人类的想象之中。① 实践中促进教育公平需要政策的支持,也需要政治意识形态的宣传,但真正有价值的公共政策或有效的教育理论必须尊重科学的证据。关于教育公平的政策选择必须从实践和常识出发,而不是从美好的愿望出发,否则那些关于教育公平的政策文本极易成为华而不实的口号。

关于教育公平的第三个误区是国家主义,即认为教育公平的主要责任在政府。现代社会,以公共物品理论为基础,政府被认为对实现教育公平负有首要责任。近年来,联合国教科文组织对源于个人主义经济理论的"公共利益"概念进行了反思,指出"将原本属于经济范畴的概念及国家政策引进教育领域,这种做法是有问题的",并提出了教育向"全球共同利益"理念转变的倡议。与主要由政府负责供给的"公共利益"不同,作为"共同利益"意味着"教育是所有人的事,是社会集体努力的一部分"②。在"共同利益"的框架下,教育公平的实现就不只是政府的责任或首要责任,而是整个社会的共同责任。"在教育部门实现良好治理,需要政府与民间社会建立多种多样的伙伴关系,国家教育政策应是在社会上进行广泛协商和取得全国共识的结果。"③就促进教育公平而言,在组织职能上,政府主要负有政治领导责任。若越过这一责任界限,过于强调政府的责任会导致政府既亲自管理教育又要直接提供教育。其结果是,政府既是裁判员又是运动员,既是投资者又是管理者和办学者。这种身份的模糊和职能的泛化使得政府在依靠行政权力促进教育公平的同时也会制造更多的不公平。

---

① 尤瓦尔·赫拉利.人类简史:从动物到上帝[M].林俊宏,译.北京:中信出版社,2014:106-107.
② 联合国教科文组织.反思教育:向"全球共同利益"的理念转变?[M].熊建辉,校译.北京:教育科学出版社,2017:69.
③ 联合国教科文组织.反思教育:向"全球共同利益"的理念转变?[M].熊建辉,校译.北京:教育科学出版社,2017:73.

323

二、教育公平的困境

长期以来,各国对教育公平的追求或促进教育公平的政策选择更多停留在文本或概念层面。对于教育公平,学界热衷概念建构和理论探讨,政府擅长制定政策和宣传政策成就,而真正能够促进教育公平的行动却很少发生。在官方以及学界话语体系中,教育可以被称为"全球共同核心利益","公平"亦可以被誉为守护人性,促进每一个人自由、全面发展的重要机制。[1] 但事实上,对于政府而言,政策议程提及或不提及教育公平具有很大的情境性,是可调整的政策选项。"统治者资助教育机构,目的只是传播知识、强化现行秩序。"[2]当社会舆情或理论思潮需要通过政策来宣示公平时,政府就强调教育公平很重要;一旦时代精神或意识形态稍有变化,教育公平也可以从政策文本中删除或被其他政策话语取代。当前在各种政策文本中,无论是国际组织还是各国政府都高度重视教育公平的实现。但事实上,各国政府对于本国教育公平的状况并不真正地了解,所谓的"促进教育公平"更多时候也不过是一句政策口号。究其根本,我们对于教育公平本身缺乏科学的、客观的、理性的认识。政府关于教育公平的政策选择更多的是基于政治意识形态而不是基于科学的证据。基于政治意识形态,教育政策关注的是如何实现教育公平,而不是为何需要教育公平。描述"如何"的时候,是要重建一连串从一点导致另一点的事件顺序。至于要解释"为何"的时候,则是要找出彼此间的因果关系,看看究竟为什么发生的是这一连串的事件,而不是另一连串的事件。[3]

---

[1] 李学书,范国睿.未来全球教育公平:愿景、挑战与反思——基于《教育2030行动框架》的分析[J].比较教育研究,2016(2):6-11.
[2] 尤瓦尔·赫拉利.人类简史:从动物到上帝[M].林俊宏,译.北京:中信出版社,2014:106-252.
[3] 尤瓦尔·赫拉利.人类简史:从动物到上帝[M].林俊宏,译.北京:中信出版社,2014:230.

辑五
新教育公平研究的反思

由于在教育公平问题上,我们过于看重"解决问题的答案"而不是"确定问题是什么",当前存在一种奇异的教育"景观":一方面是实践中教育不公平或不平等的现象有增无减,另一方面是政策文本中对于教育公平的重视有增无减。逻辑上,随着相关政策的推进,教育公平应该有所改进,但其结果却恰恰相反,对于教育公平的追求有时得到的却是更多的不公平。比如,为了使更多的人能够接受高等教育,政府扩大了高等教育的规模。理论上,高等教育规模的扩大有助于实现高等教育机会的公平,但事实却恰恰相反,扩招不但没有使机会公平的状况得到有效改进,反而因为高等教育发展质量的不均衡,使得高等教育的结果公平受到损害。教育系统类似生态系统,各级各类教育构成一个教育的生态圈。我们对任何一项教育改革都应系统思考,且不能期望过高。实践远比理论复杂得多。教育的实践绝不可能以公平这种单一的逻辑来运行。退一万步讲,即便我们能够做到教育运行的规则是绝对公平的,教育的结果依然不可能是符合公平理论的。就教育公平的实现而言,理论话语的表述或政策文本的呈现可以十分美好或充满人文关怀,但现实要比理论残酷得多。实践中教育公平之所以得到重视,多半是因为人们认为教育公平有助于达到某些政治、经济或社会的目的,而不是教育公平本身具有特别重要的价值。无论何时,真正控制或影响教育公平的都是教育之外的因素而不是教育自身。此外,教育系统要回应迅速变化的外部环境,并与社会其他的子系统相互关联,也不只需要公平这一种秩序,而是要在诸多可能相互矛盾的秩序中求得平衡。毕竟,没有其他价值秩序的配合,教育公平或许是无用的。比如,对于教育发展而言,公平重要,效率也同样重要,平等重要,优秀也同样重要,甚至更加重要。基于此,如何在公平与效率、平等与优秀之间维持平衡就至关重要。如果我们在追求教育公平或平等的同时,有意或无意地忽视或忽略了效率和优秀的重要性,那么教育的公平或平等将毫无价值。

由于人"生有涯,知无涯",历史感遂成为人类社会意义、知识和智慧的重要来源。历史的确可以为人类的发展提供镜鉴,但也会成为思想包袱。所谓镜鉴,即鉴古知今;所谓包袱,即路径依赖。当前在技术层面上,现代社会与古代社会早已不可同日而语,但在思想层面上,现代人的很多思维仍然是农业社会式的,很多现代人甚至于还是古代观念的奴隶。当前学校教育的危机是真实存在的,而且其中的大部分是自己造成的或人为导致的。本着发扬传统的精神,学校教育仅坚持过去的做法会使未来处于危险的境地。① 比如,技术的发展使现代教育形式丰富多彩,但一旦进入具体的教育过程,能够指导教育实践的思想和理念仍然是几百年前的。由于路径依赖和认识惯性,现代教育仍然是基于历史和现实的而非面向未来社会。所谓基于历史和现实,即现代教育的思想资源仍主要源于历史经验和当下实践;所谓面向未来,即现代教育要从未来反观现实,进行从未进行过的变革,并为一个尚不存在的社会培养人才。当前我们对于教育公平的认识也大致如此,过于注重对教育公平观历史谱系的分析而忽视了在下一个社会价值断裂的可能。在公平问题上,与历史的尘埃落定和现实的变动不居相比,未来的无限开放性更值得我们省思。不同于现代社会的过去时和现在进行时,当前由于信息技术和人工智能的不断"跃迁",人类下一个社会极有可能呈现出完全不同的价值观。随着现代性自身所蕴含的自由、民主、平等等核心价值观在现代科技的挑战下逐渐趋于式微,人文主义和自由主义的教育观亦将遭遇前所未有的危机。按照赫拉利在《未来简史》中的论证,在下一个社会里,随着各种高科技深度介入人类的生活,"人类将会失去在经济和军事上的用途,因此经济和政治制度将不再继续认同人类有太多价值。社会系统仍然认为人类整体有价值,但个人则无价值。社会系统仍然会认为某些独特的个人有其价值,但这些人会是一群超人类的精英阶层,而不是一般大众"②。赫拉利的论述并非危言耸听,而是深刻揭示了现代社会面临的严峻危机和挑战。为了避免现代社会既有秩序的失范,人类需要将目光从过去移向未来,并基于未来进行现实变革。

---

① 克莱顿·M. 克里斯坦森,亨利·J. 艾林.创新型大学 改变高等教育的基因[M].陈劲,盛伟忠,译.北京:清华大学出版社,2017:3.

② 尤瓦尔·赫拉利.未来简史:从智人到神人[M].林俊宏,译.北京:中信出版社,2017:277.

辑五
新教育公平研究的反思

三、教育公平的解构

人类文明很大程度上源于人的想象与创造,而非生物体自身的演化。"所有的大规模人类合作,到头来都是基于我们想象的秩序。"①人类社会所谓的公平或平等都是人为建构的,凡未被建构的自然,多始于无目的演化,无所谓平等或不平等。作为现代文明的重要组成部分,教育公平也是一种"想象的秩序"。当然,想象的秩序并非完全是想象的,秩序之所以为秩序,主要取决于我们是否共同相信它。想象的秩序与真实的世界并非是截然两分的,基于主体间性,经由思想的连接,想象的秩序亦是一种"主观的真实",与"客观的真实"具有同等的价值、同样的合理性。在教育的历史上,公平并非是主流话语,更非教育发展自然或必然的结果。漫长的人类历史上,教育的秩序曾一直被建构或想象为等级制或精英主义的。在等级制的社会结构下,"教育带来进一步的教育,而无知只会造成进一步的无知。历史上过去的受害者,很可能会再次受害。而历史上过去的特权分子,他们的特权也很可能依然存在"②。现代教育之所以要放弃等级制而围绕着公平进行持续的改革,一方面是为了应对现代社会变动不居的特性,另一方面也是现代性的逻辑让人们坚信,现代社会的诸种秩序都能够被人操纵,并被不断改进。现代社会中教育公平之所以被认为是一种现实而非想象,主要是因为公平作为一种想象的秩序已被嵌入现代社会结构之中,并在官僚系统中完成了制度化。某种意义上,教育公平在现代社会能够成为一种有价值的秩序或机制主要得益于人文主义思想的兴起。具体而言,涉及三个方面:一是将最初凭借宗教或政治的魔力,赋予"教育公平"某种先天的合法性,使其不证自明;二是寻找人为

---

① 尤瓦尔·赫拉利.未来简史:从智人到神人[M].林俊宏,译.北京:中信出版社,2017:127.
② 尤瓦尔·赫拉利.人类简史:从动物到上帝[M].林俊宏,译.北京:中信出版社,2014:106-141.

的证据来说服我们相信公平符合教育的自然法则,是好的秩序;三是控制我们的本能和欲望,将教育中的不公平视为问题或错误。最终依靠官僚系统将公平理念制度化,"想象的秩序"变成"真实的结构",教育公平问题遂成为现实世界的一部分。事实证明,"虚构故事能让人类更容易合作,但代价在于,这些虚构的故事同时也会决定我们合作的目标。因此,我们可能拥有非常复杂的合作制度,却只是为了服务于虚构的目标和利益。这样一来,虽然整个制度看起来运转良好,但出发点可能只是这个制度的标准"①。因此,就像宗教信仰无法解决善与恶的矛盾,政治权力亦无法解决自由与平等的冲突,现代社会仅仅依靠公平的机制也无法实现教育的善治。无论何时,教育实践中的不平等或人性的恶都无法避免,不公平是教育的一种常态。当然,完全公平的教育世界亦并非是理想国,反倒会导致人的普遍平庸。因此,我们追求教育公平其意义不能局限于教育公平本身,"追求"作为一种姿态可以维持不公平与公平之间的张力,为社会的演化或进步提供一种方向和动力。

  现代文明建基于人类中心主义,基于人类中心主义,人文主义假定了许多崇高的价值,比如自由、民主、平等。作为现代文明的象征,自由、民主、平等既意味着应然的秩序,也暗示着现实的选择。长期以来,对自由、民主和平等的追求被视为文明的进步,并假定自由、民主、平等本身就具有"价值",而不只是"使用价值"。事实上,如果跳出人类中心主义,就会发现现代社会的诸多价值不过是使用价值,隐藏在崇高目标背后的仍不过是利益计算。比如,所谓的环境保护或拯救地球,听其来似乎很崇高,其实不过是好听的"借口",地球或环境本身谈不上保护或不保护,需要保护的是人类自己。自由、民主、平等之类的价值观也是如此。现代社会之所以推行自由、民主、平等而反对专制、独裁、等级化,绝不是因为人的天性喜欢自由、民主和平等,而是因为有一种意识形态使我们相信自由、民主、平等这些秩序有助于人类利益最大化。"我们相信某种秩序,并非因为它是客观的现实,而是因为相信它可以

---

① 尤瓦尔·赫拉利.未来简史:从智人到神人[M].林俊宏,译.北京:中信出版社,2017:156.

辑五
新教育公平研究的反思

让人提升效率、打造更美好的社会。"①就教育的发展而言,国家实施义务教育也不是基于人的教育需求或为了人的全面发展,而是基于国家利益的考量,即认为义务教育的普及有助于提高劳动者的生产力和军队的战斗力。同样,对于教育公平的追求也主要不是因为教育公平本身有价值或值得追求,而是假定教育的公平有助于实现社会的公平,而社会的公平有助于秩序的稳定。"现代公立教育及其改变是更深入的改革之产物,从一开始普及的公立教育就是基于理性与科学,为了达到改革社会的目的所做的设计,期望能重新建构人口结构,并将其纳入一个理性的社会(通常也就是国家组织)。"②但事实上,教育本身并不足以实现社会的平等,对于社会公平的实现而言,教育公平更像是"安慰剂"而不是"万灵药"。在诸多社会、政治、经济、技术和环境危机尚未得到解决的现代社会里,对于教育公平本身的追求和促进,其象征性可能远大于实用性。"公平地说,教育本身对社会、经济的影响是有限的,收入、就业和其他生活指标的变化更多地受宏观经济事件和政策的驱动,而不是学校改革。"③不过,退一步来说,尽管教育机会的获得对于社会公平的实现影响有限,但在消极意义上,教育的缺失或显著不公平则必然会损害社会的公平。基于此,对教育公平的追求更应被看作对于社会不公平的一种防御机制,而不是改进社会公平的最有效选择。

长期以来,我们的教育改革都是基于历史的经验,着重解决现实问题,即努力发现我们过去在某些地方做得还不够好,争取通过现在的改革在这方面有所改进。面对价值观断裂的危机和挑战,教育改革要真的有所作为必须从挖掘历史、修正现实走向构想未来。就教育公平的促进而言,我们既需要反思教育实践中不公平现象发生的根源,也需要重思现代社会中公平何以成为"神话"。为避免出现"为公平而公平"的教育改革,我们要肯定公平作为一种机制和秩序的价值所在,但也要注意检讨公平本身作为一种价值或秩序原则

---

① 尤瓦尔·赫拉利.人类简史:从动物到上帝[M].林俊宏,译.北京:中信出版社,2014:108.
② Thomas S. Popkewitz.教育改革的政治社会学 教学、师资培育及研究的权力/知识[M].薛晓华,译.台北:巨流图书股份有限公司,2007:78.
③ 莱文.教育改革——从启动到成果[M].项贤明,洪成文,译.北京:教育科学出版社,2004:185.

的局限性。"人类会以一种不断自我循环的方式,持续增强彼此的信念。每一次互相确认,都会让这张意义的网收得更紧,直到你别无选择,只能相信大家都相信的事。不过,经过几十年、几世纪,意义的网也可能忽然解体,而由一张新的网取而代之。对这个世代的人来说最重要的事情,很可能对他们的后代就变得毫无意义。"①根据人类社会演化的大趋势,"公平的神话"很可能破灭,在人工智能的驱动下,未来的社会不是公平取代不平等而更可能是"不平等的再升级"。在需要人力的工业社会里,精英阶层与普通民众遵循社会分工的原则,相互需要,公平必须被作为调节社会秩序的重要机制,但在一个高度智能化的社会里,人力的使用价值逐渐丧失,整个社会将由极少数"超人"或"神人"所统治,此时主要面向普通人的所谓的公平既无必要也无可能。在强大的技术面前,我们不应对人性的美好抱有不切实际的希望,现代社会对于人文主义的推崇表面上是因为其符合人道主义和人类中心主义的价值预设,但实质上仍不过是生物算法围绕着利益得失精密计算的结果。未来一旦教育公平无助于社会的进步或不符合人类社会演化的智能逻辑,关于公平的制度设计将不可避免地被抛弃。当然,对于未来的预期并不意味着当下我们就应立即放弃对于教育公平的追求或改变我们的政策。未来毕竟尚未到来,当下仍然弥足珍贵。不过,为了葆有教育观念的开放性,当下关于教育公平的改革不能偏执一端或孤注一掷,而是要系统思考。所谓系统思考就是要兼顾教育系统中多种价值或秩序的合理性,为任一价值或秩序的生长预留空间。未来虽不是当下的自然延伸,但当下的实践仍然是孕育未来可能性的唯一土壤。

(本章作者为王建华,原文《教育公平或许是无用的:一种不合时宜的沉思》,载于《教育发展研究》2017年第19期。收录本书时略有改编)

---

① 尤瓦尔·赫拉利.未来简史:从智人到神人[M].林俊宏,译.北京:中信出版社,2017:130.